Liv edikasyon kretyen pou pwofesè primè (de 6 a 8 lane) --- 1, 2 ak 3 grad edikasyon primè oubyen elemantè).

PWOFESÈ
Ane 2

Dezama Jeudi
Traducción y adaptación

Leson sa yo te tradwi epi adapte pa materyèl orijinal li an anglè pa mwayen travay piblikasyon an aksyon.

2017 dwa rezeve

ISBN: 978-1-63580-017-3

Dwa rezève respè ak la lwa.

Tout pasaj biblik yo soti nan Bib Jerizalèm vèsyon 1992, Sosyete Biblik Ini, sèlman kote yo endike lòt vèsyon.

Enprime nan Etazini yo

Tab Matyè

Ed pou pwofesè — 4
   Aspè jeneral leson an — 4
   Sijesyon pou memorize pawòl la — 5
   Timoun primè a, konpòtman li avèk pwofesè a — 6
   Nou dwe konnen timoun primè a — 7

Materyèl edikasyon kretyen pou timoun yo — 8

Resous didaktik — 9

Enpòtans pwomosyon elèv pou pwochen klas la — 11

Modèl pou sètifika — 12

Inite I: FANM KI GEN LAFWA AK KOURAJ YO — 13
   Leson 1 : Jokabèd — 14
   Leson 2 : Debora Konfye Nan Bondye — 17
   Leson 3 : Rit Te Fidèl — 20

Inite II : BIB LA MOUTRE NOU PRAN DESIZYON YO — 23
   Leson 4 : Salomon Pran Yon Desizyon Ki Gen Bon Konprann — 24
   Leson 5 : Andre Deside Ede Pyè — 27
   Leson 6 : Mari Ak Mat Deside Sèvi Jezi — 30
   Leson 7 : Yon Administratè Saj Pran Yon Bon Desizyon — 32
   Leson 8 : Danyèl Chwazi Manje Ki Bay Lasante A — 34
   Leson 9 : Yon Nonm Rich Pran Yon Move Desizyon — 37

Inite III: LANMOU SAN TACH BONDYE A — 39
   Leson 10 : Move Desizyon Yo — 40
   Leson 11 : Move Rezilta Yo — 43
   Leson 12 : Bondye Lanmou Nou An Ak Mizèrikòd — 45
   Leson 13 : Bondye Jistis Nou An Ak Mizèrikòd — 47
   Leson 14 : Bondye Padon Nou An — 50

Inite IV: ANN SELEBRE PAK LA — 53
   Leson 15 : Ann Selebre Gwo Antre Jezi A — 54
   Leson 16 : Ann Selebre Rezireksyon Jezi A — 56
   Leson 17 : Wout Ki Mennen Emayis La — 59
   Leson 18 : Jezi Toujou La Avèk Nou — 62

Inite V : LEGLIZ LA GRANDI — 64
   Leson 19 : Legliz La Koumanse Grandi — 65
   Leson 20 : Legliz La Bezwen Moun K'ap Ede — 68
   Leson 21 : Legliz La Anba Pèsekisyon — 70
   Leson 22 : Legliz La Demoutre Lanmou Bondye A — 73

Inite VI : GRAN KOMISYON AN — 75
   Leson 23 : Gran Komisyon An — 76
   Leson 24 : Pyè Pale Ak Kònèy De Jezi — 78
   Leson 25 : Legliz La Voye Pòl Ak Banabas — 81
   Leson 26 : Ofrann Pou Misyon An — 83

Inite VII : GWO ISTWA YO SOU POUVWA BONDYE A — 85
   Leson 27 : Bondye Gen Kontwòl Tout Bagay — 86
   Leson 28 : Bondye Restore Pèp Li A — 88
   Leson 29 : Bondye Onore Obeyisans Naaman — 91
   Leson 30 : Lame Envizib Bondye A — 94
   Leson 31 : Bondye Pasyan Epi Konn Padone — 96
   Leson 32 : Bondye Gen Plis Pouvwa Pase Founèz Dife A — 99

Inite VIII : JEZI MOUTRE NOU PRIYE — 102
   Leson 33 : Jezi Priye Avan Li Deside — 103
   Leson 34 : Jezi Moutre Disip Li Yo Priye — 105
   Leson 35 : Jezi Priye Pou Lòt Moun — 107
   Leson 36 : Jezi Priye Lè Li Tris — 110

Inite IX : BIB LA — 112
   Leson 37 : Bib La Se Liv Espesyal Bondye A — 113
   Leson 38 : Bib La Pale Nan Jezi — 116
   Leson 39 : Bib La Ede Nou Fè Sa Ki Dwat — 118
   Leson 40 : Bib La Anseye Nou Chak Jou — 120

Inite X : POUVWA JEZI A — 122
   Leson 41 : Jezi Geri De Avèg — 123
   Leson 42 : Jezi Demoutre Ke Li Se Pitit Bondye A — 125
   Leson 43 : Jezi Venk Tantasyon An — 128
   Leson 44 : Jezi Vizite Zache — 131

INITE XI: YON FANMI BONDYE TE CHWAZI — 133
   Leson 45 : Bondye Rele Abraram — 134
   Leson 46 : Abraram Kite Lot Chwazi Anpremye — 136
   Leson 47 : Abraram Kwè Nan Bondye — 138
   Leson 48 : Yon Madanm Pou Izarak — 140
   Leson 49 : Izarak, Patizan Lapè — 142

Inite XII: BON NOUVÈL PAK LA — 144
   Leson 50 : Bon Nouvèl Pou Zakari Ak Elizabèt — 145
   Leson 51 : Bon Nouvèl Pou Mari Ak Jozèf — 148
   Leson 52 : Bon Nouvèl Pou Gadò Mouton Yo — 150
   Leson 53 : Bon Nouvèl Pou Simeyon Ak Ann — 153

Èd pou pwofesè a

I. ASPÈ JENERAL LESON AN
INTWODIKSYON INITE A
Se nan li w'ap jwenn baz biblik inite a, pasaj biblik yo, objektif la ak pou kisa timoun primè yo bezwen ansèyman sou inite a.

BASE BIBLIK
Sinyale pasaj biblik kote leson an soti a. ou kapab fè referans ak plizyè liv oswa pasaj biblik. Ou dwe pasaj la epi pou abitwe ak li.

OBJEKTIF LESON AN
Bay esplikasyon sou ki kote ou vle mennen elèv ou yo epi kisa w vle fè pa mwayen pwosesis ansèyman aprantisaj sa a.

PASAJ INITE A POU MEMORIZE
Li rekoumande pou itilize yon sèl vèsè biblik pou inite a avèk objektif pou konsantre sou verite santral inite a.

II. PREPARE W POU ANSEYE EPI KÒMANTÈ BIBLIK
Sa pral ede w konnen pi byen fason timoun ki nan primè yo panse epi sa pral ba ou ide sou kijan w kapab adapte w nan bay timoun ansèyman.

Dezyèm seksyon sa a prezante yon èd sou pasaj etid biblik inite a, epi pral elaji konesans ou sou tèm nan. Li gen ladan l kòmantè biblik tou ak kouman yo aprann timoun nan laj sa a. Pou yon pi bon travay, ou dwe rann ou kont de tout bagay sa a yo:

- **Priye** epi mande Bondye direksyon
- **Li** pasaj biblik la plizyè fwa epi ekri ide santral ou rankontre yo nan yon kaye.
- **Konsilte** lòt vèsyon biblik, kòmantè biblik, diksyonè biblik.
- **Konpare** ide ou yo ak sa ki prezante nan liv sa a.
- **Medite** sou yo chak epi fè refleksyon kijan w'ap ka aplike pasaj la nan pwòp lavi pa w ak lavi elèv ou yo.

III. DEVLOPMAN LESON AN
La a yo idantifye tan devlopman leson an pou yo ka jwenn pi bon rannman nan ansèyman an. Pa mwayen plizyè aktivite, jwèt, kesyon ak repons, sa pral bay timoun yo premye ide sou pwen ki pral trete nan leson an.

ISTWA BIBLIK
Istwa biblik la dwe devlope pandan timoun yo pral gen yon bon patisipasyon ladan l. Ou dwe asire w ke pwen kle yo parèt klè pou timoun yo. Ou kapab fè pratik prezantasyon tèm nan lakay ou pou w ka santi w pi alèz lè w devan elèv yo. Ankouraje, travay la se pou Seyè a epi oumenm ou se yon estriman nan men li !

Sa a se moman pou elèv la reflechi sou lavi li chak jou, se moman pou ede l poze tèt li kesyon sou kijan lavi l ye pa rapò ak sa Bib la anseye. An jeneral, w'ap jwenn aktivite pou w ka jwenn repons pèsonèl yo. Dirije timoun nan pou l reflechi epi pa ede l nan repons li yo, sa a yo dwe pèsonèl epi sensè.

IV. AKTIVITE YO
Nan seksyon sa a ou pral jwenn lòt aktivite pou ranfòsman leson an, devwa nan liv ou yo, jwèt yo.

a) Memorizasyon pasaj ak aktivite diferan yo konfòm ak chak laj.

b) Pou fini : moman lapriyè ak refleksyon yo.

Konsèy pou ou pwofesè: Se pou w veye anpil pou leson an pa limite, se pou w prepare w pandan tout semèn nan.

- Priye epi kominike ak elèv y opa mwayen lèt, apèl telefòn, envitasyon oswa vizite yo si yo sispann al patisipe nan klas la.
- Voye yon nòt bay elèv la menm ak / oswa paran yo epi mansyone evènman espesyal nan lavi elèv la tankou anivèsè nesans, jou espesyal, elatriye.
- Ankouraje elèv ou nan konpetisyon pou w' motive yo patisipe, aprann; memorize tèks, envite zanmi yo, elatriye.
- Rive bonè pou w' asirew ke sal kote w' pral bay klas la li pwòp.
- Pou prepare leson yo, sonje timoun ki prèske rive nan laj adolesan yo, bezwen ak pwoblèm yo.

SIJESYON POU MEMORIZE PAWÒL LA

1. KI SA VESE A DI?

Sa elèv ou yo wè ak eksprime sans yo.

Zye a

Nan Bib la.

Nan kat yo, moso katon, klenkan, èd vizyèl yo oubyen sou tablo.

Zòrèy la

Li li byen fò.

Se pou elèv yo li li.

Vwa a

Repete apre w' fin koute li. Li li ak lòt moun epi endividyèlman. koral oswa yon an gwoup.

Chante li.

Men yo

Ekri vèsè a sou tablo a, kat yo, bwat katon yo, ti moso papye oswa papye koulè. Ranpli espas vid yo.

Devinèt.

2. KISA SA SA VLE DI?

Al chache definisyon yo

Se pou timoun ki prèske rive nan laj adolesan yo eksprime sa yo konprann sou vèsè Biblik la.

Eksplike mo sa yo ke elèv yo pa konnen.

Diskite sou kontèks la

Ou ka ede ak komantè biblik, diksyonè oswa mande lòt moun. Fè rechèch sou vèsè biblik ki vin anvan yo.

Ki moun ki pale a oswa ak ki moun say o li pale?

Diskite sou reyalite yo oswa faktè ki te devlope yo.

Transfòme vèsè an blag

Montre desen oswa desen anime.

Trase foto.

Sèvi ak langaj siy oswa teyat.

3. KOUMAN POU MWEN APLIKE LI NAN LAVI M'?

Diskite sou bagay sa yo:

Aplikasyon ki gen vèsè biblik nan lavi chak jou.

Nan ki sikonstans sa pral ede li, ak ki konsekans sa ap pote nan lavi ou ak lavi lòt moun yo.

Sonje yon vèsè

Lè ou anba tantasyon.

Lè ou nan pwoblèm.

Lè w'ap ankouraje lòt yo.

TIMOUN PRIMÈ A, KONPÒTMAN LI AVÈK PWOFESÈ A

1) Chèche konprann elèv ou yo epi pèmèt yo genyen yon kondwit ki nòmal.
   - Timoun yo sou sa epi kirye.
   - Se pa kòm si se ti granmoun y oye. Se pou nou toujou fè la diferans ant move konpòtman ak lè moun nan pa gen matirite.

2) Bat pou gen yon bon atmosfè nan klas la ki va bay repons a yon bon konpòtman.
   - Bat pou timoun yo konnen ke w' renmen yo ak apresye yo.
   - Demontre ke w sousye de yo menm nan sa ki pase yo lè yo pa nan klas la.
   - Se pou w' byen organize sa w'ap fè epi nan fason w'ap aji ak elèv ou yo.
   - Fè yon gid byen klè, ki gen ladan li sa kew' ta renmen key o fè nan lavi yo.
   - Se pou w' evite genyen elèv ki pi zanmi w nan klas la.

3) Jwe wòl pwofesè.
   - Pran responsablite w' nan klas la.
   - Se pou elèv ou yo wè nan ou figi yon otorite yo dwe respekte.
   - Fè zanmi ak elèv ou yo.
   - Mansyone yon bon egzanp de moun ou vle yo fè tankou li.

4) Itilize metòd ki gen elèv yo ladan l' epi ki kapte lespri yo.
   - Se pou w' toujou byen prepare epi rive nan klas la anvan elèv ou yo.
   - Founi yon bann aktivite ki kapab apwopriye pou yo.
   - Itilize aktivite ki kapte lespri yo ak entèlijans yo.
   - Kite jenn timoun yo chwazi kèk nan aktivite yo.

5) Afiche yon konpòtman ki pozitif.
   - Met limit nan nimewo règ yo.
   - Lè ou korije yon elèv, pale sa ak paran li yo, gadò li oswa responsab li yo.
   - Mande asistan ki pou ede w'.
   - Kite pòt oswa fenèt klas la ouvri.
   - Pwoteje timoun yo ke yo te konfye w, respekte yo, pa rete ak timoun yo sèlman.

KISA KI DWE FÈT LÈ YON TIMOUN FÈ DEZÒD?

1) Chèche koz pwoblèm nan.
   a) Eske elèv la gen pwoblèm aprantisaj oswa maladi ki anpeche li patisipe kòrèkteman nan klas la ?
   b) Eske l'ap bat pou l' kontwole klas la poukont li ?

c) Eske li gen talan espesyal oswa nivo ki pi wo pase lòt yo, ki pèmèt li dekouraje nan klas la?
  d) Lè w' fin konn koz pwoblèm nan, petèt ou ka pote yon solisyon lèw' pale ak paran timoun sa.
2) Pran kontwòl sitiyasyon an.
  a) Pa bay konpòt kip a bay klas la pwoblèm valè.
  b) Foure elèv la nan aktivite klas la.
  c) Fè li konprann ke w' gen kontwòl vye konpòtman li yo.
  d) Apwoche bò kote li.
  e) Di li konsa, ak vwa w' byen ba, sa ou vle pou li fè a.
  f) Esplike elèv la kisa ki ka rive li si li kontinye fè dezòd.
3) Pale ak paran yo oswa moun ki responsab yo.
  a) Si ou fè sa davans, pou w' pale ak paran li yo oswa moun ki responsab li yo, mennen li avèk ou.
  b) Koumanse pou w' di paran yo kisa w renmen nan timoun saa.
  c) Mete pwoblèm nan sou tab epi poze kesyon pou w' jwenn solisyon li.

NOU DWE KONNEN TIMOUN PRIMÈ A

- Li byen aktif, epi kòdinasyon janm li yo vin pi nòmal.
- Li gen matirite pou l konte, pentire, kole, rekoupe epi double pi byen de tanzantan.
- Fason li panse baze nan eksperyans de sa l te wè avan oswa enteraksyon ak objè key o kapab wè.
- Aprann plis lè l'ap fè ke lè l wè.
- Chèche api sou granmoun ak kamarad yo.
- Bay lajistis valè epi pa konprann lè lwa yo chanje.
- Li gen matirite baz yo (li, ekri, òganize, klasifye) devlope oswa kont pou atenn objektif yo.
- Yo konprann konsèp tan an pi byen, espas ak distans.
- Akonpayman enpòtan anpil. Nan laj sa a, li plis enpòtan pou yo koute konsèy zanmi yo ke pa granmoun yo.
- L'ap aprann konnen objektif lòt moun epi konnen ke yon pwoblè kapab genyen plizyè solisyon.
- Lè ou konsidere karakteristik sa yo nan etap nan devlopman elèv yo, nou mete kèk konsèy pou nou amelyore dinamik yo:
- Itilize èd moun kapab wè tankou videyo, ilistrasyon ak plizyè egzanp pou ede yo konprann ide ki kache yo.
- Mete règ ki fèm sou pye.
- Gide l vè deba k'ap ede l konprann konsèp yo, epi itilize egzanp ilistrasyon yo.
- Planifye aktivite pou travay an gwoup.
- Mande elèv yo pou yobay ide pou planifye yon pwojè èd pou manm legliz y oak kominote a, epi patisipe ladan yo. Fè remak sou enpòtans travay misyonè a genyen.
- Kreye okazyon pou yo debate pi panse osijè de tèm moral. Prezante istwa san fen pou yo ka fini yo epi pran desizyon yo.

Materyèl edikasyon kretyen pou timoun yo

Kay Piblikasyon Nazareyen yo prezante ak anpil koleksyon konplèt edikasyon kretyen l lan ak anpil konpliman.

Yo te fèt pou pwofesè timoun ak pou elèv ki gen la soti nan 4 a 11 lane.

Timoun yo pral aprann leson yo ki nan Bib la selon laj yo. Epi pandan l'ap fini lekòl primè li, yo pral rekouri defi istwa biblik yo, tankou divès tèm apwopriye tou pou chak etap anfans ak preadolesans li.

Materyèl sa a te fèt kòm diferan etap pou rive atenn yon lavi ki san peche. Li gen ladan l etap ki klè epi posib.

Liv pwofesè a pral ede ekipe moun sa a yo ki gen bèl devwa pou kondwi timoun yo pou yo konekte y oak mesaj ki pra l chanje lavi yo pou toujou.

Pandan w'ap ede timoun nan nan men mane a---konfòm ak laj li---li pral gen pou l etidye chak liv yo. Lè l gen 15 lane---si li t e koumanse ak premye liv la---li pral gen pou l etidye 8 liv koleksyon sa a.

Yo te fè liv yo pou yo itilize nan lekòl di dimanch, moman lajwa, lekòl biblik jou samdi yo, klib pou timoun, ansèyman disip ak lekòl an jeneral.

Seri sa a santre sou:
   a) Efòse timoun yo aprann pawòl Bondye.
   b) Pèmèt yo grandi nan eksperyans yo kòm pitit Bondye.
   c) Agrandisman la fwa yo.
   d) Dirije yo pou y'aksepte Jezi kòm Seyè ak Sovè yo.
   e) Rive fè pati kominote kretyen an, legliz la.

Tablo sa a pral ede w idantifye liv ki koresponn konfòm ak laj elèv yo:

Preskolè yo---4 ak 5 lane (Ane/liv 1 ak 2).

Dèbutan---6 a 8 lane (Ane/liv 1, 2 ak 3).

Pawòl ki bay lavi a (preadolesan yo)---9 a 11 lane (Ane/liv 1,2 ak 3).

Resous Didaktik

Chè pwofesè:

Nou prepare seri resous didaktik sa a yo pou ede w anrichi dinamik klas ou a.

Nan kèk leson, nan pati aktivite yo, yo mande pou w itilize materyèl sa a yo pou ankouraje timoun nan egzèse kapasite l yo epi mache vè yon aprantisaj ki pi efikas.

RESÈT PLASTILIN OSWA MAS POU FÈ MODÈL

FARIN PAT AK SÈL

Engredyan yo:
- 2 oubyen 3 tas farin.
- 3/4 tas sèl.
- 1/2 tas dlo kèd.
- Dlo vejetal koulè

Enstriksyon yo:

Melanje farin frans la ak sèl, epi vide dlo kèd la pandan w' ap brase li. Men si ou vle ou kapab ajoute dlo vejetal koulè a, veye pou w' toujou vide kèk ti gout vejetal koulè pandan l'ap ranmase. Mas la gen pou l' fèet depandaman de kantite dlo ou mete. Lè mas la fin fèt, konsève li nan vèso anndan frijidè a.

MAS KI KWIT LA

Engredyan yo:
- 2 tas farin frans.
- 1 tas sèl.
- 1 gwo kiyè lwil doliv.
- 2 ti kiyè krèmòl.
- 1/2 tas dlo.
- Dlo vejetal koulè

Enstriksyon yo:

Melanje engredyan sèk yo. Lè sa a, ajoute dlo ak lwil doliv la. Mete melanj lan sou dife a joukaske preparasyon an vin près, epi kontinye brase l' toutan.

Retire li sou dife a epi kite l' frèt. Pou rive jwenn koulè w' bezwen an, ajoute yon kèk gout dlo v pandan ejetal koulè pandan mas la ap ranmase. Li pral rete nan konsèv plis ke yon mwa si ou mete li nan yon vèso ki fèmen.

MAS LABOU

Engredyan yo:
- 2 tas tè.
- 2 tas sab.
- 1/2 tas sèl.
- Dlo

Enstriksyon yo:

Melanje tè a, sab la ak sèl la. Apre sa ajoute dlo a, ti kras pa ti kras, jiskaske w' rive jwenn li janw vle li a pou fè modèl la.

PENTI DAKTILE OSWA DAKTILIK

Engredyan yo:
- 1 ak 1/4 tas lanmidon.
- 1/2 tas savon an poud.
- 3 tas dlo bouyi.
- 1 gwo kiyè gliserin.
- Dlo vejetal koulè oswa tanpè

Enstriksyon yo:

Fonn lanmidon an nan dlo frèt. Apre sa vide li tou dousman nan dlo bouyi a, pandan w' ap kontinye brase li pou w' anpeche l' fè boul. Ajoute savon, epi finalman ajoute gliserin nan. Pou w' ba l' koulè, ajoute dlo vejetal koulè a oswa tampè a. Konsa, w'ap vin genyen yon preparasyon jelatin kipa yon pwazon. Si w' mete penti sa a nan boutèy plastik, li pral kenbe pandan plizyè jou.

LAKÒL BLAN

Engredyan yo:
- 4 tas dlo.
- 1 tas farin ble.
- 1/2 tas sik.
- 1/2 tas vinèg

Enstriksyon yo:

Bouyi twa tas dlo. Pandan se tan, nan yon bòl melanje yon tas dlo, farin frans, sik ak vinèg. Lè dlo a bouyi, ajoute melanj lan, epi brase l' dousman sou dife a jiskaske li lage premye bouyon an. Si rete boul, ou ka blennde melanj la. Si li twò epè, ajoute dlo. Si l' vin dlo, mete li bouyi pou plis tan. Konsève lakòl la nan yon bokal ak kouvèti.

PAPYE POU KAT AK ATIZANA

1) Tranpe 6 fèy papye blan nan dlo cho oswa papye jounal, koupe an ti moso.
2) Moulen papye a nan blenndè avèk mwatye tas avwan, oswa flè, oswa fwi bagas oswa legim, tankou kawòt, seleri, elatriye.
3) Koule melanj lan epi ajoute kat gwo kiyè gliserin ak 6 gwo kiyè lakòl blan.
4) Ouvè pat la sou yon plastik, ak yon woulo oswa yon planch ki fèt pou sa jouskaske li vin mens epi menm jan.
5) Kite l' nan solèy pou de jou.
6) Avèk papye a ou ka fè kat yo, sinyale oswa papye ki pou separe fèy liv, lèt, elatriye.

Enpòtans Pwomosyon Elèv Pou Pwochen Klas La

Chè lidè ak pwofesè edikasyon kretyen:

Kòm nan lekòl primè, timoun nan legliz la yo dwe fasilite yo pou fè pwomosyon "nan grad yo oswa klas imedyat siperyè." Kòm yon pwofesè, li trè enpòtan pou ou ta ankouraje elèv yo nan fen ane eklezyastik la oubyen, sa ki ta dwe pi fasil, nan fen ane lekòl la. Pou fè sa, pale ak lidè yo nan edikasyon kretyen nan kongregasyon yo oswa ak pastè a.

Ou ka prepare davans yon "seremoni" pwomosyon, epi bay chak elèv ki pase yon sètifika pou antre nan klas k'ap vini apre a.

Seremoni an kapab fèt nan tanp lan pou tout kongregasyon an ka patisipe.

Envite paran ak fanmi elèv yo. Se pral yon bon okazyon pou w' tou rekonèt yo, se pou yo rete asiste rès sèvis la epi tande pawòl Bondye a.

Kòm patisipan espesyal yo, pwofesè ki fè klas yo dwe la ki pou ankouraje elèv yo. Se pral yon moman enpòtan lè ou di tout moun orevwa ak yon akolad, epi pwochen pwofesè a resevwa li, menm jan an tou, ak yon akolad pou di timoun nan byenvini nan nouvo klas la.

Sa t'ap bèl anpil si ou te prepare yon kat ki gen foto tout elèv ou yo ke w' te fè nan klas la pandan ane a pou w' montre nan seremoni an. Li ta bon tou si ou ta fè yon ekspoze ki gen kèk bèl souvni ou genyen de lavi elèv la pandan li avèk ou: priyè espesyal ki te fèt, dat li te konvèti a, temwayaj li te bay yo, kesyon ki te poze, epi moman kè kontan yo oswa tristès ke nou te fè fas pandan ane a. Prepare elèv ou a davans. Eksplike li detay sa yo, pou li ka dakò ak tout kòmantè ke w' panse fè sou li, piga li sezi oswa pran tranble devan kongregasyon an.

Pale ak responsab ministè edikasyon kretyen an oswa responsab klas la pou ke nan seremoni an yo bay chak elèv yon liv etid tou nèf pou pwochen ane ki pral antre a. Pou sa, ankouraje fanmi ki nan legliz la yo pou yo bay chak elèv yon liv, sitou sa yo ki gen paran yo pa asiste nan legliz la oubyen k' pa byen ekonomikman. Nan chak kongregasyon gen fanmi ki ka fè timoun yo kado liv ak kè kontan.

Nou swete w benediksyon ki pi rich pou defi yo ke ministè ansèyman an reprezante pou ou ak kongregasyon ou.

Se pou Seyè ba w' gras epi beni ministè saa ou genyen an ki tèlman enpòtan

Ekip editoryal KPN

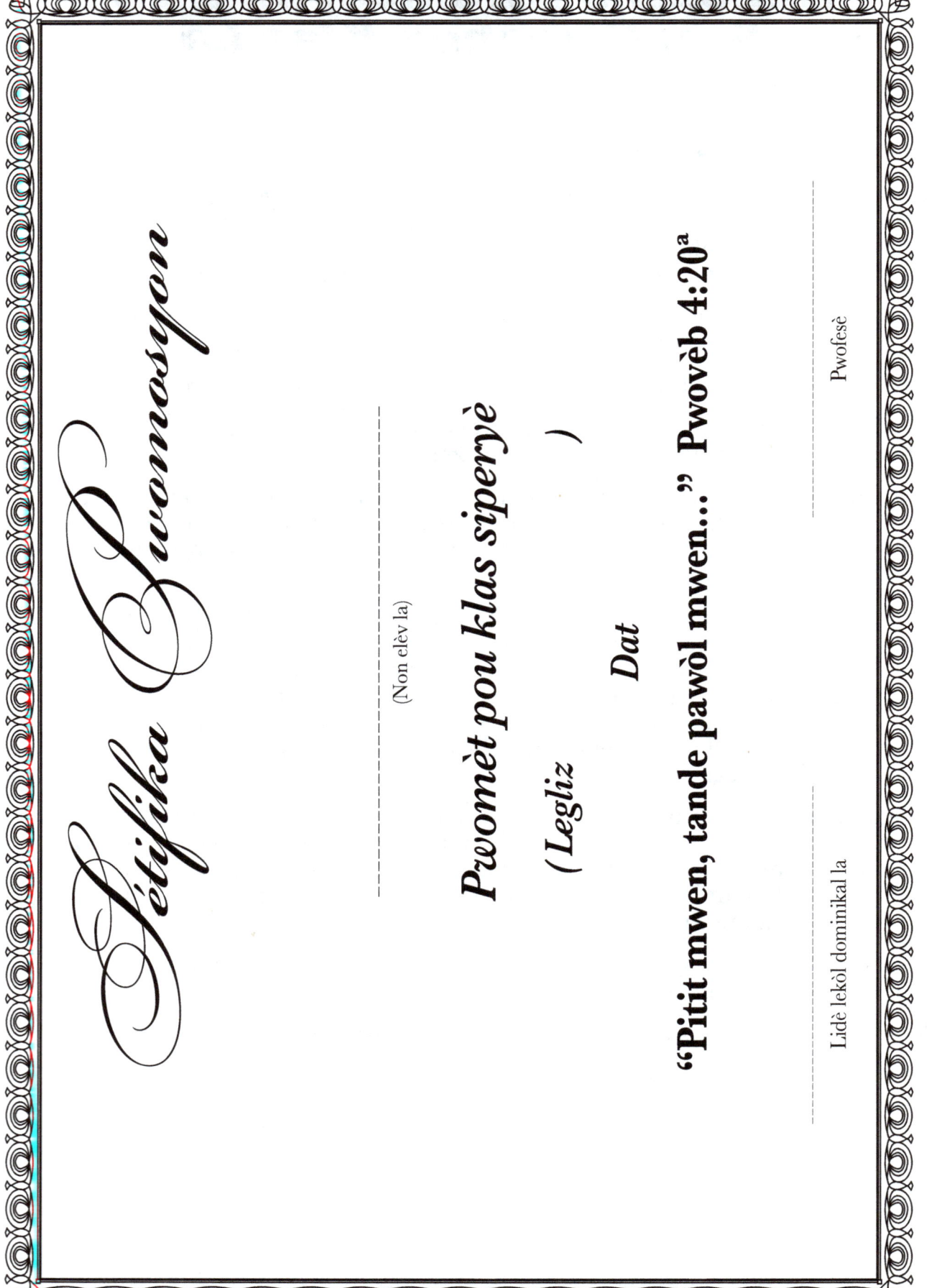

FANM KI GEN LAFWA AK KOURAJ

Baz biblik yo: Egzòd 1:8-10, 22;2:1-10; Jij 4, 5; Rit 1-4.

Tèks inite a: *"Sekou mwen soti nan men Seyè a, limenm ki fè syèl la ak tè a."* (Sòm 121:2)

OBJEKTIF INITE A

Inite sa a pral ede timoun prime yo:

- ❖ E Konnen ke Bondye travay pa mwayen sèvitè fidèl li yo.
- ❖ E Rekonèt ke Bondye fè entèvansyon li lè sitiyasyon an depase kontwòl.
- ❖ E Konfye nan pouvwa Bondye a menm si li difisil pou yo konprann volonte li.

LESON INITE A

Leson 1: Jokabèd
Leson 2: Debora Konfye Nan Bondye
Leson 3: Rit Te Fidèl

POU KISA TIMOUN KI NAN PRIMÈ YO BEZWEN ANSÈYMAN INITE SA A

Timoun kinnan primè yo ap koumanse fè eksperyans ak kèk nivo endepandans. Y'ap grandi epi genyen eksperyans ki tou nèf ak responsablite; se pou yo asiste lekòl di dimanch, se pou paran yo pèmèt yo mache epi pwomennen ak bisiklèt yon bèl distans, yo pase plis tan ak zanmi yo san paran yo pa kontwole sa y'ap regle, elatriye.

Malgre libète endepandans tou nèf sa a, yo vle santi sekirite ak estabilite. Lè y'ap fè fas ak sitiyasyon difisil yo oswa nan lye enkoni yo, mond lan kapab parèt twò gwo epi difisil. Pandan n'ap obsève inite sa a istwa medam selèb biblik sa a yo, elèv ou yo pral dekouvri ke Bondye gen pouvwa epi, nan menm tan, yon zanmi ki diy pou konfye. Menm si sitiyasyon y'ap fè fas la ta difisil anpil, Bondye gen tout bagay anba kontwòl li.

Leson 1
Jokabèd

Baz biblik: Egzòd 1:8-10, 22; 2:1-10.

Objektif leson an: Se pou timoun kin an klas primè yo konnen ke Bondye gen tout sitiyasyon anba kontwòl li, menm bagay yo ta difisil.

Vèsè pou aprann: *Mi Sekou mwen soti nan men Seyè a, limenm ki fè syèl la ak tè a. (Sòm 121:2)*

PREPARE W POU W ANSEYE!

Timoun prime yo vle ta renmen konnen ke tout bagay anba kontwòl. Nan etap devlopman sa a estabilite emosyonèl li enpòtan anpil. Pou yo menm, lv yo konnen ke sikonstans yo anba kontwòl Bondye yo gen plis trankilite.

Esplike yo byen senp sa ki vle di konfye nan Bondye. Nou kapab konfye n nan li paske se zanmi nou epi li vle genyen yon relasyon ki pwò avèk nou. Tankou Jakobèd ak Moyiz, pitit Bondye yo fè fas ak sitiyasyon difisil epi kèk fwa sa bay soufrans. Men li enpòtan pou n konnen ke Bondye konnen sa k'ap pase nou epi pran kontwòl tout bagay. Aprann konfye nan Bondye se yon gran pa nan kwasans espirityèl elèv ou yo. Yo konnen ke nou gen yon Bondye ki gen tout pouvwa bò kote nou.

KÒMANTÈ BIBLIK

Moun pèp izrayèl yo te pase 400 lane nan peyi Lejip. Kòm pèp ebre a t'ap miltipliye anpil, ejipsyen yo te deside konvèti yo an esklav. An plis de sa, yo te pè pou yo pat antre nan rebelyon epi eseye pran pouvwa nan peyi sa a, Farawon an te fè plan pou detwi yo, yo te koumanse sasinen tout ti gason ki fèk fèt yo. Konsa lit e bay ofisyèl li yo lòd pou yo te voye yon an gwo larivyè Nil la.

Men nan tan sa a, Jakobèd yon fanm levit, te akouche twazyèm pitit li. Pitit fi li Miryam te gen 10 oubyen 11 lane lè sa a epi Arawon te gen 3 lane.

Apre l te fin sere ti bebe a pandan twa mwa, Jakobèd ak mari li devlope yon plan pou sove lavi li. Li fè yon ti panye ak jon, epi ak anpil swen, lit e fèmen l ak gonm pou dlo pat antre ladan l. Apre sa a, li mete pitit li a ladan l, li pote pitit la rive jouk nan larivyè Nil la epi se la lit e kite l.

Pètèt Jokabèd te konnen ke pitit fi Farawon an te gen abitid desann nan rivyè a nan lè sa a, epi ta rankontre ak bebe a. Epi se konsa sa te pase. Prennsès la te jwenn ti panye a epi, menm si l te konnen ke ti bebe a se te pou fanmi moun ebre yo, li te pran pitye pou li.

Istwa rakonte nou ke Miryam te rete tou pre ap obsève sa k gen pou pase ak ti bebe a, epi li pa t doute ofri sèvis li yo kòm manman timoun nan. Prennsès la te peye Jakobèd pou pran swen timoun nan!

Kòm pitit adoptif fanmi Farawon an, Moyiz te resevwa pi bon edikasyon ak antrennman militè nan epòk la. Li te gen pouvwa, fanatik ak prestij. Men, anvan, Bondye te bay Jakobèd opòtinite pou l te transmèt Moyiz tradisyon ak reljyon pèp ebre a.

Wòl Jakobèd pou enstwi Moyiz nan anfans li te enpòtan anpil pou konprann lanmou l te santi pou konpatriyòt li yo. Moyiz pa t bliye eritaj ebre li a, menm si l te konble ak kilti Lejip pa.

Jakobèd pa t konnen sa k ta pra pase ak bebe l la lè l te kite l bò lacriv larivyè Nil la. Sèlman l te konnen ke Bondye t'a va pwoteje li. Sitiyasyon l t'ap fè fas la te plis pase li, men l t'asire l ke Bondye t'ap akonpli pwomès li yo.

DEVLOPMAN LESON AN

Chwazi kèk nan aktivite sa a yo pou santre atansyon timoun primè yo nan tèm etid la.

Entwodiksyon

Pliske se premye leson nan lane a, li enpòtan pou w relasyone w ak elèv ou yo epi fè yo santi yo byen akeyi nan klas ou a. Bayo tan pou yo fè konesans ant yo epi fè zanmi avèk ou. Esplike yo règ yo dwe akonpli nan klas la, epi priye ansanm avan w koumanse klas la.

Fanm ki gen lafwa ak kouraj yo

Chèche nan kèk jounal ilistrasyon fanm kit e reyalize aktivite diferan (travay, fè manje, pran swen pitit yo, elatriye.). Kole yon an yon moso tablo oswa yon gwo moso papye.

Montre gwoup la miray la, epi mande pou kèk volontè di ki repons ki vini apre chak ilistrasyon. Itilize aktivite sa a kòm yon pwen de deplasman pou reyalize entwodiksyon inite a. Di yo ke pandan twa leson sa a yo yo pral etidye istwa twa fanm vanyan nan Bib la.

Kilès yo ewo ye?

Pou aktivite sa a, ou pral bezwen moso katon, sizo, make koulè ak adezif.

Ewo. Koupe li lèt apre lèt, epi sere yo plizyè ti kote nan klas la. Apre sa a, mande elè ou yo pou yo chèche yo. Lè yo jwenn yo, mande yo pou yo kole pawòl yo, epi se pou yo kole yo yon kote moun ka wè.

Mande yo:
- *Kilès yon ewo ye? (yon moun ki reyalize gwo travay pou ede lòt moun).*
- *Èske yo kapab site kèk nan yo? (si yo site moun syans imajinè, fè yo konnen ke menm si yo popilè anpil, yo pa fè pati mond reyèl la).*

Fè yo konnen ke ewo yo se pèsonaj reyèl, tankou misyonè yo, ponpye yo, polisye yo epi, espesyalman, pèsonaj biblik yo. Moutre yo ilistrasyon pèsonaj biblik yo, oswa mande yo pou yo site ewo yo sonje, epi ekri yo sou tablo a.

Di yo konsa: *Tout ewo biblik nou konnen yo te genyen yon bagay ki sanble: yo te konfye nan pouvwa Bondye a. Pandan leson sa a yo nou pral etidye istwa twa fanm ki te konfye sou pwoteksyon Bondye a.*

ISTWA BIBLIK

Avan klas la koumanse chèche yon panye, yon poupe ak yon sèvyèt oswa yon dra pou w kouvri l.

Ankouraje timoun yo soutni epi balance bebe a. mande yo pou yo sèvi avèk li ak lanmou lè chak moun jwenn tou pa l la pou pran swen li.

Di yo konsa ke nan istwa Jodi a yo pral wè yon istwa ki pale sou yon bebe ke manman lit e mete l nan yon panye.

Sonje ke lè w'ap itilize ilistrasyon yo pou n wè tèm klas la timoun yo santre atansyon yo sou ak pi plis fasilite. Chèche kèk min sou istwa, oswa reyali ze li pandan w'ap itilize desen oswa rekoupe. Ou kapab itilize panye a tou ak timoun nan kòm ilistrasyon, pandan w'ap rakonte istwa.

Jokabèd sove pitit li a

"Gade yon bèl bebe!", Jokabèd te di tou piti, lè twazyèm pitit li a te fèt. Jokabèd ak mari li se ebre yo te ye epi yo t'ap viv tankou esklav nan peyi Lejip. Kòm Farawon ejipsyen an pat vle pou pèp ebre a te vin twòp nan peyi li a, yo te fè yo vin tounen esklav.

Yon jou Farawon pèvès sa te panse: "Nan tout ti kwen yo chaje ak ebre" konsa li te pase ofisyèl li yo lòd: "Kòm byen vit yon ti gason nan pèp ebre a te fèt, voye l nan larivyè Nil!"

Ebyen, Jakobèd te di, pandan l'ap kriye: Nou dwe sere bebe nou an. Nou pa kapab pèmèt ejipsyen yo touye li"

Jokabèd ak fanmi l yo te sere ti bebe Moyiz pandan twa mwa. Men bebe yo grandi epi, an mezi tan ap pase yo te vin pi gwo epi fv plis bri. "Kisa nou kapab fè pou nou sove pitit nou an?", yo t'ap poze tèt yo kesyon.

Jokabèd te reflechi epi priye

Yon jou l te di fanmi li konsa: "Mwen gen yon plan!"

Ede m ranmase wozo papiwo pou m fè yon panye. Apre sa nou va kouvri l ak jon epi alsfat pou dlo pa antre ladan l. ti panye a va tankou yon ti bato pou bebe nou an". Tout moun nan kay la te ede li. Miryam ak Arawon, ti frè l la ki gen twa lane a, yo te ranmase tout panye a ke manman yo te bezwen an. Mari Jakobèd te chèche jon an ak alsfat la. Konsa, li te fè panye a ak jon wozo yo, apre sa li kou vri l byen kouvri ak yon materyèl ke mari l te chèche.

Jokabèd, di tou piti pandan l t'ap ranje ti bebe Moyiz nan panye a: "Pitit mwen, mwen dwe mete w nan panye a" Li di Miryam pitit fi li: "Annale avèk mwen" yo de a leve y'al nan larivyè a avèk mwen" yo de a leve y'al nan larivyè a san fè bri. Jokabèd di Miryam konsa: "Veye an kachèt dèyè touf wozo sa a yo, pandan l t'ap mete panye a nan larivyè a ak anpil prekosyon. Ala sa te difisil pou l te kite ti bebe a nan panye a sou dlo a! Ala l te vanyan pou l te konfye ke Bondye t'apral pwoteje pitit li a! Miryam t'ap poze tèt li kesyon sa apre manman l te fin ale: Kisa m'ap fè si yon moun apwoche bò rivyè a? Li t'ap veye panye ke ti frè l la te ye a ki t'ap flote sou dlo a. Ti fi a t'ap di tou piti: "Ti frè mwen pa kriye" Miryam te tande plizyè fanm ki t'ap pale epi ap ri ansanm, li panse epi li di: "O, non! Kimoun sa a yo k'ap vini la a"? "Se prennsès la ak sèvant li yo. An verite se nan rivyè a y'ap vini pou yo vin benyen. Kisa m dwe fè?" Prennsès la sinyale panye a pandan li t'ap di: Kisa sa ye la? Li di youn nan sèvant li yo: "pran l pote ban mwen" Lè l te ouvri panye a li te rele byen sezi: "Gade se yon bebe!" Kouri vin gade se yon ti bebe ebre! Prennsès la ti: "Po dyab ti bebe"! Pandan l t'ap jwe ak ti bebe a sou ponyèt li. "M'ap pran l"

Miryam te konnen kisa pou l te fè, li kouri byen vit al kote prennsès la te ye a epi li di l konsa: "Ou pa ta renmen m al chèche yon fanm ebre pou ou ki pou pran swen ti bebe w la?

Prennsès la te reponn li: "Ale non".

Devine kilès Miryam te Mennen ba li...

Pwòp manman ti bebe a, Miryam te di: Jakobèd! Prennsès la te di Jakobèd konsa: "Pran swen ti bebe sa a pou mwen m'a peye w" Konsa Moyiz te kapab rete ak fanmi li pandan kèk ane. Yo te anseye li sou Bondye ak tradisyon pèp li a.

Pandan Jakobè d t'ap ranmase kè k bagay li genyen li di konsa:"Moman rive kote pitit nou an pral viv nan palè a ak prennsès la". Prennsès la te di: "M'ap rele l Moyiz, paske se nan dlo mwen te wete l". "Li se pitit mwen epi m'ap ba li pi bon edikasyon ki posib la".

REVIZYON BIBLIK

Itilize kesyon sa a yo pou ranfòse aprantisaj biblik la epi ankouraje patisipasyon gwoup la. Si w vle, bay moun ki reponn kòrèkteman yo yon prim.
1) Ki bagay brav Jokabèd te fè? (Li te sere ti bebe l la nan yon ti panye epi kite l nan larivyè a).
2) Kijan Jakobèd te santi li lè l t'ap kite ti bebe a nan larivyè a? (Asireman li pa t vle kite l, li te pè pou yon bagay mal pa t pase li).
3) Nan ki fason pouvwa Bondye te manifeste lè Jakobèd te pèdi kontwòl sitiyasyon an? (Bondye te pran swen ti bebe a epi pèmèt prennsès la vin jwenn ak li).
4) Kijan nou kapab konnen ke Bondye gen kontwòl sitiyasyon yo? (Lè nou sonje kijan Bondye te pwoteje ak pran swen lòt moun, menm jan ak Jakobèd, oswa paran nou yo epi gran paran nou yo).

AKTIVITE YO

Panye Jakobèd la

Ouvri liv elèv yon an leson nimewo 1 epi bay yo chak youn. Esplike yo estriksyon yo pou travay ak men yo: Se pou yo rekoupe wozo yo pandan y'ap swiv liy ki make yo. Apre sa a, pandan y'ap koumanse ak dezyèm wozo a, se pou yo double epi koupe yon wozo men lòt la non, pou sa ka bay yon espas nan mitan yon wozo ak yon lòt, se pou yo double fèy la nan pwentiye yo. Mete wozo yo bò kote yon kreyon pou bay figi a pi bon dimansyon. Li enpòtan pou w dirije elèv ou yo pazapa pandan devlopman aktivite sa a.

Bondye gen kontwòl bagay yo

Di yo konsa se pou yo vire paj la.

Bay yo kreyon ak makè koulè. Pale timoun yo osijè de kèk fwa sitiyasyon yo konn difisil anpil nan lavi nou. Fè yo sonje ke malgre sikonstans yo kapab byen difisil vre. Bondye gen kontwòl tout bagay.

Mande yo pou yo fè yon desen ki moutre ke menm si yo ta sitiyasyon difisil yo kapab mete yo brav, paske Bondye la avèk yo. Mande pou kèk volontè esplike desen yo te fè yo. Fè yo sonje ke nou pa brav poutèt karaktè nou, se pito paske nou konfye noun an Bondye ki gen pouvwa epi li domine nan kèlkeswa sikonstans lan.

MEMORIZASYON

Pou anseye tèks pou yo aprann nan inite sa a, ekri mo Sòm 121:2 nan yon moso katon oswa nan tablo a. Apre sa a, efase yon mo epi youn apre lòt jouskaske tablo a vin jan l te ye avan an e anplis fv yo di tèks la ditèt.

Renmèt kat klèb vèsè mwa a pou yo pote l lakay yo epi repase tèks la pandan semen nan.

POU FINI

Ankouraje elèv ou yo pou vin swiv tout lòt klas ki manke yo. Prepare yon plan pou bay elèv ki toujou vini nan klas la yon kado oubyen yon ti plak de lone, men yo dwe vini bone.

Nou konseye w tou pou w chwazi yon kote ki vizib pou mete demann lapriyè yo ak repons yo. Konsa y'ap aprann priye nan lekòl boblik la.

Mande elèv ou yo si yo gen demann de priyè. Priye pou yo chak, pou yo kapab wè ke ou preokipe pou yo epi se pou w mete yon an men Bondye.

Avan nou ale, se pou n repete vèsè ki pou aprann nan.

Si l'ap posib, kontakte pran elèv ou yo epi mande nimewo telefòn ak adrès yo pou w kapab kreye yon ajannda ki gen tout kòdone pou klas la.

Sa pral itil ou anpil pandan ane k'ap koumanse a.

Leson 2
Debora Konfye Nan Bondye

Baz biblik: Jij 4—5.
Objektif leson an: Se pou timoun primè yo aprann konfye nan Bondye epi obeyi li menm si l ta parèt difisil pou yo.
Vèsè pou aprann: *Sekou mwen soti nan men Seyè a, limenm ki fè syèl la ak tè a. (Sòm 121:2)*

PREPARE W POU W ANSEYE!

Pi fò timoun nan laj sa a yo preokipe byen souvan. Si yo pa gen yon pwoblèm reyèl, y'ap preokipe yo pou yon bagay ki gen pou rive: "Kisa ki ka pase si yon vole antre lakay mwen? Kisa ki ka pase sim tonbe devan zanmi m yo epi y'ap ri mwen?

Istwa Debora pral ede timoun prime yo devlope konfyans yo nan Bondye. Nou pa dwe santi krent, paske Bondye gen kontwòl tout sitiyasyon yo. Li pa mande nou pou nou pafè, li sèlman mande nou pou kwè nan li epi obeyi li.

Elèv ou yo bezwen pou w toujou ap gide yo, fè yo sonje ke Bondye renmen yo. Lè yo aprann mete konfyans yo nan Bondye, lie de yo yo pou yo vin vanyan. Pètèt se pa tout tan y'ap santi yo prepare pou y'afwonte sitiyasyon difisil yo, konsa Barak te santi yon pè tou pou l t'al nan batay la san Debora. Se pandan, yo kapab konfye yo ke Bondye pral ede yo epi ran yo brav pou yo fè fas kare ak tout sikonstans yo.

KÒMANTÈ BIBLIK

Jij 4-5. Liv jij yo pale nou de istwa Izrayèl, depi lanmò Jozye jous nan rèy Sayil.

Nan tan sa a, se te jij yo ki t'ap gouvènen pèp Bondye a. Debora, katriyèm jij ki te site nan liv sa a, te remakab paske l te sèl fi pwofèt ke istwa sa a te fè referans.

Istwa ke nou li nan liv jij yo se yon anchennman, paske evennman yo repete anpil: Izrayèl te tonbe nan sèvi zidòl ak dezobeyisans; Bondye te pèmèt moun lòt nasyon vwazen yo te atake yo; pèp la te kriye mande Bondye sekou; epi Bondye, nan mizèrikòd li, ede pèp izrayèl la epi sove yo.

Moun nasyon kanaran yo te maltrete pèp izrayèl la pandan 20 lane lè Bondye te chwazi Debora ak Barak pou lite kont pèp sa a. Bondye te chwazi de sèvitè sa a yo epi bay pèp ebre a laviktwa, lè yo imilye Sisera ak lame li a.

DEVLOPMAN LESON AN

Itilize kèk nan aktivite ki sigjere yo pou anrichi pwosesis apratisaj timoun primè yo.

Kilès ki vanyan?

Chèche depi davans kèk ilistrasyon pèsonaj biblik ke elèv ou yo konnen.

Pandan y'ap obsève yo, mande yo:
* *Kilès nan pèsonaj sa a yo ki moutre li vanyan, epi pou kisa?*

Tande repons yo a. Apre sa, esplike yo ke chak pèsonaj sa a yo te vanyan paske yo te konfye nan Bondye epi obeyi li. Li enpòtan pou yo aprann mete konfyans yo nan Seyè a, men se pa nan kapasite yo, lè y'ap fè fas ak sitiyasyon difisil yo.

Kimoun k'ap dirije legliz nou yo?

Pou aktivite sa a ou pral bezwen fèy blan, ak kreyon oswa makè koulè.

Distribye materyèl yo epi mande klas la:
* *Kisa yon lidè ye?* (Yon moun ki alatèt epi se responsab yon gwoup; yon moun ki la pou pran desizyon yo; yon egzanp ke lòt yo dwe swiv; yon moun ki gen otorite ak enfliyans, elatriye).
* *Kisa lidè legliz nou cn ye?* (Pètèt yo kapab site non pastè a oswa monitè lekòl biblik la).
* *Èske nou kwè nan legliz nou an gen fi ki lidè?* (Madanm pastè a, direktris ministè medam yo, monitris lekòl biblik yo, elatriye.).

Mande elèv ou yo pou yo fè desen fi ki lidè nan legliz kote yo ye a, epi nan chak desen pou yo ekri yon fraz ki bay non moun nan epi fonksyon l'ap reyalize a.

Pandan y'ap travay, fè yo sonje ke Bondye itilize moun sa a yo ki fidèl epi ki obeyi li, san li pa gade si yo gwo, fò oswa entèlijan. Li pa gen pwoblèm si se gason oswa fi, ti gason oswa ti fi, sa l bezwen an se kè ki prè pou sèvi li menm nan mitan difikilte yo.

Menm si li difisil

Divize klas la an de gwoup. Konstwi yon "pis obstak" nan sal klas ou a, pandan w'ap itilize chèz, tab oswa lòt objè ou gen nan men w.

De gwoup yo dwe travèse pis la, pandan y'ap obeyi ak enstriksyon diferan yo (pa egzanp:

mache sou pwent pye, sote pou avanse, avanse pandan y'ap vole sou yon sèl pye, elatriye.). Evite mande yo fè yon bagay ki ka fè yo blese oubyen mete yo andanje.

Lè yo fini, mande yo pou yo al chita nan plas yo.

Esplike yo ke anpil fwa li difisil pou obeyi (pa egzanp: lè nou dwe fè yon bagay ke n pa renmen oswa sikonstans yo konplike).

Istwa biblik jodi a pale de yon moun ki te obeyi epi vanyan nan mitan sitiyasyon byen difisil.

ISTWA BIBLIK

Yon visit espesyal

Envite yon fanm nan legliz ou a vin vizite klas la, fè l pale sou ministè ke l reyalize epi ki finksyon li. Esplike moun ou envite a ke tèm inite y'ap etidye a se "Fanm ki gen lafwa ak kouraj yo". Mande li pou l pale yon ti kras sou esperyans kretyen li. Si w vle, depi davans fè l jwenn materyèl ki pou etid la epi pèmèt li rakonte istwa biblik la.

Debora vanyan

Anpil ane te pase depi Jakobèd te kite ti bebe a nan larivd te kite ti bebe a nan panye nan larivyè Nil la. Moyiz te grandi epi vin tounen yon nonm byen dyanm, epi li te de pèp Bondye a soti nan peyi Lejip la. Apre Moyiz te fin mouri, Jozye, konpany li, te gide izrayelit yo rive nan peyi Kanaran, tè Bondye te pwomèt yo a.

Pèp Bondye a te viv pandan anpil ane nan peyi Kanaran. Yo te obeyi Bondye pandan yon moman, epi yo te jwi byennèt ak richès tè a. Men, malerezman, apre yo te koumanse ap dezobeyi yon lòt fwa ankò. Anfen, Bondye te deside pini yo. Li te pèmèt yon wa kin an pèp sou kote a kòm lennmi yo atake yo.

Sisera, kapitèn lame wa sa a, te gen 900 cha an fè, nèf san! Izrayelit yo pa t genyen ni cha ni fè. Sisera te kriyèl anpil kont izrayelit yo epi l te sèvi ak yo tankou esklav. Ebyen, yon lòt fwa ankò izrayelit yo kriye nan pye Bondye mande l sekou.

Izrayelit yo t'al pale ak Debora, yon jij epi pwofèt, pou l te ka fv entèvansyon l nan pwoblèm sa a. Pètèt li t'a kapab ede yo fè fas ak sitiyasyon sa a. Debora te koute pèp la epi l te di konsa: "Tanpri, Mennen Barak vini".

Lè Barak te vini, Debora te di l konsa: "Seyè a, Bondye pèp izrayèl la, vle pou menen 10 mil gason sou montay Tabò a. Ou dwe nan tèt lame a.

Mwen pral pwovoke Sisera pou l ka ale avèk cha epi lame li yo jouk bò larivyè kichon an. Oumenm ak 10 mil gason yo pral goumen kont yo".

Men, Barak te pè epi li di: "Debora, mwen pa ka ale poukont mwen. Mwen vle pou w ale avèm".

Debora te di li: "Se byen". "Mwen pral avèk ou, men se pa sa Bondye te bay lòd fè. Men, kòm ou ensiste pou m ale avèk ou, glwa batay la pap pou ou. Seyè a pral renmèt Sisera nan men yon fanm".

Debora avèk Barak rasanble 10 mil solda yo sou montay Tabò. Lè Sisera te tande yo pral nan lye sa a, li te rasanble 900 cha a epi mache kont yo bò larivyè Kichon an.

Ebyen Debora te di Barak konsa: "Al atake! Jodi a Seyè a renmèt Sisera nan men ou. Bondye ap mache devan w".

Barak ak 10 mil pa l yo desann montay la pou al kontre ak lame Sisera. Men, Èske nou konnen sak te pase a? Bondye te pran kontwòl sitiyasyon an. Lè lame Sisera te koumanse atake, 900 cha yo a te koumanse gen gwo pwoblèm. Bondye te fv vale Kichon an te inonde, epi machin yo te rete kole nan labou!

Lè Sisera te wè cha yo pa t ka avanse, li te desann cha pa l la epi pran kouri pi vi ke jan l te kapab. Se te limenm sèlman ki te gantan chape nan lame l la anba men Barak ak lame izrayelit la.

Sisera te kouri rive nan tant yon madanm ki rele Jayèl epi li priye madanm nan pandan l t'ap di konsa: "Kache m tanpri!"

Lè Barak te jwenn Sisera nan tant Jayèl la, Sisera te gentan mouri.

Jou sa a Bondye te ede pèp izrayèl la genyen batay la kont kananeyen yo. Pèp izrayèl la te vin tounen yon pèp ki te vin pi fò pi plis chak jou.

AKTIVITE YO

Debora konfye nan Bondye

Distribye liv elèv yo, fèy koulè, sizo ak lakòl.

Avan klas la, koupe papye koulè mawon an triyang sa vle di ki gen twa kote, ki pral reprezante montay yo. Ou kapab koupe ti moso papye ki gen koulè ble tou ki pou reprezante syèl la.

Mande timoun yo pou yo koupe imaj ki nan fèy liv yo epi kole yo nan yon fèy oswa yon moso katon, se kòmsi se te yon pyès teyat. Apre sa a, bay yo tan pou yo fè dekorasyon pandan y'ap itilize papye koulè yo oswa kèk lòt materyèl ke w ka jwenn, tankou kreyon koulv oswa makè.

Pandan y'ap travay konsa, repase istwa biblik la avèk yo. Ankouraje yo pou yo vin vanyan, menm nan mitan sitiyasyon difisil yo.

MEMORIZASYON

Nan kat ki fèt an katon, ekri mo sa a yo ki nan Sòm 121:2, kole yon pawòl nan chak kat. Se pou yo repete vèsè memwa a de fwa ansanm. Apre sa a, melanje kat yo epi bay chans pou elèv ou yo chanje pawòl yo. Repete vèsè a chak fwa elèv ou yo ranje mo yo pou fè yo vin kòrèk.

Konsève kat yo nan yon bous plastic pou w itilize nan pwochen klas la.

POU FINI

Di elèv ou yo mèsi pou asistans yo epi anonse yon bagay ki nan pwochen leson an pou reveye enterè yo pou yo vinn aprann.

Fè konnen ke nou kapab konfye nan pouvwa Bondye anan moman difisil yo. Fini ak yon lapriyè, pandan n'ap di Bondye mèsi paske lie de nou vin vanyan menm si n santi nou pè.

Leson 3
Rit Te Fidèl

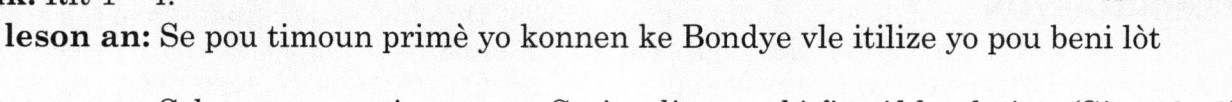

Baz biblik: Rit 1—4.

Objektif leson an: Se pou timoun primè yo konnen ke Bondye vle itilize yo pou beni lòt moun.

Vèsè pou aprann: *Sekou mwen soti nan men Seyè a, limenm ki fè syèl la ak tè a. (Sòm 121:2)*

PREPARE W POU W ANSEYE!

Majorite timoun primè yo konfye nan felisite epi yo pa gen pwoblèm pou yo kwè nan pawòl lòt yo. Yon konfye yo nan paran yo, profesè yo ak zanmi yo. Li pwobab pou yo pa konpran tout bagay ki se genyen "lafwa", men yo konnnen kisa onètete ye ak dedikasyon. Leson sa a ape de yo konnen ke Bondye fidèl, sa vle di, responsab, toujou la epi nòb. Anplis de sa, yo pral koumanse konprann kijan yo ka vin fidèl, nòb epi angaje y oak Bondye, ak paran yo epi ak zanmi yo.

KÒMANTÈ BIBLIK

Rit 1—4. Liv Rit la kapab li sou twa fason. Premyeman, kòm premye zèv nan literati ebre a ki gen ladan l kèk pasaj ki pi bèl nan Bib la.

Dezyèmman, kòm yon bèl egzanp nan fason ke Bondye itilize sa a yo ki deside viv fidèl avèk li.

Twazyèmman, kòm yon demostrasyon fidelite ak pwoteksyon Bondye pou sa a yo k'ap soufri epi k nan bezwen.

Rit avèk Nawomi te de fanm vanyan ki te depann de pwoteksyon ak pwovizyon Bondye nan moman yo te gen plis bezwen. Rit te soti nan peyi Mowab, epi li te marye ak yon nonm ki te jwif ki t'ap sèvi Bondye. Lè mari l te mouri, li te deside pa retounen nan peyi l ni sèvi zidòl. Pou pi byen di, li te deside pran swen bèlmè li, al viv nan yon peyi ki etranje pou li.

DEVLOPMAN LESON AN

Pou aktivite sa a, ou pral bezwen fèy blan oswa moso katon, lakòl, kreyon oswa makè koulè, ak jounal oswa rejis ki déjà itilize yo.

Distribye materyèl travay yo, epi mande elèv ou yo kisa yo ta renmen ye lè yo grandi. Mande yo pou yo desine oubyen rekoupe ilistrasyon yo ki eksprime rèv ou yo pou demen.

Dyaloge sou sa w pral bezwen fè kòm preparasyon pou travay sa a yo. Esplike yo ke depi kounye a yo kapab efòse yo pou yo kapab vin pi bon nan lekòl la epi pran swen kò li pou garandi ak santé epi dyanm.

Bay yo tan pou yo moutre desen yo.

Di yo konsa: Bondye pran swen tout moun, epi anpil fwa li vle ede nou pou l ka beni lòt yo. Li anchaje l pou l chwazi moun ki pou ede l founi nesesite lòt yo.

Kite yo site kèk fason yo kapab reyalize travay sa a (pa egzanp: Pa mwayen lapriyè, ofrann, vizite malad yo, pandan w'ap rasanble manje, elatriye).

Konfyans ak obeyisans

Pou aktivite sa a ou pral bezwen yon twal pou bande je elèv yo ak yon chèz.

Mande pou yon volontè pase devan, epi bande je li. Di li ke ou pral ede l travèse sal klas la de yon bò pou rive yon lòt, epi apre li pral gide l pou l al chita ankò sou chèz li.

Pran men timoun nan epi gide li nan sal klas la. Apre sa a chwazi yon lòt timoun epi fè menm bagay la. Esplike yo ke konfyans lan gen ladan l konnen ke Bondye pral ede yo avanse pou pi devan, menm si nou pa kapab wè li. Genyen lafwa nan Bondye se yon afè de konfyans.

ISTWA BIBLIK

Prepare poupe senp ki pou reprezante Nawomi, Rit ak Bòz pou rakonte istwa biblik la. Fè l pandan w'ap itilize elastik (lastik) oswa bous an papye, epi dekore yo ak bouton, ti moso twal, elatriye. Si w vle, prepare yon pyès ak bwat katon, ki pral kapab itilize nan pwochen klas yo tou. Mande yon granmoun pou vine de w jwe wòl youn nan pèsonaj yo.

Rit, yon fanm fidèl

Anpil tan te pase, depi jij yo t'ap gouvènen pèp Bondye a, epi se pa t wa a yo, te gen grangou nan peyi Izrayèl. Moun yo pa t gen manje sifi. Pou rezon sa a, Elimelèk madanm li Nawomi ak de pitit li yo t'al viv byen lwen yon kote yo te rele Mowab. Apre kèk tan, Elimelèk te mouri. Pitit li yo te grandi epi marye ak fanm peyi Mowab, Rit ak Opa. Dis lane apre, pitit Nawomi yo te mouri tou.

Nawomi te tris anpil. Li te poukont li nan yon peyi etranje, lwen kay li. Ebyen li te di Rit ak Opa konsa:

—Mwen pral retounen nan peyi mwen. Mwen tande Bondye te beni Izrayèl epi kounye a gen manje lòt bò a.

--Bèlfi yo reponn---Nou prale avèk ou.

--Nawomi di konsa—Pitit fi mwen yo— Retounen pou n al viv ak fanmi nou. Nou te bon anpil avèk pitit mwen yo avèk mwen tou. Se pou Bondye gen pitye pou nou epi ban nou lòt mari.

Nawomi apwoche pou l bay yo yon ti boa van l ale, epi yo te koumanse kriye ak tristès paske yo pat vle separe ak li.

Men Nawomi te pèsiste pou yo re retounen nan peyi Mowab, konsa Opate bay Nawomi yon ti bo epi l te pran wout pou l retounen nan peyi l Mowab.

--Nawomi di—gade Rit--,Opa pral retounen nan peyi l ap jwenn fanmi li. Ale avèk li non.

--Rit te reponn, non, mwen pa prale.

--Men, mwen pa gen lòt pitit ankò pou w marye, pitit fi mwen.

--Sa pa fè anyen, mwen pap kite w. Kèlkeswa kote w prale, mwen prale avèk ou. Pèp ou va pèp mwen epi Bondye w, va Bondye mwen.

Lè Nawomi wè Rit pa t vle chanje opinion, li te sispann pèsiste.

De medam yo pran chemen pou ale nan Peyi Izrayèl, epi yo te rive Betleyèm ansanm lè sa a rekòt la te déjà koumanse.

Lè sèvitè yo koupe grenn yo epi keyi yo, toujou gen nan grenn yo ki tonbe atè.

Bondye te bay moun pèp izrayèl yo lòd pou yo kite grenn tonbe sou tout tè a pou pòv yo ranmase pou yo kapab jwenn manje pou yo manje. Kòm Rit te pòv, li t'ap mache dèyè sèvitè yo pou ranmase ti grenn ki te tonbe atè a.

Rit te konn travay anpil epi li pat repose de travay li. Li te konnen ke si l pat travay di, Nawomi avèk li patap jwenn manje pou yo manje.

Pandan Rit t'ap travay san kanpe a, Bòz, chèf jaden an, te la ap kontwole rekòt la.

Bòz te mande moun ki t'ap travay pou li yo- -Ki madanm sa a?

--Responsab la te reponn konsa---,Li rele Rit. Li soti nan peyi Mowab avèk Nawomi. Li travay san poze pandan tout jounen an.

Bòz te apwoche bò kot Rit ki t'ap travay epi li di l konsa:

--Piga w al travay nan okenn lòt jaden, paske yon moun kapab ba w kou. Li pi bon pou w vin travay nan jaden pa m nan. La a ou va pi alèz.

--Rit te di li konsa---Ou enteresan anpil!.

Pou kisa w bon avèk mwen konsa malgre mwen se etranje?

--Bòz te reponn, paske mwen tande ou tèlman bon avèk Nawomi.

Lè Rit te retounen lakay li nan nwit, li te rakonte Nawomi kèk bagay sou grenn li te ranmase yo epi pou jan mèt jaden an te alèz avèk li.

Nawomi di: "Bòz se paran mari mwen wi". "Mwen kontan anpil paske l te byen sèvi avèk ou". "Konsa, ou pa bezwen pv pou w travay nan jaden l yo tande, l'ap pwoteje w".

Lè yon tan fin pase, Bòz tonbe damou pou Rit.

Yo te vin marye epi gen yon bebe ke yo te rele l Obèd.

Lè Obèd te vin grandi, li te vin gen anpil pitit epi apre sa anpil pitit pitit. Youn nan ti pitit pitit li yo te rele David, limenm ki te touye Golyat non fò a. Dava l t'ap ba li te jenerasyon Rit avèk Bòz.

Anpil, anpil ane apre, lòt bebe te vin fèt ki se jenerasyon Rit avèk Bòz. Bebe sa a te fèt nan Betleyèm epi yo mete l kouche nan yon krèch.

Bondye peye fidelite ak lafwa Rit, pandan l te pèmèt li fè pati fanmi wa David, men sitou Seyè Jezi.

AKTIVITE YO

Rit fidèl. Bondye fidèl

Ouvri liv elèv yon an leson 3 epi bay sizo pou timoun yo. Swiv enstriksyon yo pou kole sa k nesesè yo. Rekoupe imaj yo pou leson sa a ki nan paj seksyon ki kapab rekoupe a.

Mande kèk volontè pou rakonte premye pati istwa a, pandan l'ap itilize imaj Rit, Opa ak Nawomi. Mete aksan sou fidelite Rit pou Nawomi lè li te deside vwayaje ak li ale jouk Betleyèm.

Vire sèn nan pou l ka rete nan paj ki di "Bondye fidèl". Chwazi kèk nan yo ki pou rakonte dezyèm pati istwa a, pandan y'ap itilize imaj Tit, Nawomi ak Bòz.

Demoutre ke Bondye te fidèl ak Nawomi epi Rit, pandan l t'ap ba l travay ak manje. Lè fini tou li te prepare yon mari pou Rite pi pèmèt li genyen yon bèl bebe.

Ankouraje yo itilize travay manyèl sa a pou yo rakonte fanmi yo sa a yo te aprann pandan klas la.

Revizyon pou mwa

PPliske sa a se dènye leson inite a, nou sigjere ke w fè yon revizyon tou kout pou twa leson y' aprann pou mwa sa a.

Itilize kèk metòd ki gen jwèt pou w poze elèv ou yo kesyon sa a yo. Youn ta kapab. Fè yo fè yon won epi pou yo pase yon objè men nan men, pandan y'ap koute kèk ti chan. Lè mizik la kanpe, timoun ki gen objè a nan men l lan, se li ki pou reponn kesyon an. Ou dwe santi w alèz pou w poze plis kesyon, dapre kantite timoun k'ap patisipe.

1) Ki moun ki te sere ti bebe a poutèt ofisyèl Farawon yo? (*Jakobèd*).
2) Dapre lòd Farawon an, kisa yo ted we fè ti bebe ebre yo? (*Voye yon an larivyè Nil la pou yo mouri*).
3) Ki moun ki te pwoteje ti bebe Jakobèd la lè l te nan rivyè a? (*Bondye*).
4) Ki moun ki ki te ede fè panyen a epi veye bebe a, pandan l t'ap flote nan larivyè Nil la? (*Miryam*).
5) Ki moun ki te rankontre bebe a epi adopte li? (*Pitit fi Farawon an*).
6) Kilès Debora te ye? (*Jij ak pwofèt*).
7) Ki moun Debora te di pou l rasanble yon lame 10 mil gason? (*Barak*).
8) Kisa lame Sisera te genyen ki te fè yo santi yo gen anpil pouvwa? (*900 cha an fè*).
9) Kouman Bondye te ede lame izrayèl la pou l te bat lame Sisera? (*Li te inonde vale a pou cha an fè yo pa t kapab avanse*).
10) Di vèsè biblik pou mwa sa a (*Sekou mwen soti nan men Seyè a. Se limenm ki fè syèl la ak tè a*).
11) Ki moun ki te di: "Mwen pap kite w. Nenpòt kote w prale, mwen prale. Pèp ou va pèp mwen epi Bondye w, va Bondye mwen"? (*Rit*).
12) Ki moun Rit te demoutre fifelite l? (*Bèlmè li Nawomi*).
13) Kijan Rit te viv lè l te rive Betleyèm? (*Li te travay ap ranmase grenn nan jaden*).
14) Ak ki moun Rit te marye? (*Ak Bòz*).
15) Site non youn nan de moun ki popilè ki te fè pati fanmi Bòz avèk Rit? (*Wa David oswa Jezi*).

MEMORIZASYON

Pou semen sa a nou sigjere w itilize kat ke klas pase a te prepare a. Divize klas la pa plizyè ti gwoup oswa koup. Bay yo tan pou yo ranje kat yo sou tab la. Se pou n di vèsè pou aprann an ansanm, epi retounen melanje kat yo. Ekip ki fin ranje kat yo api rapid la se li ki genyen.

POU FINI

Distribye travay ke yo te fè pandan twa leson sa a yo, epi ankouraje elèv ou yo pou yo vin vanyan epi konfye yo nan pwoteksyon Bondye.

Se pou yo fè yon won, epi priye mande pou yo chak. Li enpòtan pou, menm si li pran l plis tan, site non chak timoun lè w'ap priye. Nan fason sa a yo pral santi yo apresye yo epi gen valè, se pa sèlman pou oumenm se pito pou Bondye tou. Apre w fin remèsye yo pou asistans ak fidelite yo pandan premye leson sa a yo, envite yo pou pwoche klas la, nan sa ke yo pral etidye enpòtans pou pran desizyon yo.

Mande yo pou pandan senmenn nan yo note tout desizyon enpòtan yo pran yo, pou rakonte yo pwochen klas la.

Ane 2   Entwodiksyon – Inite II

BIB LA MOUTRE NOU PRAN DESIZYON YO

Baz biblik yo: 1 Wa 3:4-15; 4:29-34; Jan 1:35-42; Lik 10:38-42; Matye 25:14-30; Danyèl 1:3-20; Lik 12:13-24.

Tèks inite a: *"Pito nou chache bay bagay peyi wa ki nan syèl la premye plas nan lavi nou, chache viv jan Bondye vle l la anvan. Lè sa a, Bondye va ban nou tout lòt bagay sa a yo tou."* (Matye 6:33)

OBJEKTIF INITE A

Inite sa a pral ede timoun primè yo:

- ❖ Konprann ke desizyon y'ap pran yo enpòtan anpil.
- ❖ Deside pran desizyon ki onore Bondye. Pran desizyon ki baze sou prensip biblik yo.

LESON INITE A

Leson 4: Saloman Pran Yon Desizyon Ki Gen Bon Konprann
Leson 5: Andre Deside Ede Pyè
Leson 6: Mari Ak Mat Deside Sèvi Jezi
Leson 7: Yon Administratè Saj Pran Yon Bon Desizyon
Leson 8: Danyèl Chwazi Manje Ki Bay Lasante Yo
Leson 9: Yon Nonm Rich Pran Yon Move Desizyon

POU KISA TIMOUN KI NAN PRIMÈ YO BEZWEN ANSÈYMAN INITE SA A

Timoun primè yo koumanse vin endepandan. Yo koumanse lavi eskolè yo epi yo santi yo "Pi gran". Li nòmal pou anpil nan yo vle pou yo konpare yo avèk timoun piti yo. Yo obsève antouraj yo san krent, epi yo kapab pran desizyon poukont yo. Ak nivo de endepandans yo gentan pran, yo dwe aksepte responsablite pou yo pran desizyon ki kòrèk. Yo bezwen yon èd pou ede yo pran desizyon ki onore Bondye.

Leson inite sa a yo pral bay prensip biblik ki pral ede timoun primè yo pran desizyon ki kòrèk.

Bay opòtinite pou ki egzèse abilite yo pou yo deside. Kreye yon anbyans ki asire nan sal klas la, kote elèv ou yo kapab obsève epi gen esperyans ki tou nèf pou apratisaj la. Obsève desizyon yo ke y'ap pran pandan tan y'ap pase nan klas la, epi fè yo konpliman lè yo chwazi yon bagay ki glorifye non Bondye.

Leson 4
Saloman Pran Yon Desizyon Ki Gen Bon Konprann

Baz biblik: 1 Wa 3:4-15; 4:29-34.

Objektif leson an: Se pou timoun prime yo aprann ke Bondye vle ede yo pran bon desizyon yo.

Vèsè pou aprann: *Pito nou chache bay bagay peyi wa ki na syèl la premye plas nan lavi nou, chache viv jan Bondye vle l la anvan. Lè sa a, Bondye va ban nou tout lòt bagay sa a yo tou* (Matye 6:33).

PREPARE W POU W ANSEYE!

Lavi chak jou plen ak chwa. Menm jèn timoun yo tou fè fas chak jou ak yon kantite nouvo desizyon ke yo dwe pran. Gen nan yo ki senp; lòt, pral afekte rès lavi yo.

Timoun primè yo ta dwe aprann itilize jijman yo pou pran desizyon ki gen bon konprann, men sitou, yo bezwen aprann ke Bondye touprèt pou ede yo pran desizyon ki dwa. Li enpòtan pou yo konnen ke desizyon yo pa sèlman afekte yo, men tou kominote a, epi, sitou, relasyon yo ak Bondye. Leson sa a ba w yon gwo opòtinite pou w gide timoun yo, anseye yo al chache èd Bondye anvan yo pran desizyon pou tèt yo.

KÒMANTÈ BIBLIK

Pasaj sa a pale nou de ministè Salomon, men tou, montre bonte Bondye. Men nou li ke Bondye te fè l yon bagay ke Salomon pa t merite.

Li fè nou sonje tou ke Bondye vle pou n swiv li ak tout kè, ki kontan lè nou pran bon desizyon, epi, si l vle, yo ka beni pitit yo ak bon konprann, pwosperite ak lavi ki long.

Istwa rakonte nou ke Salomon te Gabawon, yon kote ki te 17 kilomèt de lavil Jerizalèm. La a li te jwenn ansyen tabènak Bondye a, ki te yon pwen reyinyon pou jwif yon an epòk sa a; tanp lan pa t' ko bati.

Salomon te yon jenn gason sou 20 lane lè l te vin wa. Li evidan, li pa t 'gen esperyans pou gouvènen oswa mennen yon nasyon.

Lè Seyè a parèt nan yon rèv, pètèt devwa pou vin wa a te vin plis preokipe jèn sa a.

Fas ak repons Salomon te bay la te montre ke Salomon te vle fè Seyè a plezi epi te gen yon gwo sans de responsablite.

Jenn gason sa a te konnen ke sèlman avèk èd Bondye a li t'ap kapab akonpli gwo travay sa a pi devan.

Demann Salomon an te fè Bondye kontan paske li pa t' egoyis. Li te montre li te preokipe pou pran swen byennèt lòt moun. Se konsa, Bondye pa t' sèlman akòde li sa l te vle a ', men l' te beni li ak byennèt yo, pwosperite ak sante.

1 Wa 4:29-34. Pasaj sa a montre gwo bon konprann wa Salomon, ki te rive gen fanatik pi lwen pase fwontyè peyi Izrayèl yo. Lis ekriven l yo te enpresyonan. Epi, lè nou mete ansanm gwo pwojè achitekti ak reyalizasyon biznis yo, nou wè ke Bondye kenbe pwomès li te fè Salomon yo. San dout, wa sa a te jwi richès ak onè tout lavi li.

DEVLOPMAN LESON AN

Sèvi ak kèk nan aktivite sa yo pou amelyore aprantisaj nan gwoup etid yo.

Kilès ki deside?

Aktivite sa a ap ede elèv ou yo ran yo kont kijan desizyon lòt moun kapab enfliyanse yo.

Double twa fèy nan mitan. Kole yo oswa rekase yo pou fòme anvlòp. Nan premye anvlòp la ekri "Mwen sèlman"; nan dezyèm lan: "MWENMENM AK SIPÒ YON GRANMOUN"; epi twazyèm nan: "YON GRANMOUN".

Lè sa a, kole anvlòp yo sou tablo a oswa yon miray. Nan riban papye ekri chak nan deklarasyon sa yo:

Jwèt ou konn jwe yo.

Ki moun ou ka genyen pou zanmi w.

Mizik ou tande yo.

Rad ou mete yo.

Manje w'ap manje yo.

Kote w'al jwe yo.

Pwogram ou gade sou televizyon yo.

Travay ou pral genyen lè ou grandi.

Ak moun ou pral maryea.

Kote w'ap viv la.

Ajoute lòt fraz, si w vle. Lè sa a, mande pou chak elèv chwazi yon ti riban papye. Apre chak moun fin li fraz pa yo a, bay tan pou yo di ki moun ki ta dwe pran desizyon sa a. Mande pou yo chak kole triban nan anvlòp ki kòrèk la.

Kèk desizyon kapab fè moun fè kòmantè. Ankouraje patisipasyon gwoup la, epi gide yo nan yon deba ki konstriktif.

Esplike yo ki jan enfliyans deyò kapab afekte desizyon yo, epi se menm jan pou anndan tou.

Pwovèb yo

Pou leson sa a nou sigjere w depi davans, ekri nan yon moso katon kèk nan pwovèb Salomon yo (egzanp, Pwovèb 16: 6), epi montre yo pandan w'ap rakonte istwa a. Ou kapab mande elèv yo pou yo rete ak Bib ouvri nan liv Pwovèb la.

Bèl ide yo

Pou aktivite sa a nou sigjere ou sèvi ak moso katon oswa papye ki dyanm pou prepare imaj yon limyè pou chak elèv ou yo.

Li fraz sa yo byen fò. Lè elèv ou yo kwè ke se yon desizyon ki pran ak bon konprann, yo dwe leve limyè yo a. Diskite si se yon bon desizyon oubyen non. Gen kèk repons yo ka varye, tou depann de sitiyasyon, plas la oswa tan.

Mete aksan pou w demontre kèk desizyon kapab apwopriye nan kèk sitiyasyon, men ki pa fin bon lè yo chanje sikonstans yo.

1) Vòlè yon kap (kap).
2) Rele sou paran yo.
3) Ale legliz le dimanch.
4) Monte bisiklèt.
5) Pran liv zanmi ou la.
6) Kan nan yon tant deyò.
7) Koute pwofesè a ak atansyon.
8) Patisipe nan yon piknik.
9) Renmen lòt moun.
10) Ale nan plaj.

Konsève imaj anpoul yo pou w itilize nan pwochen klas la.

ISTWA BIBLIK

Rakonte istwa a ak pwòp mo pa ou epi chanje vwa w pou w ka fè prezantasyon an plis reyèl. Yon lòt opsyon se envite yon moun pou ede ou li epi jwe pati pa Salomon an.

Salomon gen konprann pou l deside

"Mwen te fè yon vwayaj ki long pou m rive lavil Gabawon
Pou m adore Bondye", "Salomon te panse". "Mwen bouke anpil epi bezwen repo pou m kapab reprann fòs."

Kou Salomon te kouche, dòmi pran l epi li te koumanse fè rèv.

Bondye te parèt devan li nan mitan rèv la. Li te di l 'konsa:

—Mande m tou sa ou vle epi m'ap ba ou li.

—Salomon te reponn—Seyè—, ou te byen sèvi ak David papa mwen. Men kounye a ou pèmèt mwen vin wa gwo nasyon sa a. Men mwen jèn anpil epi mwen pa konnen kijan pou m vin yon bon wa. Mwen pa gen ase bon konprann. Bay sèvitè w bon konprann pou l ka gouvènen pèp ou a. Ede m konnen sa ki byen ak sa ki mal.

—Ou mande yon bagay ki bon anpil—Bondye di.

Ou te kapab mande pou lavi w long oswa anpil richès. Men, pliske ou mande bon konprann pou w dirije pèp la, mwen pral ba ou tout sa ou vle. Pa pral genyen okenn moun k'ap gen bon konprann menm jan ak ou. Epi kòm demann ou an pa t baze sou enterè, mwen pral ba w plis; mwen pral ba w gwo richès ak tout bèl pouvwa. —Apre sa, li te ajoute, si ou swiv chemen m ak obeyi m menm jan papa ou David te fè li, mwen pral lakòz ou jwi lavi ki long tou.

Salomon te leve epi li te reyalize ke li te nan yon rèv. Men, Bondye te akonpli promès li epi li te bay Salomon anpil bon konprann. Epi yo te rekonèt li nan mond lan kòm wa ki te gen plis sajès nan tout istwa.

Salomon te ekri pawòl ki gen bon konprann epi kolekte anpil pawòl ki gen bon konprann nan tout lavi l', kèk nan yo ekri nan Bib la, nan liv Pwovèb yo.

Desizyon Salomon an

Distribye liv ak kreyon elèv yo. Eksplike timoun yo ke yo dwe chwazi mo ki kòrèk la pou ranpli chak fraz. Di yo pou yo sèvi ak lèt ki nan kare koulè yo pou yo ka konplete dènye fraz la.

Fè yo sonje ke Salomon te pran desizyon an pandan l te mande Bondye bon konprann pou l ka gouvènen pèp la.

Lè aktivite a fini, fè yo vire paj la. Bay tan pou yo koupe imaj ki anndan fèy la. Di yo pou yo kole li nan espas vid ki koresponn yo. Pandan y'ap travay, eksplike pou kisa li enpòtan pou yo chèche èd pou yo ka pran desizyon ki gen bon konprann, epi ki kote yo kapab jwenn li:

Bib. Si nou kontinye pran desizyon dapre prensip biblik yo, nou gen asirans ke Bondye ap kontan ak chwa nou an. Bib la plen ak bon konsèy ki pou ede nou pran bon desizyon.

Lapriyè. Atravè lapriyè nou mande Bondye pou l ede nou deside.

Jezi. Li toujou prè pou ede nou pran desizyon lè n'ap pran desizyon yo. Li gen bon konprann epi konnen sa k'ap pi bon pou nou.

Paran yo. Yo renmen nou epi vle pou nou pran pi bon desizyon yo.

Pastè. Li preokipe pou byennèt espirityèl nou epi vle ede nou pran desizyon ki fè Bondye plezi.

Pale ak timoun yo sou enpak desizyon yo ka fè. Fè yo sonje ke desizyon Salomon te pran lè l te jèn fè enpak sou rès lavi li ak lavi pèp li a.

MEMORIZASYON

Ekri nan yon moso katon vèsè pou aprann nan epi, mete l yon kote ki vizib nan sal klas la.

Mande pou ti fi yo pase devan pou yo li l; lè sa a, mande pou ti gason yo fè l. Lè sa a, chwazi gwoup diferan (egzanp tout moun ki gen soulye nwa, tout moun ki gen rad menm koulè, elatriye). Kontinye jwèt la ak moun diferan, jiskaske tèks la li senk fwa pou piti.

Finalman, mande pou kèk volontè di l ditèt.

Distribye kat klèb vèsè pou mwa a pou yo pote l lakay yo epi revize vèsè a ak paran yo.

POU FINI

Chante yon chan, epi mete tèt nou ansanm pou nou priye.

Mande Seyè a pou l ede nou pran bon desizyon pandan semèn nan, epi priye pou youn ak lòt.

Avan nou separe, mande pou kèk timoun ede w fè aranjman nan sal la epi konsève materyèl yo te itilize yo.

nòt

Leson 5
Andre Deside Ede Pyè

Baz biblik: Jan 1:35-42.

Objektif leson an: Se pou timoun primèèl yo aprann ke yo kapab enfliyanse lòt moun pou yo pran desizyon ki bon.

Vèsè pou aprann: *Pito nou chache bay bagay peyi wa ki na syèl la premye plas nan lavi nou, chache viv jan Bondye vle l la anvan. Lè sa a, Bondye va ban nou tout lòt bagay sa a yo tou* (Matye 6:33).

PREPARE W POU W ANSEYE!

Tout moun sansib pou yo swiv yon egzanp swa pa zanmi, fanmi, mwayen kominikasyon yo oswa ideyoloji yo, nan mitan anpil lòt. Sepandan, timoun primè yo enpliyanse byen fasil. Pou rezon sa a yo bezwen èd pou yo rekonèt ak evalye enfliyans ki nan antouraj yo.

Pa egzanp, se yon bon bagay pou yo aprann kite paran yo enfliyanse yo, Bib la ak zanmi kretyen yo. Anplis de say o dwe evite lòt enfliyans negatif ki vini pa mwayen televizyon, zanmi nan lari ak kilti ki pa pou kretyen bò kote y' ap viv la.

Lè timoun primè yo aprann idantifye bon enfliyans yo l'ap pi fasil pou yo pran desizyon ki dwat yo.

KÒMANTÈ BIBLIK

Jan 1:35-42. Ministè Jan BAtis la se te prepare kè moun yo pou yo koute mesaj Kris la. Temwayaj li, "Men ti mouton Bondye a!" Te sifi pou de pou nan disip li yo (Andre ak Jan) yo te suiv Jezi. Andre deside suiv Jezi ak enfliyans frè li Simon, pandan li t'ap deklare: "Nou jwenn Mesi a!"

Enfliyans Andre sou frè l Simon te koumanse pwodwi yon chanjman pwofon nan lavi disip la.

Lè Jezi wè Simon, li te di, "Ou se Simon, pitit Jonas; Y'a rele ou Sefas ki se, Pyè "(v. 42). Kòmantè biblik Beacon di: "Jezi wè Pyè pa sèlman jan li te ye a, men li te kapab rive fè pa mwayen gras Bondye a ki la pou transfòme". Jezi te konnen ke Bondye te kapab transfòme Simon an Pyè (oswa Pyè an grèk), ki vle di "wòch".

DEVLOPMAN LESON AN

Chwazi kèk nan aktivite yo sigjere yo pou w fasilite pwosesis aprantisaj elèv yo.

Bèl ide

Distribuya las figuras de los focos que usaron la sDistribye imaj anpoul yo yo te itilize nan semen ki te pase a. Mande elèv ou yo, pandan y'ap li deklarasyon sa yo, leve anpoul yo anlè, lè yo kwè desizyon yo prezante yo se desizyon ki gen bon konprann nan. Pale sou rezon ki fè chak desizyon yo site yo gen bon konprann oswa non.

1) Envite vwazen w lan nan lekòl biblik la. (Li se yon desizyon ki gen bon konprann paske nou dwe enfliyanse lòt moun pou yo vini legliz).
2) Janti nan moman w'ap jwe avèk frè ou yo. (Li se yon desizyon ki gen bon konprann paske sa fè Jezi plezi ak paran yo).
3) Ede kolèg ou yo bay yon blag sou pwofesè a. (Li pa yon desizyon ki gen bon konprann. Nou pa dwe kite zanmi nou enfliyanse nou pou n fè sa ki mal).
4) Ede paran ou yo netwaye kay la. (Li se yon desizyon ki gen bon konprann. Se yon bèl desizyon paske w dwe sèvi lòt moun).
5) Oumenm ansanm avèk zanmi w yo fawouche yon lòt kondisip klas ou. (Li pa yon desizyon ki gen bon konprann paske swiv enfliyans moun pou sèvi mal ak lòt moun).
6) Pale pandan sèvis adorasyon an. (Li pa yon desizyon ki gen bon konprann, paske nan fason sa a moun pa adore Bondye ni bay atansyon yo pou sèvis la).
7) Gen bon jan ak frè parèy nou. (Li se yon desizyon ki gen bon konprann paske n'ap swiv egzanp Jezi a).
8) Anseye ti frè ou a pou l byen sèvi ak bèt yo. (Li se yon desizyon ki gen bon konprann paske Jezi renmen lè nou ede lòt moun byen konpòte yo).

Ki sa enfliyans la ye?

Ekri mo ENFLIYANS nan moso katon, epi definisyon sa a nan yon lòt: "Pouvwa pou rive atenn objektif kote yon moun fè sa w vle a".

Lè sa a, rekoupe kat yo kòm si yo te moso kastèt.

Divize klas la an de gwoup. Bay youn moso yo ki fòme mo a. Fè mete kastèt la ansanm, epi li l byen fò. Ba yo tan pou yo panse sa l vle di.

Pandan tan sa a, renmèt dezyèm gwoup la lòt kastèt la epi mande pou yo ranje l. Apre sa a li definisyon an, epi pale sou siyifikasyon li, menm jan ak entwodiksyon istwa biblik la.

ISTWA BIBLIK

Pèsonaj sekrè yo--I

Pou aktivite sa a nou sigjere ou ekri nan yon kat non sa a yo ANDRE ak PYÈ.

Koupe chak lèt separeman, epi sere yo nan yon panye oswa yon sak.

Rasanble elèv ou yo pou yo tande istwa biblik yo, epi di yo konsa: *Nan istwa jodi a, yon nonm te pran yon desizyon ki afekte lavi lòt moun. Mwen pral moutre nou lèt sa a yo ki fòme non moun sa a yo (moutre chak lèt). Èske nou konnen ki moun yo ye? Koute avèk atansyon pou nou kapab idantifye de pèsonaj yo pou jodi a.*

Disip yo swiv Jezi

"Jan Batis te di "Gade, men li la!". "Li se Ti Mouton Bondye a moun mwen te pale nou an."

Jan te byen eksite! Li te pale avèk Andre ak zanmi l yo de Jezi. Kounye a, toudenkou, Jezi te kanpe fas a fas avèk yo.

Andre te di zanmi l ' "Vini anale ak li!".

Andre ak zanmi l te swiv Jezi.

Apre yon ti tan, Jezi vire, li wè yo.

---Li te mande yo:--ki sa nou bezwen?.

Yo te di li: Mèt, tanpri fè nou konnen kote w'ap viv.

Jezi te di yo: Swiv mwen epi mwen pral moutre nou.

Andre ak zanmi l te ale avèk Jezi kote li te rete a. Se la yo te pase rès jou yo a pale.

Lè yo de a te ale, Andre te eksite anpil.

Andre te di: "Reyèlman li se Kris la, Mesi a!". "Mwen bezwen jwenn Simon, frè mwen an pou m rakonte li bon nouvèl sa a yo."

Andre te kouri byen vit al nan kannòt li a, ki te nan lanmè Galile a. Kòm li te yon pechè, Simon te okipe nan ranje filè l pou yon lòt jou travay.

Lè Andre wè l ', li te di:

--Simon, mwen gen trè bon nouvèl. Nou konnen Kris la, Mesi a!

-- Simon te mande, --de kisa w'ap pale? Ou kwè sa?

--Adre di, wi, se vre wi!. Mwen te wè li, non li se Jezi. Vini ansanm avè m non. Mwen pral mennen ou kote li ye a epi w'ap reyalize ke se limenm ki Kris la.

Simon te kouri dèyè Andre pou jwenn nonm sa a ke frè l la te pale de li a. Finalman, yo te rive kote Jezi t'ap viv la.

Andre te mennen Simon devan Jezi. Lè l te wè li', Jezi di: "Non ou se Simon, men, depi koulye a yo pral rele w Pyè." Epi, depi jou sa a, Pyè ak Jezi te bon zanmi.

Pèsonaj sekrè yo - II

Mete lèt de non yo sou yon tab oswa atè a. Mande pou plizyè volontv ede w fè aktivite sa a.

Yo chak dwe pase devan epi eseye ranje non de disip yo byen vit ke jan yo kapab. Moun ki fè l nan tan ki pi kout la se li ki genyen an.

Desizyon Andre a ede Pyè

Louvri liv elèv yo nan Leson 5.

Bay sizo ak lakòl. Endike yo rekoupe imaj yo epi kole yo nan espas vid yo, apre sekans istwa a. Pandan y'ap travay, revize istwa a, epi poze yo kesyon konsènan istwa biblik la pou ranfòse aprantisaj la.

Apre sa, fè yo vire paj la epi li ansanm chak fraz yo. Diskite sou ki sitiasyon ki reprezante bon oubyen move enfliyans.

Endike yo mete nan yon sèk imaj ki reprezante enfliyans pozitif la, epi make yon X sou sa ki reprezante enfliyans negative.

Ki kalite enfliyans ou egzèse?

Li sitiyasyon sa yo devan elèv ou yo.

Pale sou kapasite nou genyen pou nou enfliyanse pozitif oswa negatif sou lòt moun, epi sa Bondye vle nou fè kòm kretyen.

1) Miryam te ale fè makèt ansanm ak manman l ak ti frè l la. Se konsa li te wè yon bèl poupe nan magazen jwèt yo epi, menm si li te gen plizyè poupe nan kay la, li te bezwen sa a. Miryam te mande manman l pou achte l pou li, men manman l te di non. Konsa, Miryam te koumanse rele epi kriye byen fò. Ti frè Miryam nan t'ap gade tout bagay sè l la t'ap fè. Ki kalite enfliyans Miryam te egzèse?

2) Samyèl te envite pi bon zanmi l Rawoul pi bon zanmi l nan legliz la plizyè fwa, men li pa t janm ale. Yon jou Rawoul envite l pou ale nan yon lak pou y'al pase fen semèn nan. Samyèl te kontan pou envitasyon an, men li te di li pa t

kapab manke legliz Dimanch paske li te renmen anpil pou yo ale nan klas edikasyon kretyen an. Nan Dimanch, lè Samyèl te pare pou l ale legliz, Rawoul te deside akonpanye l. Ki kalite enfliyanse Samyèl egzèse?

MEMORIZASYON

Pou etidye vèsè inite a, koupe bann katon, epi nan chak ekri kèk mo nan vèsè a pou memorize tèks la. Plake yo sou miray la oswa tablo a, se konsa ke, apre yo fin repete vèsè a plizyè fwa, ou ka mete yo nan yon lòd diferan pou ke elèv yo endike lòd ki kòrèk la.

POU FINI

Fòme kèk gwoup oswa mande volontè yo pou yo mete nan lòd materyèl yo te itilize nan klas la, mete liv yo yon kote epi ranmase fatra yo.

Apre sa a, chante chan pou fè lwanj.

Mete yon fen pandan w'ap priye, mande Bondye ede yo pratike bon enfliyans tout kote yo ye.

Voye yo ale, epi pa bliye envite yo vini nan pwochen klas la.

Leson 6
Mari Ak Mat Deside Sèvi Jezi

Baz biblik: Lik 10:38-42.

Objektif leson an: Se pou timoun primèl yo konprann ke gen kèk fwa yo dwe deside sa ki bon an pami plizyè chwa.

Vèsè pou aprann: *Pito nou chache bay bagay peyi wa ki na syèl la premye plas nan lavi nou, chache viv jan Bondye vle l la anvan. Lè sa a, Bondye va ban nou tout lòt bagay sa a yo tou* (Matye 6:33).

PREPARE W POU W ANSEYE!

Timoun primè yo nan pwosesis pou devlope talan yo ak rekonèt enterè endividyèl yo. Yo bezwen konprann ke Bondye bayo kapasite sa a yo kòm yon kado. Poutan yo responsab pou yo byen itilize don ak talan.

Li posib pou anpil timoun primè bezwen gid pou yo ka rekonèt talan yo.

Yon fwa yo fin idantififye yo, y'ap kapab dekouvri kè kontan ki nan sèvi ak tan yo ak aptitid pou fè Bondye plèzi.

KÒMANTÈ BIBLIK

Lik 10:38-42. De medam yo nan istwa sa a te gen talan diferan, epi te deside sèvi ak tan yo sou fòm diferan. Mat te chef kizin nan. Preparasyon manje ak sèvis li yo te motive paske l te renmen sèvi moun. Men, li te fè pi plis pase sa l ted we fè. Yon lòt kote, Mari te chwazi chita nan pye Jezi epi koute l ak anpil atansyon. Li teplis preokipe l pou l te aprann nan men Mèt la pase pou l tan an sèvi manje.

Mat te distrè l nan preparasyon yo li te panse ki t'ap nesesè pou vizit Seyè a.

Lè l te mande Jezi pou sèl la tae de l prepare bagay yo, men ak anpil lanmou Jezi te fè l sonje ke l dwe bay bagay ki pi enpòtan yo plis enpòtans.

Jezi rekonèt ke Mart te vle pran swen li, men li te fè l wè ke li t'ap pèmèt sipèfisyèl anpeche espirityèl la. Pandan l te okipe l de lòt bagay, sa te toumante kominyon li ak Seyè a.

Rapòtè Bruce Larson di, "-Vrèman istwa a pale de objektif nou nan lavi. Ki sa ki okipe pi fò nan tan nou? Mat te konsantre sou pwòp objektif li. Li te tèlman okipe ap eseye vin yon gran chèf kizin, li pa t gen tan pou l te ale chita nan pye Seyè a. Nou menm nou kapab di ketout sa nou genyen -tan, lavi, lajan, elatriye.-- se pou Seyè a. Eske nou mete tan apa pou li? Petèt n'ap twò okipe nan fè bon zèv, men nou bliye ke sa ki pi enpòtan an se relasyon nou avè l".

Pandan n'ap etidye leson sa a, se pou nou fè Jezi vin priyorite nou. Nou pral dekouvri ke li se kle nan tout bagay.

DEVLOPMAN LESON AN

Itilize kèk nan aktivite sa yo pou konple klas jodi a.

Ki kalite enfliyans?

Aktivite sa a ap ede elèv yo idantifye de kalite enfliyans.

Rekoupe papye vèt ak wouj, yon sèl nan chak koulè pou chak elèv.

Distribye kare a, epi li sa ki ekri yo byen fò.

Fè timoun yo kare wouj la si lekti a pale sou move enfliyans, epi leve kare vèt la si li se yon bon enfliyans.

1) Mak netwaye chanm li an lè manman l mande l pou li fè sa. Apre sa a, li te ede ti sè l la ranmase jwèt li yo.
2) Natalia te wè yon pwogram televizyon kote yon timoun te pale ak paran l yo san respè, se konsa li te deside fè menm bagay la lè paran l te bay lòd fè yon bagay.
3) Jan, pandan li t'ap soti lekòl la, li te dwe ale lakay li dirèk men zanmi l yo te envite ale nan pak la avèk yo. Li te panse l te kapab gentan fè yon ti jwepou yon ti bout tan epi apre retounen lakay anvan paran l yo rive, konsa, pèsonn pa ta konnen bagay sa.
4) Liliana te moutre ti sè li a chante "Jezi renmen mwen".
5) Irma te envite pi bon zanmi l la al dòmi lakay li nan Samdi. Dimanch nan maten, manman Irma te leve yo byen bonè pou yo alę nan lekòl di Dimanch. Irma mande, "Eske nou dwe ale jodi a? Nou te vle al jwe nan pak la".
6) Eduardo wè yon yon zanmi k'ap toumante yon timoun pi piti pase l nan pakla. Se konsa, li te , si li vle gen zanmi, fòk li se yon moun ki janti ak lòt moun.

Kado Bondye yo

Pou aktivite sa a w'ap bezwen yon instriman oswa yon bwat mizik, yon penso pou pentire, yon boul ak yon liv.

Mete objè sou yon tab, epi di elèv ou yo konsa:

Bondye te ban nou tout don espesyal yo ki rele kado oswa talan (Moutre yo objè yo). Pale ak yo sou chak don chak objè yo reprezante, ki jan oswa ki kote nou kapab aplike yo. Ekri don yo ak talan yo mansyone yo (pa egzanp: sèvis, talan pou mizik, espò, atizana, elatriye).

Di yo ke nan istwa jodi a nou pral aprann plis sou sijè sa a.

Ki sa mwen kapab fè?

Rasanble timoun yo epi mande yo: *Ki kalite konesans oswa talan nou genyen?* Dapre jan yo koumanse reponn, ekri sou tablo a non elèv la ak talan li mansyone a. Asire w ke tout moun yo patisipe nan aktivite sa a. Si sa nesesè, ede moun ki gen difikilte pou rekonèt talan yo.

ISTWA BIBLIK

Nou sigjere ou envite de fanm nan kongregasyon w lan pou reprezante Mat ak Mari. Jwenn de rad oswa moso twal pou fè li sanble plis reyèl. Mande pou yo menm rakonte istwa biblik la dapre pwen de vi chak pèsonaj, epi se pou yo chak di ki jan yo eksprime lanmou yo pou Jezi.

Mari ak Mat deside sèvi Jezi

Youn nan disip yo te di:--Gade, men Betani lòtbò a--. Se la a Mat ak fanmi li ap viv. Pètèt nou te kapab pran yon ti repo lakay li wi.

Jezi te di -- Se yon bon lide!.

Yon ti tan apre yo te rive lakay Mat.

-Lè Mat te ouvri pòt la, li t e wè se te Jezi, li di: woy, ala yon bèl sipriz! Tanpri, antre. Mat, rele sèl la: "Mari, vini! Jezi ak zanmi l yo la! "

Mat di: ---Asireman yo byen bouke. Chita epi repoze. Mwen pral fè yon bagay pou nou manje.

Mat te fè prese pou l planifye sa l ta pral kwit. "Mwen dwe fè yon manje byen espesyal pou Jezi", li te di sa pandan l t'ap panse ak sa l te bezwen pou l te bay tout moun manje.

Apre sa, li te travay di prepare manje ak netwaye kay la. Li te preokipe anpil paske li t e vle sèvi yo byen.

Pandan ke Mat t'ap prepare manje a, Jezi te chita bò tab la ansanm ak disip li yo. Mari, sè Mat la, chita nan pye Jezi pou tande sa l t'ap di.

Apre yon ti tan, Mat vini kote yo te ye a, li wè Mari te chita ap tande pawòl Jezi yo. Li te tèlman okipe ap travay, sa te fè l fache anpil paske sè l pa t ede li.

Mat te di Jezi, Mari kite m pou kont mwen ap tout fè travay yo. Tanpri, di l ede m!.

Jezi te di: Mat, Mat, ou antòtye epi enkyete w pou bagay ki piti. Yon sèl bagay ki nesesè epi enpòtan, men Mari dekouvri li. Li te chwazi sa ki pi enpòtan, epi pèsonn pa ka pran l nan men l.

Sa ki pi enpòtan an

Fè yon revizyon sou istwa biblik la, mande klas ou a: *Ki sa ki te pi enpòtan ke Mari te chwazi?* (Pase tan avèk Jezi).

Fè yo konprann ke gen tan pou pase ap travay, ak tan pou pase avèk Bondye.

Li enpòtan pou nou itilize talan nou pou nou sèvi Seyè a, men nou pa dwe janm ranplase tan lapriyè n ak kominyon nou avè l.

AKTIVITE YO

Deside itilize don w yo

Pandan w'ap baze sou istwa biblik la, mande elèv ou yo pou yo mete yon won fraz sa a yo ki reprezante ki jan Mat ak Mari te deside sèvi Jezi. Apre sa, ba yo tan pou yo bay foto yo koulè, epi swiv enstriksyon liv elèv yo pou ranpli aktivite ki dèyè do fèy la.

Pandan y'ap travay, mete aksan sou enpòtans ki genyen pou rekonèt epi mete talan ak entèlijans nou yo nan sèvis Bondye a.

Ann itilize don nou yo!

Aktivite sa a pral ede yo mete don yo epi egzèse talan yo.

Distribye travay espesifik bay chak manm klas ou a, selon talan oswa konpetans yo genyen. Pa egzanp: moun ki gen don sèvis, yo pral ranmase ofrann nan epi mete materyèl yon an lòd lè las fini. Dezyèmman, sa a yo ki gen kapasite pou fè travay ak men yo, yo pral ede timoun ki pi piti yo ak pwofesè a lè sa nesesè. Gen lòt ki ka dirije nan moman chante yo, oswa resevwa vizit ki rive nan klas la epi akeyi yo.

Pa gen pwoblèm pou devwa ou ba timoun yo, fè yo sonje ke tout travay nou fè pou Bondye yo enpòtan epi gen vale.

MEMORIZASYON

SMande pou gwoup a chita sou fòm yon sèk, epi antre nan mitan yo. Voye yon boul sou yo byen dousman. Timoun ki resevwa l la dwe leve kanpe epi di vèsè pou aprann nan.

Repete egzèsis la jouk aske tout elèv yo patisipe. Ede pi piti yo oswa moun ki gen difikilte avèk memorizasyon an.

POU FINI

Chante kèk chan ki baze sou tèm leson an. Fè timoun primè yo sonje ke Bondye ba yo don ak talan ki pou ede yo sèvi l pi byen.

Priye remèsye Bondye pou don nou te resevwa yo, epi mande l pou l ede yo itilize yo pou sèvis li.

Leson 7
Yon Administratè Saj Pran Yon Bon Desizyon

Baz biblik: Matye 25:14-30.

Objektif leson an: Se pou timoun primèl yo aprann itilize talan ak entèlijans yo pou yo sèvi Bondye.

Vèsè pou aprann: *Pito nou chache bay bagay peyi wa ki na syèl la premye plas nan lavi nou, chache viv jan Bondye vle l la anvan. Lè sa a, Bondye va ban nou tout lòt bagay sa a yo tou* (Matye 6:33).

PREPARE W POU W ANSEYE!

Pifò elèv yo koumanse gen plis responsablite lakay yo. Y'ap aprann pran swen zafè yo tou, ak dekouvri kapasite ak limit yo.

Timoun ta dwe rekonèt ke Bondye se mèt tout bagay epi se moun k'ap bay tout don. Yo se tou senpleman administratè nan sa li te ba yo epi, nan fason sa a, yo dwe aprann ke yo dwe fidèl ak Bondye.

KÒMANTÈ BIBLIK

Matye 25:14-30. Sa a se dezyèm pati a nan yon seri de twa parabòl sou jijman Bondye a.

Sa a vle di ke kòm kretyen, nou dwe prepare nou pou ran kont pou aksyon nou yon nan jou bèl glwa sa a.

Nan tan biblik yo, chèf kanbiz oswa administratè a se te yon sèvitè espesyal oswa yon esklav ki te yon moun ki responsab. Responsablite l se te administre byen ki lakay mèt li yo. Chèf kanbiz la pa t chèf lajan, men yo te ba l responsablite pou l te pran swen li. Yo te vle pou chef kanbiz yo te bon administratè fidèl epi okipe riches ki lakay mèt li a ak anpil bon konprann. Yo toujou bay domestik ki fidèl la pi gwo responsablite a paske mèt li fè l anpil konfyans.

An mezi responsablite a te pi gwo, pi plis toujou lit e dwe administer. Pinisyon sèvitè ki pa fidèl yo sevè anpil.

De premye sèvitè yo te rekonpanse pou bon travay yo ak bèl mo pou fè lwanj pou yo ak yon bèl envitasyon: "Vini non, antre nan kè lajwa mèt nou". Nan deklarasyon sa a, apa de nonm rich la ki te aranje zafè l ak anplwaye l yo, nou wè ki rekonpans ki genyen pou sèvitè ki fidèl yo, moun sa a yo ke Jezi te envite akonpaye li pou ale sou tab nan wayòm syèl la. Sa vle di anpil bagay lè li te rekonpanse yo paske yo te "bon epi fidèl", men sa poutèt yo te "kapab ak entelijan".

Bondye vle nou mete don nou yo pou sèvis li epi akonpli volonte l.

DEVLOPMAN LESON AN

Chwazi kèk nan aktivite sa yo pou ede elèv yo reyalize aprann plis sou sijè etid la.

Responsablite mwen yo

Bay elèv ou yo papye ak kreyon senp oswa kreyon koulè. Fè yo trase travay yo dwe fè chak jou lakay yo (pa egzanp: rasanble kabann lan, ranmase jwèt yo, lave asyèt yo, elatriye). Diskite sou diferant travay yo responsab, ak fason yo fè pou yo reyalize yo. Lè yo fin fè desen an, fè yo ekri nan tèt fèy la "RESPONSABLITE MWEN". Apre aktivite a, kole tout travay yo nan mi klas la pou fòme yon yon miral.

Itilize kapasite w yo

Solicite a sus alumnos que se sienten formando un Mande elèv yo pou chita sou fòm yon wonn. Kenbe yon enstriman mizik nan men w oswa melodi yon chan.

Son mizik la pandan y ap elèv yo yon boul ti soti nan yon sèl men yo ap depanse.

Fè mizik la koumanse, pandan mizik la ap woule fè elèv yo pase yon yon balon de men an men. Lè mizik la sispann, elèv ki gen balon an dwe leve kanpe pou l di ki jan ak ki kote li dwe itilize talan l yo ak sèvi Bondye. Kontinye jwe jiskaske tout moun patisipe.

Kisa yon administratè ye?

Nan yon moso papye brisòl oswa katon ekri mo "AMINISTRATÈ". Montre elèv ou li epi mande yo ki sa mo sa a vle di.

Apre ou fin tande opinyon yo, eksplike yo ke administratè a se yon moun ki la pou jere byen lòt moun.

Apre sa a, di yo konsa: *Nou menm nou se administratè sa Bondye te ban nou. Pou rezon sa a, nou responsab pou nou pwoteje tout sa li te konfye nou.*

Louvri Bib la nan 1 Korentyen 4: 2, li byen fò: "Sepandan, yo mande pou tout administratè yo se moun ki serye".

Di yo konsa: *Bondye konfye nan nou pou n pran swen kreyasyon li a. Vèsè sa a di nou ke se administratè fidèl Bondye nou dwe ye. Jezi te di yon parabòl sou kèk jeran. Yon parabòl se yon istwa ki pa verite men ki anseye nou yon leson. Koute ak atansyon sa Jezi te vle anseye nan istwa sa a.*

ISTWA BIBLIK

Pou amelyore aprantisaj la, nou konsye w prepare materyèl vizyèl pou w moutre klas ou a. Prepare desen ki reprezante sèvitè yo ak talan yo. Si ou vle, pran egzanp lan nan liv ilistrasyon elèv yo.

Travayè ki gen bon konprann yo

Tout kote Jezi ta prale, foul moun yo t'ap swiv li. Tout moun te vle tande ansèyman l yo.

Souvan fwa Jezi te rakonte istwa ki pou ede yo konprann sa yo ta vle yo konnen.

Jezi te mande: "Ki moun ki yon sèvitè fidèl ki gen bon konprann?". Apre sa, li te rakonte istwa sa a:

Peyi Wa ki nan syèl la, se tankou yon nonm ki te dwe fè yon vwayaj ki long. Konsa, li te rele sèvitè l epi ba yo lajan li, li te mande yo pran swen byen li yo pandan absans li. Li te bay youn senk sak, epi chak sak te gen yon kantite lajan. Yon lòt sèvitè te resevwa de sak, epi li te bay twazyèm nan yon sak. Li te konfye lajan l lan bay chak sèvitè dapre kapasite yo chak epi nonm nan al fè vwayaj la.

Chèf kanbiz ki te resevwa pi plis nan lajan an te koumanse travay touswit. Li te pran senk sak yo, li negosye yo epi l te vin jwenn senk sak anplis. Sèvitè ki te gen de sak la te fè menm bagay la epi l te jwenn de lòt. Men, nonm ki te resevwa yon sèl sak la te fouye yon twou nan tè a epi sere lajan paske l te pè pou yo pa t vòlè li.

Mèt kay la te pase anpil tan nan vwayaj la. Finalman lè l te retounen, li te rele sèvitè l yo pou l fè kontwòl. Nonm ki te resevwa senk sak la renmèt mèt la dis. Li te di ak satisfaksyon: "Ou te ban m senk sak. Mwen travay epi fè senk sak anplis".

Sèvitè ki te jwenn de sak yo apwoche epi li di: "Mèt, ou te ban m de sak nan lajan. Mwen travay mwen fè de anplis ".

Mèt la te reponn, Oke ou byen fè, bon sèvitè fidèl! Ou t sèvi byen avèk yon ti kras mwen te ba ou; kounye a m pral ba w pi gwo responsablite. Nou pral rejwi!

Lè sa a, nonm sa a ki te resevwa yon sak lajan te apwoche devan mèt la, li di: "Mèt, mwen konnen li difisil pou moun fè kè w kontan; Se poutèt sa mwen te pè epi sere lajan w lan nan yon twou anba tè a. Men sak lajan ou".

Mèt li reponn, "Move sèvitè parese! Ou te dwe sere lajan an nan bank, konsa pou pi piti mwen ta jwenn yon enterè! Mèt la bay yon lòd li di: Wete lajan nan men l epi renmèt li bay sèvitè ki gen dis sak la. Epi sèvitè pa itil sa a, jete l nan fènwa deyò a".

AKTIVITE YO

Ki moun ki te gen bon konprann?

Distribye liv elèv yo. Mande timoun yo pou yo konplete imaj la, pandan y'ap ajoute talan sèvitè yo te pote bay mèt yo. Bay tan pou yo trase ekspresyon ki te nan vizaj sèvitè yo lè yo te devan mèt yo.

Sèvi ak kesyon sa a yo pou ede yo reflechi sou siyifikasyon istwa:

Kijan ou panse sèvitè yo te santi yo lè yo te devan mèt la? Ki leson Jezi te vle anseye lè l Te di parabòl SA a?

Apre sa, vire paj la. Fè yo trase yon etwal nan figi ki reprezante timoun ki itilize sa yo genyen ak bon konprann.

Pale sou siyifikasyon chak imaj, ak sa ki fè timoun vin bon oubyen move administratè.

Administratè fidèl

Pou aktivite sa a ou pral bezwen papye brisòl, bann adezif, papye ak kreyon koulè.

Nan tèt papye a ekri: "SÈVITÈ FIDÈL YO". Distribye bann papye ak kreyon koulè yo, pou timoun primè yo ekri yon fraz ki endike kijan yo ka vin yon bon jeran (pa egzanp: pandan m'ap pran swen jwèt mwen yo, nan fè aranjman nan chanm mwen an, nan bay ti bèt domestik mwen yo manje, wouze plant, elatriye).

Apre sa, tout moun ta dwe mete yon moso dezif nan bandwòl li a epi kole l nan papye brisòl la.

Lè tout moun fin pase, mete moso katon an nan pòt sal klas la oubyen nan kèk koulwa tan plan, pou manm legliz yo ka wè travay elèv ou yo te fè.

MEMORIZASYON

Divize klas la an de gwoup. Mande pou yon gwoup di premye fraz ki nan vèsè pou aprann nan, pandan lòt yo ap repete dezyèm pati a. Apre sa a, se pou tou de gwoup yo di l ansanm.

Chanje fraz gwoup yo pou yo ka etidye tèks la an antye. Repete egzèsis la plizyè fwa, epi lè sa a chwazi kèk nan yo pou di l pou kont yo.

Distribye kat klèb vèsè mwa pou yo pote li lakay yo epi repase tèks inite a.

POU FINI

Anvan w voye yo ale, bay tan pou yo tout kolabore nan netwayaj la, epi mete sal klas la nan lòd ak materyèl yo. Apre sa, chante kèk chan, epi leve yo nan yon priyè, mande Seyè a pou l ede yo vin bon sèvitè fidèl nan sa li te ba yo.

Leson 8
Danyèl Chwazi Manje Ki Bay Lasante A

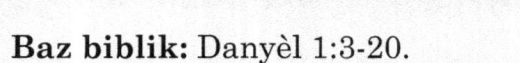

Baz biblik: Danyèl 1:3-20.

Objektif leson an: Se pou timoun primè yo aprann onore Bondye pandan y'ap pran swen kò li te ba yo a.

Vèsè pou aprann: *Pito nou chache bay bagay peyi wa ki na syèl la premye plas nan lavi nou, chache viv jan Bondye vle l la anvan. Lè sa a, Bondye va ban nou tout lòt bagay sa a yo tou* (Matye 6:33).

PREPARE W POU W ANSEYE!

Pifò lekòl yo koumanse klas yo nan anseye timoun ki nan premye ak dezyèm ane yo tèm ki gen pou wè ak lasante. Gen lòt kit e aprann bon dòz sou sante lakay yo. An reyalite bon sante se yon rekonpans, epi pou kwayan yo se menm plis ke sa, paske nou vle onore Bondye nan chak desizyon nou pran, kèlkeswa kote nou ye, kèlkeswa presyon yo. Menm desizyon senp yo, tankou kisa nou pral manje oswa bwè vin zafè lafwa.

Malgre nou pa konnen an detay pou kisa Danyèl ak twa zanmi l yo te refize manje aliman yo epi bwè diven wa a, nou konnen yo te konsidere yo kòm yon menas pou lafwa yo. Danyèl 1: 8 di nou: "Danyèl te pran desizyon nan kè l pou l pa t manyen ni manje ni diven yo nan palè wa a pou l te ka toujou nan kondisyon pou l sèvi Bondye l. Se konsa, l'al jwenn kòmandan nèg konfyans wa a, li mande l pèmisyon pou l pa blije manje manje sa a yo".

Leson sa a pral ede timoun primè yo konprann pandan y'ap pran swen kò yo ak deside pa kontamine tèt yo ak sa ki kapab domaje yo se Bondye y'ap onore.

Pifò nan timoun primè yo mete yo vyolan lè y'ap chwazi sa yo vle pou yo manje. Twòp piblisite ogmante egoyis ki fè yo di, "Se pou nou manje sa nou renmen!"

Leson sa a pral moutre yo ke Bondye se mèt kò yo. Yo ka onore Bondye nan pran desizyon ki reflete bon gouvènans kò l.

KÒMANTÈ BIBLIK

Danyèl 1:3-20. Yo te mennen Danyèl ak zanmi l yo nan esklavitid nan lavil Babilòn. Paske se te desandan fanmi wa a, byen edike ak bon konprann, yo te chwazi yo nan mitan anpil jèn pou yo te kapab travay pou wa yon fason ki espesyal.

Anplis, yo te chanje non ebre yo a pa non babilonyen. Sa te vle di anpil, jwif yo te déjà fè anpil pridans nan chwazi non pou pitit yo. Non ebre yo te onore sèl Bondye ki vrè a epi bay temwayaj de li. Olye de sa, non nouvo yo te onore fo dye payen ke pèp Babilòn yo te konn adore yo.

Pasaj la pa eksplike pou kisa sa jèn sa a yo pa t vle manje manje sou tab kay wa a. Men, li klè ke yo rejte li akoz de kwayans yo, kòm tou patisipe nan manje kay wa a te ka kontamine kò yo. Se te yon gwo defi pou jèn ebre sa yo paske, pou pitit pitit Abraram yo, manje, patisipe nan manje yo ofri bay zidòl vle di kraze relasyon avèk sèl vrè Bondye a. Apre tout bagay, se vyolasyon lalwa Bondye a lè yo patisipe nan adorasyon fo dye yo.

Fas ak defi sa a, Danyèl ak zanmi l yo te pale avèk de ofisyèl mande pou yo ba yo sèlman legim ak dlo, olye de manje kay wa a. Premye demann te refize kareman. Ofisyèl la te esplike Danyèl ke si yo pa wè yo ansante menm jaan ak lòt jenn gason yo, li ta egzekite pou dezobeyi lòd wa apaske li chanje manje a.

Danyèl, te kwè anpil ke desizyon l lan te fè Bondye plezi, li pa t bay legen, epi li te ensiste ankò. Fwa sa a, li te pale ak gad palè yo ki t'ap pran swen yo a, li t'ap pwopoze pou pèmèt yo pase yon peryòd de tan pou yo te eseye. Vèsè 15 lan moutre nou ki rezilta yo te jwenn:

"Apre yo te fin pase dis jou figi yo te parèt pi fyab ak plis gaya pase lòt ti mesye yo ki t'ap manje nan manje yo te konn bay wa a "(Dan. 1:15). Lè tan esèy la te fini, gad palè a wè ke li pa t te gen okenn rezon pou l te enkyete, epi li te pèmèt yo kontinye rejim alimantè espesyal yo a.

Atravè istwa sa a, nou aprann ke nou dwe onore Bondye lè n'ap pran swen kò li te ban nou, paske li se tanp Sentespri a.

DEVLOPMAN LESON AN

Chwazi kèk nan aktivite sa yo k'ap pèmèt epi ankouraje yon dinamik gwoup pou yon pi bon aprantisaj.

Manje mwen pi renmen yo

Pou leson sa a ou pral bezwen magazin, fèy, sizo, lakòl ak kreyon koulè.

Distribye materyèl elèv yo. Apre sa a, fè yo ekri nan tèt fèy la: "Manje mwen pi renmen yo". Apre, ba yo kèk minit pou yo chèche ilistrasyon nan magazin sou manje yo pi renmen yo. Fè yo koupe yo epi kole yo sou fèy la. Si ou gen magazin, fè yo fè desen manje yo pi renmen yo.

Lè yo fini, eksplike yo ke yo pral itilize travay sa a yo nan aktivite sa a.

Manje ki lasante yo

Pandan semèn nan, prepare ilistrasyon sou manje ki bay lasante yo. Sèvi ak piblisite nan magazin oswa mache yo, oswa chèche nan magazin. Ou kapab pote kèk bwat manje nan klas la tou oswa resipyan vid.

Divize yon papye brisòl blan fè de bò: Nan youn mete kòm tit: MANJE KI BAY LASANTE YO, epi nan lòt la: MANJE KI PA BAY LASANTE YO.

Kole papye brisòl la nan mi an, epi kenbe adezif la nan men w. Mande elèv yo pou yo chwazi youn nan bwat yo oswa vèso yo, oswa yon sèl nan seksyon yo te pote a, epi kole l ak kolòn ki koresponn nan. Lè yo fini, mande yo pou yo konpare manje ki sen yo ak sa yo kole oswa trase nan fèy la.

Pale ak yo sou enpòtans ki genyen nan bon nitrisyon. Apre sa a, di yo ke jodi a yo pral etidye de yon jèn ki te fè Bondye plezi nan pran swen kò li.

ISTWA BIBLIK

Pèsonaj sekrè

Bay elèv ou yo endikasyon sa yo pou yo kapab devine de ki pèsonaj biblik istwa jodi a pale:

1) Mwen se yon nonm ki nan Ansyen Testaman.
2) Mwen te konn priye twa fwa pa jou.
3) Yo te voye m jete nan gwo twou lyon yo.
Ki moun mwen ye?

Di yo konsa: *Istwa biblik nou an jodi a pale nou de yon desizyon Danyèl te pran lè li te jèn. Koute avèk atansyon pou nou konnen sa ki te pase.*

Danyèl chwazi manje ki bay lasante yo

Nèbikadneza wa Babilòn nan te bay lòd sa a "Mennen kèk jèn ki soti nan mitan moun pèp Izrayèl yo pou sèvi nan palè a ".

Ofisyèl prensipal wa a te koute enstriksyon y oak anpil atansyon:

Wa a te di "Chwazi jèn ki fò, an sante ak sanble bon". "Yo dwe entelijan epi gen kapasite pou yo aprann byen vit. Yo dwe manje manje ki fèt nan pwòp kizin mwen", se te lòd wa a. "Mwen vle yo fò epi an sante pou yo ka travay pi byen".

Danyèl ak twa nan zanmi l yo Ananyas, Misayèl ak Azarya te fè pati gwoup sòlda Babilòn yo te chwazi a.

Ofisye an chèf la te bay jèn ebre yo non Babilonyen. Danyèl te rele Bèlchaza; Ananya, Chadrak; Misayèl, Mechak; ak Azarya, Abèdnego.

Men, lè yo te ba yo manje wa a, Danyèl te di ofisye a:

--Mwen pa ka manje manje wa a.

Bondye te avèti pèp mwen an ke nou pa t kapab manje kalite manje sa a yo. Mwen dwe obeyi Kòmandman Bondye yo.

Ofisye a te reponn li: Men, mwen pa ka dezobeyi lòd Wa a. Si ou pa manje sa Wa te bay lòd yo w'ap vin fèb epi mens, konsa lòt ti mesye yo pral pi fò. Wa ap panse mwen pa fè devwa m yo, li va vin ankòlè sou mwen, petèt menm bay lòd pou touye m!

Lè sa a, Danyèl te pale ak gad ki t'ap veye yo a:

Danyèl te di: "Tanpri, fè yon tès pandan dis jou sèlman legim ak dlo.

Apre tan sa a, ou ka konpare nou ak lòt jèn gason yo k'ap manje kay wa a. Lè sa a, ou va deside ki moun ki gen plis bòn sante epi fò.

Gad palè a te dakò fè tès la.

Apre dis jou li pran Danyèl, Ananyas, Misayèl ak Azarya, li mennen yo lòt kote Jèn yo.

Gad palè a pa t kapab kwè sa l te wè a! Danyèl ak zanmi l yo te parèt pi an sante ak pi fò pase lòt jèn yo.

Gad la te di "Wa a pral kontan lè l wè jan nou anfòm". "Depi koulye a yo kapab chwazi manje yo deside manje".

Bondye te beni Danyèl ak zanmi l yo ak konesans epi entèlijans.

Lè tan antrennman te fini tan, Wa Nèbikadneza te bay ofisye yo lòd pou pran jèn yo Mennen ba li. Apre wa te fin poze yo kèk kesyon, wa a reyalize ke Danyèl ak zanmi l yo te dis fwa pi fò ak pi entelijan pase tout moun nan palè a ki t'ap fè sèvis pou li.

REVIZYON BIBLIK

Rakonte istwa biblik la ak pwòp mo pa ou pral ede timoun primè yo ranfòse aprantisaj leson sa a. Sèvi ak kesyon sa a yo pou w dirije revizyon an:

- *Ki desizyon Danyèl ak zanmi l yo te pran?*
- *Poukisa Danyèl pa t vle manje manje wa a?*

- *Poukisa ofisye wa a pa t vle kite Danyèl ak zanmi l yo manje vejetal, epi bwè dlo?*
- *Ki sa ki te pase lè Danyèl te konvenk gad la pou kite yo manje legim sèlman epi bwè dlo pandan dis jou?*

EKoute repons yo, epi ajoute fòmasyon lè sa nesesè.

Pou w fini, di yo ke *Danyèl ak zanmi l yo te deside fè Bondye plezi a nan desizyon sa a. Bondye te beni yo, ba yo yon pi bon sante ak pi gwo fòs ak entèlijans plis pase lòt jèn yo.*

Menm jan Danyèl te fè l, nou ka onore Bondye lè nou deside kenbe kò nou an sante.

AKTIVITE YO

Bondye vle m pran swen kò mwen

Distribye liv elèv yo, epi li instriksyon yo pou elèv yo fè aktivite yo sigjere yo.

Ba yo tan pou yo trase yon desen oswa ekri yon lis bon desizyon nan dezyèm fèy ki nan leson 8 la, men se nan espas vid yo, ki ka ede nou pran swen tèt pandan semèn nan.

Tan pou yo manje manje ki sen

Si tan ak resous yo pèmèt sa, pote legim oswa fwi (kawòt rache, zoranj oswa pòm) ak vèso ki gen dlo pou pataje ak elèv yo. Esplike yo avantaj nou resevwa lè n manje legim ak fwi.

Di yo konsa: *Bondye te fè fwi yo ak legim yo paske yo bon pou nou. Yo gen vitamin ki pou ede kò nou rete ansante epi fò. Nou dwe bwè pou pi piti 5 tas dlo pa jou, paske li kenbe nou idrate epi ede ren yo byen fonksyone ak lòt ògàn yo.*

MEMORIZASYON

Pou revize tèks ki pou aprann nan, mande timoun ou yo fòme yon wonn. Yon volontè dwe kanpe nan mitan wonn nan epi bouche je li ak r. Soumèt yon klòch nan youn nan timoun sèk. Sa a pral manyen yon lòt fwaeban oswa mouchwa. Bay youn nan timoun kin an won yo yon ti senbal. Li dwe frappe lie pi pase l bay yon lòt ki bò kote l la, epi fè sa kontinye.

Timoun ki gen je bouche a dwe di "Byen fò" moun ki gen senbal la nan men l lan, lè l vle a, epi tou moun ki gen senbal la nan mne l vre a dwe repete vèsè a. Timoun ki nan mitan wonn nan dwe devine kimoun ki di vèsè a.

Apre sa, bouche je timoun ki te di vèsè a pou l ka antre nan mitan wonn nan.

Pèmèt gwoup la ede moun ki poko konnen vèsè a jiskaprezan.

POU FINI

Ankouraje elèv ou yo pran desizyon pou pran swen sante yo epi efòse yo pou yo onore Bondye nan fason sa a. Priye avan nou ale, di Bondye mèsi paske l te kreye nou epi soutni nou.

Envite yo nan pwochen klas la, se pral dènye nan seri leson yo ki pale sou desizyon yo.

Leson 9
Yon Nonm Rich Pran Yon Move Desizyon

Baz biblik: Lik 12:13-24.

Objektif leson an: Se pou dezi timoun primè yo se renmen Bondye ak aprann pataje.

Vèsè pou aprann: *Pito nou chache bay bagay peyi wa ki na syèl la premye plas nan lavi nou, chache viv jan Bondye vle l la anvan. Lè sa a, Bondye va ban nou tout lòt bagay sa a yo tou* (Matye 6:33).

PREPARE W POU W ANSEYE!

Kounye a, mwayen kominikasyon yo ak sosyete a egzije timoun yo anvi tout kalite bagay. Gen kèk ki panse ke yo ta dwe gen jwèt, rad ak tou sa ki "Alamòd".

Nan kèk kote, si timoun yo pa gen yon imaj dwat, byen souvan lòt yo mete l akote oswa pase l nan betiz.

Mond sa a twò materyalis. Sa ki enpòtan se pa moun nan, men se pito sa li genyen an. Epi timoun primè yo pa pwoteje devan kalite enfliyans sa a. Yo pito vle pou moun aksepte yo, epi, souvan, yo relasyone akseptasyon ak presyon materyèl. Yo bezwen konsèy pou yo elimine fo ide ki bay kontantman.

Lè n'ap etidye parabòl rich san bon konprann nan, elèv yo ap konprann ke moun yo pa dwe kite byen materyèl "domine yo". Sa pral ede yo devlope yon atitid ki an sante fas ak byen yo genyen. Li nesesè pou yo aprann ke relasyon yo ak Bondye pi enpòtan pase byen yo posede oswa sa yo mete sou yo.

KÒMANTÈ BIBLIK

Lik 12:13-24. Anjeneral parabòl Jezi yo te toujou reponn ak sikonstans moman yo. Li te transmèt yo pou l te anseye yon gwo verite oswa yon prensip ki pap fini.

Parabòl ki nan Lik 12: 13-21 te repons yon demann yo te fè li. Yon moun nan foul la te mande l pou Jezi te konvenk frè l pou pataje pòsyon riches li te resevwa. Apre Jezi te fin evite antre nan diskisyon an, repons li se te youn nan pi gwo prensip nan lavi kretyen an: "Lavi yon nonm pa nan anpil byen li posede."

Kontrèman ak kwayans popilè, byen pwodwi yon lavi kè kontan ak bonè. Lè nou analize lavi moun ki te rich yo epi yo t'ap viv nan pwosperite, nou reyalize ke byen materyèl yo te pi enpòte pou yo. Sepandan, lavi yo te plen ak enkyetid, mekontantman ak dezi, se pa kontantman.

Pifò nan moun ki gen anpil byen materyèl pa t janm konnen ki jan sa gwo genyen Jezi nan fon kè. Anplis de sa, yo eksperimante trezò pwofon an tankou renmen, kè poze, yon konsyans ki pwòp, se espwa ak pwomès nan lavi ki pap janm fini an.

Parabòl sa a pale nou de yon nonm ke rekòt li te tèlman anpil li pa t konnen kisa pou l te fè ak li. Bondye te ba li latè, limyè solèy ak lapli pou beni li. Men, erè nonm lan se te pran move desizyon yo, non sèlman nan mete tout rekòt la nan almasèn, ankò menm nan jan l te jere l la. Bati yon pi gwo depo pa t mal; sepandan, motivasyon li a pa t bon ditou. Li te vle mete tout nan almasèn nan pou limenm sèlman.

Bagay ki pi enpòtan nan lavi se gen richès espirityèl. Sa vle di gen lafwa nan Bondye, kontan pou fè li plezi, epi moutre renmen ak konpasyon pou lòt yo. Nou kapab konfye noun an Bondye epi asire nou ke l'ap toujou bannou sa nou gen bezwen! Nou pa dwe konsève yon pil bagay, ni rasanble byen pou nou viv.

Rapòtè Charles L. Childers mansyone: "Pa gen foli plis pase sa viv pou tan epi bliye letènite, oswa ap viv pou pwòp tèt ou epi bliye Bondye".

Jezi te bay disip li yo yon ansèyman apre parabòl sa. Objektif la chanje, soti nan lanbisyon pou antre nan dezi. Lanbisyon fè nou anvi plis; dezi a fè nou enkyete nou paske nou pa genyen sifi. Richès la reprezante yon danje pou moun say o ko posede epi pou moun ki vle posede li. Nan leson sa a, Bondye anseye nou depann de lie pi detache nou ak materyalis.

Vèsè 22-24 konfime nou ke Bondye proteje epi nou pa dwe preokipe nou pou demen, se pito depann de mizèrikòd li chak jou.

DEVLOPMAN LESON AN

Sèvi ak kèk nan aktivite sa yo anrichi aprantisaj biblik la epi ankouraje elèv ou yo patisipe.

Sa ki gen plis valè a

Trase, oswa gade nan magazin, ilistrasyon objè ki gen anpil valè nan sosyete a: machin, kay, lajan, rad, jwèt elektwonik, bijou, elatriye.

Anvan elèv ou yo rive, kache imaj yo nan sal la.

Fè timoun primè yo chèche yo epi, lè yo jwenn yo, ba yo tan pou yo dekrive objè yo.

Pale sou valè kalite byen sa a yo genyen, epi eksplike yo ke pandan dewoulman leson an yo pral pale sou ki sa ki gen plis valè.

ISTWA BIBLIK

Yon nonm rich pran yon move desizyon

Youn nan mitan foul moun yo te di "Mèt", "Di frè m nan, pou l separe tè ak lajan paran nou yo te kite pou nou yo, epi ban m sa ki pou mwen an".

Jezi reponn li: "Ki moun ki mete m kòm jij sou nou pou deside bagay sa yo?". Jezi te di ankò: "Se pou nou fè atansyon pou n pa vin tounen moun chich! Ni ta vle genyen tout bagay nou pa genyen. Li pa enpòtan konbyen lajan oswa byen nou genyen. Lavi a pa depann de sa.

Jezi te di: Kite m di nou yon istwa".
Te gen yon nonm rich ki te gen yon bèl fik jaden. Li te kiltive diferan kalite danre. Rekòt li yo te tèlman anpil epi li pa t gen kote pou l te mete plis.

Nonm rich la di nan kè l: Kisa m dwe fè?
Mwen pa gen kote ankò pou m mete rekòt mwen yo. Finalman li di, "Mwen konnen sa m pral fè! Mwen pral kraze vye depo mwen yo epi bati lòt ki pi gwo pou m sere tout rekòt mwen genyen yo.

Apre sa a, mwen kapab chita poum repoze m. Li te di ankò: "Mwen gen anpil rekòt ak ase richès pou plizyè ane. Konsa, mwen pa pral enkyete m; mwen pral sèlman jwi lavi.

Mwen pral kapab manje epi bwè tout sa mwen vle. Mwen pral pran plezi m jan m vle epi fete tout tan olye mwen travay ". Jezi kite pèp la medite sou istwa sa a pou yon ti moman. Apre sa, li te kontinye: "Men, Bondye te di nonm rich la: Nonm san konprann!

Aswè a ou pral mouri, epi ki moun ki va rete ak tout sa ou te sere pou ou sèl nan magazen w lan? "

Sa a se bagay ki rive moun ki pase tout tan yo ak enèji yo ap goumen pou posede anpil byen. Yo pa mete tan apa pou renmen ak sèvi Bondye, se pi mal pou frè parèy yo.

An reyalite li pa enpòtan pou manje oswa gen pwoblèm sa ou manje oswa ki jan moun nan abiye. Lavi a vo pi plis pase sa. "Si Bondye pran swen zwazo ak flè yo, nou mèt asire nou ke li va pran swen nou".

AKTIVITE YO

Sa ki gen plis valè pou mwen an

Pou ranfòse aprantisaj la, mande elèv ou yo ke dapre sa yo te aprann jodi a, fè desen sa a yo konsidere ki pi enpòtan. Pandan y'ap travay, obsève desen yo, epi mete aksan sou enpòtans bagay yo dapre pèspektiv Bondye.

Apre sa a, mande pou yo tout pase devan epi bay yon eksplikasyon tou kout sou sa yo te trase ak pou kisa.

Nonm rich la

Pou aktivite sa a ou pral bezwen graf an papye ki gen de patitit ak sizo.

Mande pou yon volontè ede w distribye liv elèv yo. Ba yo tan pou yo rekoupe de sèk fèy la. Apre sa a, fè yo rankontre nan mitan ak graf an papye a. Se pou w asire w ke sèk la ak desen yo rete anba sèk jòn nan.

Ankouraje timoun primè yo itilize ak travay atizana yo a pou yo rakonte fanmi yo sa yo te aprann nan klas la.

MEMORIZASYON

Kòm se nan dènye klas inite a, prepare prim senp pou moun ki te aprann vèsè pou aprann nan. Fè yo sonje sèvi ak kat klèb vèsè mwa a lakay yo pou yo revize tèks inite a.

POU FINI

Distribye travay atizana yo te fè yo pandan inite sa a. Òganize gwoup volontè pwòpte sal la epi ranje materyèl yo te konn itilize yo.

Apre sa a, di yo mèsi pou asistans yo nan leson an epi envite yo pou pwochen inite ki pral koumanse nan pwochen semèn nan.

Priye avèk yo remèsye Bondye pou benediksyon nou te resevwa yo, epi mande pou l ede yo pran desizyon ki gen bon konprann epi itil.

Si Sentespri a endike w, gide elèv ou yo mande padon pou move desizyon yo te pran yo.

Di yo ke desizyon ki pi enpòtan nenpòt moun ka pran nan lavi li se aksepte Jezi nan kè li.

Ane 2   Entwodiksyon – Inite III

LANMOU SAN TACH BONDYE A

Baz biblik yo: Jenèz 2:16—3:24; 4:1-16; 6:5—9:17; 18:16—19:29; Levitik 4; Ebre 10:1-14.

Tèks inite a: *"Tout moun fè peche, epi yo tout vire do bay Bondye ki gen pouvwa a, Men Bondye ki renmen yo, li fè yo gras. Li fè sa pou yo gratis granmèsi Jezikri ki te vin delivre yo."* (Women 3:23-24)

OBJEKTIF INITE A

Inite sa a pral ede timoun primè yo:

- ❖ Konnen ke peche separe moun ak Bondye.
- ❖ Konprann ke, menm lè nou dezobeyi, Bondye toujou renmen nou
- ❖ Konpare konsekans dezobeyisans yo ak obeyisans.
- ❖ Chèche padon Bondye epi aksepte Jezi kòm Sovè ak Seyè yo.

LESON INITE A

Leson 10: Move Desizyon Yo
Leson 11: Move Rezilta Yo
Leson 12: Bondye Lanmou Nou An Ak Mizèrikòd
Leson 13: Bondye Jistis Nou An Ak Mizèrikòd
Leson 14: Bondye Padon Nou An

POU KISA TIMOUN KI NAN PRIMÈ YO BEZWEN ANSÈYMAN INITE SA A

Inite sa a bay opòtinite pou konekte aprantisaj la ak inite avan an. Byen souvan timoun primè yo deside si yon bagay bon oubyen pa bon dapre konsekans li pral genyen yo. Se pandan, rezònman yo limite epi yo pa reflechi sou konsekans ki pral rive nan anpil tan ankò.

Inite sa a pral ede yo konprann pou ki sa li enpòtan pou yo kite Bondye gide desizyon yo.

Timoun primè yo gen kapasite pou yo konprann ke desizyon pou yo dezobeyi Bondye se peche. Nan yon mond ki plen ak konfizyon pa rapò ak sa ki byen oswa sa ki mal, li enpòtan pou ede yo konprann ki sa peche a ye epi aksepte responsablite yo pou aksyon negatif yo. Pètèt "peche" se yon nouvo vokabilè pou kèk nan yo. Sepandan, yo konnen ke gen moun ki ka "fè moun move bagay "oswa" fè yon moun soufri". Yo konnen tou ke gen kèk konpòtman ki "akseptab" ak lòt ki pa "Akseptab".

Pandan n'ap etidye istwa biblik inite sa a yo, yo pral aprann ki sa ki peche a ak konsekans li yo, menm jan ke Bondye gen solisyon pou pwoblèm sa.

Yo pral dekouvri ke peche a se tout sa yo panse, fè ak santi ki separe yo ak Bondye.

Yon fwa elèv ou yo konprann pwoblèm nan, yo pral prè pou yo tande yon solisyon pou retire peche nan kè lòm, paske nou konfye nan yon Bondye san tach epi plen lanmou.

Leson 10

Move Desizyon Yo

Baz biblik: Jenèz 2:16—3:24.

Objektif leson an: Se pou timoun primè yo konprann ke dezobeyi Bondye se peche epi separe nou avèk li.

Vèsè pou aprann: *Tout moun fè peche, epi yo tout vire do bay Bondye ki gen pouvwa a, Men Bondye ki renmen yo, li fè yo gras. Li fè sa pou yo gratis granmèsi Jezikri ki te vin delivre yo."* (Women 3:23-24)

PREPARE W POU W ANSEYE!

Timoun primè yo idantifye yo byen fasil avèk tantasyon pou yo manje fwi entèdi, menm jan avèk Èv. Li te wè fwi a bon pou manje epi tantatè a te fè fanm nan kwè ke lè l te manje fwi a li t'ap vin gen bon konprann. Malerezman, Èv te deside kwè nan pwomès Satan an olye l te kwè nan Bondye. Li te inyore Seyè a ak avètisman li a. Se poutèt sa, relasyon l ak Bondye te chanje. Li te dezobeyi, defye otorite Bondye a.

Timoun primè a dwe aprann ke Bondye genyen dwa legal pou l gide lavi nou, li se Kreyatè nou. Lè, olye pou nou konfye nan li, nou inyore direksyon li epi nou dezobeyi l, nou kraze relasyon nou te genyen avèk li a. Kidonk, nan fason sa a, nou kite yon bagay diferan okipe plas ki pou Bondye a.

Separasyon an se rezilta yon revelasyon ki kraze. Leson sa a ban nou yon egzanp sou separasyon ki lakòz peche a. Timoun yo kappa santi prezans Bondye lwen yo lè yo dezobeyi l. Se pandan, gen espwa paske Bondye gen bon kè epi li pa sèvi ak nou jan nou merite sa. Li fè yon plan pou l restore relasyon an ak nou.

KÒMANTÈ BIBLIK

Jenèz 2:16—3:24. Nan pasaj sa a se premye kote mo peche a mansyone pou yon premye fwa ak konsekans li yo. Bondye te bay Adan ak Èv Jaden Edenn pou yo pran swen l epi jwi li. Bondye te rete la ansanm ak yo, yo te jwi yon bèl relasyon renmen. Sepandan, te gen yon sèl bagay Bondye te mande yo: "Ou kapab manje nan tout pye bwa ki nan jaden an; men kanta pou pye bwa syans byen ak mal la piga ou manje ladan l; paske jou ou manje ladan l, sa m'ap di a se vre wi w'ap mouri" (Jenèz 2:16-17).

Rapòtè Stuart Briscoe sinyale ke lòd Bondye a pa t yon chay pou Adan ak Èv. Olye de sa, li te yon rapèl ke Bondye kreye lòm pou yo te depann de li.

Peche a se lè yon moun komèt yon zak dezobeyisans kont Bondye ak pwòp konsyans li. Se rebelyon kont otorite absoli Bondye. Adan ak Èv te meprize entèdiksyon Seyè a epi deside pran pwòp chemen yo.

Sans premye peche lòm se dezobeyisans kont Bondye, pa manje fwi entèdi a, se pa t paske yo te manje fwi entèdi a. Konsekans yo te espirityèl ak fizik. Espirityèlman, yo te separe ak Bondye, epi konsekans sa a yo te soufri l menm kote a. Derivasyon fizik yo-doulè, soufrans ak lanmò yo te vini aprè.

Malgre konsekans peche yo te definitif, Bondye te gen pitye pou yo. Lè l te mete Adan ak Èv deyò nan jaden an, yo te oblije travay pou yo siviv, men resous Bondye te kreye yo te toujou disponib pou yo. Fè pitit te yon bagay ki te di anpil pou Èv, men li te toujou gen benediksyon pou l fè yon lòt moun.

DEVLOPMAN LESON AN

Chwazi kèk nan aktivite sa yo fè plis ajil ak amizan verite biblik la.

Kisa mwen dwe chwazi?

Ekri non elèv ou yon an ti bann papye brisòl. Itilize gwo lèt pou yo ka ba yo koulè.

Mete kreyon senp oswa kreyon koulè yo sou tab la, epi mande yo chwazi sa yo pi renmen pou yo pentire lèt non li.

Lè yo fini, mande yo: *Èske l te fasil oswa difisil pou w te chwazi yon koulè?* (Kite yo reponn). Fè yon entwodiksyon pou la klas, pandan w'ap di ke pafwa nou dwe pran desizyon senp; lòt *fwa, pi konplike. Pa egzanp, nou dwe chwazi ant bon ak obeyisan, oswa otreman. Bondye vle pou nou obeyi li. Nan istwa biblik la nou pral aprann sou yon desizyon enpòtan Adan ak Èv te pran.*

Konsekans peche yo

Pandan semèn nan trase oswa tcheke nan magazin kèk ilistrasyon ki reprezante konsekans yon dezobeyisans (pa egzanp: machin sovtaj, moun nan prizon, moun k'ap fimen oswa bwè, elatriye). Fè atansyon nan chwazi imaj ki apwopriye pou laj elèv yo.

Koke imaj yo sou tablo a. Diskite ak timoun yo sou sa ki te ka pase pou rive nan sitiyasyon sa a (pa egzanp: machin li ranvèse paske chofè a dezobeyi limit vitès li; nonm nan pran prizon paske li vyole lalwa; moun nan malad paske l te deside fimen, menm si li te konnen sa pa t bon pou kò li, elatriye).

Mande pou yo bay egzanp sou sa ki pase yo chak jou nan lavi yo lè yo dezobeyi paran yo oswa pwofesè yo. Sèvi ak kòmantè sa yo kòm entrodiksyon pou istwa a biblik la.

ISTWA BIBLIK

Anrichi istwa biblik la ak ilistrasyon pral ede elèv ou yo swiv plis epi kapte pibyen. Si ou pa gen èd vizyèl, bay vwa diferan epi fè klas la sou fòm kesyon ak repons, pandan w'ap kite klas la di sa a yo panse pandan y'ap patisipe a; konsa istwa a va pi bèl.

Move desizyon yo

Nan koumansman an, Bondye te kreye yon mond mèveye li plen ak bèl plant ak bèt yo.

Apre sa a, li te kreye gason ak fi. Li te deside fè yo diferan de tout lòt kreyati yo, epi li te ba yo privilèj pou yo deside.

Bondye te di Adan ak Èv konsa: "Nou ka manje fwi ki nan tout lòt pye bwa jaden an; men yo pa fèt pou yo manje fwi pye bwa ki fè moun konnen byen ak mal la, paske si nou manje l, n'ap mouri.

Yon jou Èv te pran mache nan tout jaden an. Byen vit, li te tande yon vwa etranj ki te rele l: --Madanm!

Èv te mande tèt li --Kisa sa ye la? Ki moun k'ap rele m konsa?

Li voye je l, li wè yon koulèv ki te nan yon pye bwa.

Sèpan an pwoche, li di: Se vre, Bondye te di nou pa manje fwi nan okenn pye bwa ki nan jaden an?

--Nou kapab manje donn tout pye bwa ki nan jaden an, men se Bondye ki di nou: "pa manje donn pye bwa ki nan mitan jaden an, nou pa dwe manyen l non plis, oswa nou pral mouri" se sa Èv te di.

Koulèv la te di: Mwen asire nou nou pap mouri vre--. Bondye konnen ke jou nou manje donn pye bwa sa a, n'ap vin ka wè sa nou pa t janm konn wè. Nou pral kapab konnen sa ki bon ak sa ki mal, konsa nou pral menm jan ak Bondye.

Èv te konnen pou l soti bò kote koulèv la, men li te deside rete epi kontanple bèl fwi a. "Fwi a sanble gou anpil; anplis de sa, li tèlman bèl. Koulèv la di ke Bondye twonpe tèt li, si mwen manje li mwen pap mouri vre. Bondye ta dwe kite nou manje bèl fwi sa a", se sa Èv te panse.

Konsa, li te deside: "Mwen asire m ke fwi sa a pral fè m gen bon konprann menm jan ak Bondye! Mwen pral fè sa m vle. Mwen pral manje fwi a! "

Se konsa, Èv te pran fwi a epi mòde yon gren.

"Koulèv la te gen rezon, fwi sa a dous anpil vre" se sa Èv te panse.

Apre sa, li te ofri mari li, epi li menm tou te deside manje nan fwi entèdi a.

Menm lè a, Adan ak Èv te santi diferan, men sa pa t fè yo santi kè yo kontan. Okontrè, yo te santi yo koupab epi wont.

"Men Bondye ap vini! Kisa nou pral fè kounye a? "yo t'ap kesyone youn ak lòt.

--Adan di—Annal kache.

--Bondye te rele yo—Adan ak Èv, ki kote nou ye?

--Lè nou te tande w'ap vini nan jaden an mwen te pè paske mwen te toutouni, poutèt sa, mwen kache, --se sa Adan te di.

Bondye mande yo --Eske nou te manje donn Pye bwa mwen te defann nou manje a?

Adan ak Èv pa t janm konn pè Bondye avan sa.

--Èv te ban m fwi a pou m manje

Adan te reponn tou pè.

Bondye mande Èv Ki sa ou fè konsa?

Èv te reponn byen pè. -- Koulèv la te di li t'ap bon pou mwen.

Li twonpe m epi mwen manje

Pou kisa nou pa t mete konfyans noun an mwen? Kounye a, nou gen pou nou soufri konsekans move desizyon yo—se sa Bondye te di--. Mwen te avèti nou sa: si nou manje n'ap mouri. Men, avan nou pral travay di pou nou ka jwenn manje pou nou manje. Ou va soufri anpil lè w'ap akouche, epi nou pap kapab viv nan jaden sa a.

Tout bagay te chanje pou Adan ak Èv. Epi chak jou yo t'ap panse ak tristès: "Poukisa nou te pran move desizyon sa a epi dezobeyi Bondye?"

AKTIVITE YO

Peche premye a

Mande pou elèv yo pliye fèy la sou liy pwentiye yo epi repase istwa biblik la. Panda y'ap fè sa, poze yo kesyon sa yo nan jan revizyon:

- *Pou kisa li pa t bon pou yo manje fwi sa a?*

- *Ki jan Adan ak Èv te santi yo lè yo te dezobeyi?*
- *Kisa Bondye te fè ak sa?*
- *Èske se te koulèv la ki te fè Adan ak Èv dezobeyi?*
- *Kisa koulèv yo te di yo pou l te anganyen yo?*

Apre sa, fè yo vire fèy la epi di yo: La a nou pral wè senbòl k'ap avèti nou danje.

Ak anpil atansyon obsève desen ki nan pati anwo fèy la, mete sa nou plis konnen yo anndan yon wonn. Gen kèk ki sèlman ban nou enfòmasyon. Men gen lòt ki se avètisman epi pwoteje nou kont danje.

Lè nou deside obeyi avètisman sa a yo nou rete an sekirite.

Lè sa a, mande yo obsève anba fèy la. Di antoure ak yon sèk avètisman ke yo resevwa ki soti nan Bondye pou pwoteje nou kont danje. Eksplike yo ke Bondye vle pou nou rete an sekirite anba peche ak konsekans li yo. Se poutèt sa, li te ban nou Pawòl li ak moun ki gen bon konprann pou dirije nou epi oryante nou pou n ka pran desizyon ki fè Bondye plezi.

Miral

Pou aktivite sa a ou bezwen yon gwo papye brisòl, bann papye koulè, sizo ak adezif.

Ekri tit inite a nan tèt fèy la nan yon bann papye brisòl: LANMOU SAN TACH BONDYE A.

Apre sa, nan pati anba a ekri vèsè pou aprann nan (Women 3: 23-24).

Nan vid ki nan mitan, bann papye yo vètikalman kite yon espas de 3 cm. ant youn ak lòt. Fòk chak moun nan gwoup la gen yon ti bann papye. Si gwoup la gen anpil moun, fè de miral oswa itilize yon papye ki pi gwo.

Chak semèn timoun yo dwe ajoute imaj seksyon rekoupe pou bann yo a.

Mande elèv yo pou yo koupe imaj 1an (tou won, an jòn) epi fè yo ekri non yo anba l. Eksplike yo ke yo dwe kontinye ajoute imaj nan miral la pandan tout inite a, se poutèt sa yo dwe fidèl nan asistans lan pou ranpli pwojè a. Ba yo tan pou tout moun vin kole imaj pou jounen an.

MEMORIZASYON

Sèvi ak miral la pou revize tèks la. Fè twa oswa kat volontè li lè y'ap sèvi avèk vwa yo direfan, egzanp vwa ba, vwa grav, vwa egi, elatriye. Apre sa a, mande sa ki konnen l ditèt yo resite l san yo pa li l.

POU FINI

Pale ak elèv ou yo de kouman li enpòtan pou aplike nan lavi chak jou sa yo aprann nan klas la. Mande yo pou yo veye tout bagay ki kapab ankouraje yo dezobeyi Bondye, epi se pou yo priye pou l ka ba yo fòs.

Fòme yon sèk yo, epi priye pou chak elèv yo. Epitou priye pou fanmi ki malad yo epi pou timoun ki pa t patisipe nan klas la.

Leson 11
Move Rezilta Yo

Baz biblik: Jenèz 4:1-16.

Objektif leson an: Se pou timoun primè yo aprann ke inyore avètisman Bondye yo bay move rezilta.

Vèsè pou aprann: *Tout moun fè peche, epi yo tout vire do bay Bondye ki gen pouvwa a, Men Bondye ki renmen yo, li fè yo gras. Li fè sa pou yo gratis granmèsi Jezikri ki te vin delivre yo."*(Women 3:23-24)

PREPARE W POU W ANSEYE!

Anpil nan timoun primè yo deja konnen ke pran desizyon toujou pote konsekans. Men tou, gen konsekans ki difisil pou abòde (pa egzanp, blesi emosyonèl, limitasyon privilèj yo, defyans, relasyon kraze ak pinisyon). Kayen te soufri move konsekans yo akoz de move desizyon l yo. Malgre sa, li eksperimante pitye Bondye. Ede timoun yo konprann ke desizyon fè peche gen konsekans ki fè mal, men Bondye gen kè sansib. Li toujou sèvi ak nou pi byen pase sa nou merite.

KÒMANTÈ BIBLIK

Kayen, pèsonaj prensipal pasaj sa a, te aji ak frè l la Abèl ak mechanste ak enjistis.

Apre sa a, tankou paran li (Jenèz 3), li te eseye evite konsekans ki jis de zak li yo. Bondye te aplike jistis ak Kayen, men ak mizèrikòd. Nou li ke li pa t mande lavi Kayen pou peye pou fot li te komèt la. Olye de sa, li aplike mezi pou pwoteje lavi l, asire l ke pèsonn touye li, menm si li te touye frè li.

Ede elèv ou yo konprann ke Bondye pa tolere peche, men li renmen pechè a. Malgre li te sèvi di ak Kayen, li te montre tou l mizèrikòd li tou. Se yon egzanp nan ki jan nou ta dwe trete lòt moun. Kayen pa t sèlman aji kont Abèl, men tou kont fanmi l epi, espesyalman, kont Bondye.

Fè yo sonje ke Bondye se Kreyatè a epi se limenm sèlman ki gen dwa pou retire li. Kayen te fè lide retire lavi frè l la; poutèt sa, li te fè fas ak konsekans peche yo. Men, Bondye, ki gen kè sansib, te pran swen lavi li.

Ed timoun primè yo konprann ke chak desizyon pote konsekans. Se poutèt sa, yo dwe mande pou Bondye ede yo pran bon desizyon yo. Yo bezwen konnen tou ke konsekans peche yo pa negosyab, men favè ak padon Bondye yo pi fò.

DEVLOPMAN LESON AN

Sèvi ak kèk nan aktivite sa yo pou w anrichi aprantisaj elèv ou yo.

Miral

Fè timoun yo koupe figi 2 a, ki di AVÈTISMAN, nan seksyon ki kapab rekoupe nan liv elèv yo epi kole li nan ti bann ki la pou sa a. Pandan y'ap travay, fè yon revizyon sou sa yo te aprann semèn pase a epi fè l fè yon sèl ak nouvo tèm nan. Di yo ke istwa jodi a pale sou avètisman ke nou dwe aprann. Si ou gen vizitè, ede yo ajoute ti bann nan nan miral la.

Kisa ki ta pase ...?

Ouvri liv elèv yo nan Leson 11. Mande elèv yo fè desen sa ki ta rive si yo ta inyore avètisman sa yo. Apre sa a, ba yo tan pou yo montre desen yo epi mande yo: *Poukisa nou panse gen avètisman?*

Ensiste pou w moutre yo ke avètisman yo pa la npou kraze plezi nou yo, men kenbe nou an sekirite de tout danje. Eksplike yo ke Bondye mete avètisman pou nou tou ki pou ede nou vire do bay peche.

Mande yo: *Ki sa nou panse ki kapap pase lè nou inyore avètisman Bondye yo?* Kite yo reponn, epi fè remak sou sa ki te pase Adan ak Èv lè yo te inyore Bondye ak manje fwi a entèdi.

ISTWA BIBLIK

Dezobeyisans Kayen an

Lavi a te difisil pou Adan ak Èv deyò bèl jaden Bondye te fè pou yo a. Men, yon jou Bondye te voye yon bagay ki te fè yo santi yo kontan ankò.

Èv te di : "Bondye beni m ak pitit sa li ban mwen an.

Yo te rele premye pitit yo a Kayen.

Apre sa, yo te gen yon lòt ti bebe, ki te rele Abèl.

Frè yo te grandi, epi Abèl te deside vin yon bèje, pandan Kayen menm te konsakre li nan agrikilti.

De ti mesye yo te travay ak efò epi devouman.

Yon jou yo te deside ofri yon ofrann pou di Bondye mèsi.

Kayen te bay yon pati nan rekòt li yo, pandan ke Abèl te chwazi yon mouton nan bèt li yo.

Bondye te di : "Abèl","Mwen aksepte ofrann ou a. Men, mwen pa ka aksepte pa w la, Kayen".

Lè Kayen te tande pawòl sa yo, li te fache anpil epi santi jalouzi pou frè li a.

Bondye mande : Kayen, "Poukisa ou move konsa?" Kayen. "Si ou fè li dwat, m'ap aksepte ofrann ou yo.

Men, si ou pa fè sa, ou pral peche. Peche a vle gouvènen lavi ou, men si ou deside mete konfyans ou nan mwen w'ap vin fò pou w reziste devan peche a".

Kayen pa t deside tande avètisman Bondye a. Okontrè, Kòlè li te grandi pi plis toujou.

Yon jou Kayen di frè l: "Abèl, Annal fè yon ti pwonmennen nan jaden an non".

Lè yo te nan jaden an, Kayen atake frè l la, li touye l.

Tou swit aprè, Bondye mande Kayen:

Kote frè ou la, Abèl?

Caín di mwen pa konnen, mwen gadyen k'ap pran swen pou li.

Lè sa a, Bondye te di:

Ki sa ou fè konsa? Ou pa ka kache anyen devan mwen. Ou te touye frè ou, se poutèt sa ou pap janm jwenn bon rekòt ankò. Ou pral viv tankou moun fou, w'ap toujou ap vwayaje soti yon kote pou ale nan yon lòt.

Kayen di : --sa se twòp pou mwen! Pinisyon mwen an terib anpil, epi nenpòt moun ki va jwenn mwen pral vle touye m.

Non, li te reponn Seyè a. Mwen pral mete yon lanmè-ca nan nou, kòm yon siy ke pa gen yon sèl ka touye-ou. Si yon moun touye nou, m'ap peni nou sèt fwa pi plis pase ou.

AKTIVITE YO

Kijan peche a fè nou mal?

Bay tan pou timoun yo ede Kayen jwenn chemen ki dwat la. Gen opsyon diferan pou koumanse, men se sèlman youn k'ap mennen w nan fen an. Men tou, kòm nan istwa biblik la, Kayen pa t ka ale lakay li oswa kote fanmi l yo. Peche l mennen moute desann soti yon kote ale yon lòt kote.

Pandan y'ap travay, ensiste pou moutre elèv ou yo konsekans terib peche Kayen an.

Dlo ak lwil

Sèvi ak eleman sa yo pou w moutre elèv ou yo ke Bondye se yon Dye ki san tach epi separe de tout peche. Chèc yhe yon bokal kip a an plastik avèk kouvèti. Demi li ak dlo, epi ajoute yon kèk gout koloran manje wouj pou w ka obsève li pi fasil. Fin plen rès la ak lwil epi byen kouvri li.

Di elèv ou yo konsa: *Bondye nou an se yon Dye ki apa epi li pa tolere peche. Peche se dezobeyi Bondye epi separe nou de li.*

Mande pou kèk volontè souke resipyan pou yo eseye melanje de likid yo.

Di yo obsève ki jan sa yo separe.

Eksplike yo ke, menm jan peche a separe nou ak Bondye. Sentete Bondye a ak lavi nan peche pa ka melanje. Se poutèt sa li enpòtan pou nou tounen vin jwenn Bondye epi chèche Bondye.

MEMORIZASYON

Koupe plizyè sèk gwo papye brisòl depi davans. Ekri sou yo chak youn oswa plizyè mo nan vèsè pou aprann nan.

Kache yo nan sal la anvan elèv ou yo rive. Apre sa a, pou yo chèche yo, epi mete yo nan lòd dapre vèsè orijinal la. Repete li ansanm plizyè fwa.

Konsève sèk yo pou itilize semèn pwochèn nan.

POU FINI

EAnkouraje elèv ou obeyi Avètisman Bondye yo epi rete lwen peche. Mande yo pou yo rete vijilan epi evite apwoche yo bò kote bagay ki kapab separe yo de Bondye. Priye pou elèv ou yo. Lè ou priye pou yo, li ede yo santi yo apresye yo ak gen valè kòm yon pati nan fanmi legliz la.

Leson 12
Bondye Lanmou Nou An Ak Mizèrikòd

Baz biblik: Jenèz 6:5—9:17.

Objektif leson an: Sa pou timoun primè yo di Bondye mèsi pou mizèrikòd li, epi deside obeyi li.

Vèsè pou aprann: *Tout moun fè peche, epi yo tout vire do bay Bondye ki gen pouvwa a, Men Bondye ki renmen yo, li fè yo gras. Li fè sa pou yo gratis granmèsi Jezikri ki te vin delivre yo."* (Women 3:23-24)

PREPARE W POU W ANSEYE!

Istwa Noye a genyen yon ansèyman espesyal pou chak timoun primè. Pou sa yo ki kwè ke peche se pa yon bagay ki mal jiskaske yo wè konsekans yo, istwa inondasyon an moutre jan peche a se yon bagay ki serye. Istwa sa a pale de jistis Bondye, men tou li moutre gwo lanmou ak mizèrikòd li. Anba lòd Bondye, Noye te dwe avèti moun yo sou konsekans peche yo; se pandan, yo pa t vle koute. Bondye te moutre lanmou l lè l te delivre Noye ak tout fanmi li pa mwayen lach la.

Anpil fwa y'ap tann pou timoun nan obeyi sèlman paske li dwe fè li. Konprann rezon zak nou yo pi bon pase obeyi sèlman paske yon moun pase nou lòd la. Ede yo konprann ke Bondye renmen yo epi vle pou yo obeyi li.

KÒMANTÈ BIBLIK

Jenèz 6:5—9:17. Anfaz istwa sa a pa santre nan yon moun, inondasyon an oswa bèt yo, men nan mizèrikòd Bondye ak plan l pou koumansman yon nouvo kreyasyon.

Jenèz 6:6 montre gwo detrès Bondye lè l te wè kè lòm te enkline sèlman nan fè sa ki mal. Li pa t 'fache, men tris epi regrèt. "Seyè a te regrèt dèske li te fè lòm mete sou tè a, epi li pran lapenn nan kè l".

Malerezman, kè lòm te kontinye enkline li nan direksyon fè sa ki mal, men inondasyon an kreye yon desizyon san pitye ki soti nan Bondye. Apre sa a, li te pase kontra avèk kreyasyon li: li pap janm detwi l ankò ak dlo. Bondye nou an angaje l pou l gen yon relasyon renmen ak kreyasyon li depi nan koumansman an, men angajman sa a vin ogmante. An premye Bondye te santi doulè epi soufripou trayizon lòm. Men, yon lòt fwa ankò nou wè ke lanmou li tèlman gwo li pa t fin detwi tout moun nèt sou fas tè a, men li pito ba yo yon lòt opòtinite.

DEVLOPMAN LESON AN

Chwazi kèk nan aktivite sa yo pou konplete devlopman klas l.

Repete fraz la!

Se pou timoun yo chita sou fòm yon sèk, epi di yo konsa: *Bondye te fè yon mond pafè kote tout sa ki te egziste te bon. Ann imajine nou kijan yon mond pafè ta ye. Mwen pral koumanse. "Nan yon mond pafè ta dwe gen ..."* (anpil lanmou). Konplete tèks la ak yon fraz oswa yon mo. Timoun ki bòkote w la dwe repete fraz la jan ou di l la, epi ajoute yon lòt lide (pa egzanp: *Nan yon mond pafè ta dwe gen anpil lanmou san rayi*).

Kontinye jwèt la alantou sèk la, pandan w'ap bay tan pou pou chak elèv repete fraz la epi ajoute mo ou vle. Lè yon moun pa ka sonje tout fraz la, sispann jwèt la epi koumanse ankò.

Di yo konsa: *Lè Bondye te kreye mond lan, li te fè tout bagay pafè. Ki sa ki te rive epi ki te fè tout bagay chanje?*

Kite yo reponn, epi fè yo sonje ke peche a te antre pa mwayen dezobeyisans Adan ak Èv.

Miral

Mande elèv yo koupe figi 3 nan seksyon ki pou rekoupe a, kote ki gen bò lach la ak mo PWOMÈS, nan liv la epi pou yo kole li nan ti bann ki koresponn nan. Pwofite tan sa a pou w repase sa yo te aprann nan leson pase yo, epi fè yon ti entwodiksyon tou kout sou tèm jodi a.

ISTWA BIBLIK

Rasanble elèv ou yo pou yo tande istwa biblik la, epi di yo konsa : Apre premye peche Adan ak Èv, pitit ak pitit pitit li yo te kontinye ap dezobeyi Bondye. Jodi a nou pral aprann de yon nonm ki te rele Noye ak sa li te fè.

Fè efò pou w itilize kèk materyèl vizyèl nan ansèyman istwa a. si w pa gen ilistrasyon yo enprime, fè desen yon lach nan yon papye brisòl.

Apre sa, chèche seksyon, imaj oswa fotografi bèt epi itilize yo kòm èd vizyèl pou rakonte istwa a.

Noye obeyi Bondye

Apre Bondye te fin kreye Adan ak Èv, kantite moun sou latè te ogmante. Yout t'ap viv nan bèl mond Bondye te kreye.

Se pandan, kèk tan te pase, moun yo te vin bliye Bondye epi koumanse ap fè sa ki mal. Yo te déjà pa vle koute vwa Seyè a ankò, epi yo te dezobeyi li ; yo t'ap fè bagay yo konnen ki pa t kòrèk. Bagay sa a te mete kè Bondye an tristès, jiskaske l te santi li regrèt li te kreye lòm.

Men, nan mitan tout move moun sa yo, te gen yon nonm ki te renmen Senyè a epi te obeyi ak tout lavi l. Non li se te Noye.

Yon jou Bondye te di l konsa "Ou se sèl moun nan tan sa a k ap viv dapre volonte mwen. Lòt moun yo mechan epi dezobeyisan. Poutèt sa mwen pral voye yon gwo inondasyon pou m netwaye latè de tout sa ki mal. Bati yon lach ak mezi mwen pral ba ou yo. Se oumen ak fanmi w sèlman ki pral sove ladan l. Ou dwe mete yon espès nan chak bèt ki egziste tou. Nan fason sa a yo va sove anba gwo dlo ki gen pou vini an".

Noye te travay lajounen kou lannwit pou bati lach la. Lè l te fini, li te mete anpil manje ak sa ki nesesè yo.

Apre tout koup bèt yo te fin antre nan lach la, Noye ak fanmi li te pran tout sa yo te genyen epi antre nan lach la tou.

Èbyen, Bondye te fèmen pòt lach la epi lapli te koumanse tonbe. Lapli a te tonbe pandan 40 jou ak 40 nwit.

Lè lapli a sispann anfen, tout tè a te kouvri anba dlo. Noye sèlman te kapab wè sèlman dlo toupatou. Yo menm sèlman ki te rete ak lavi nan lach la.

Apre kèk tan, nivo dlo a te koumanse desann, lach la te rete sou yon tèt mòn. 40 jou yo te fin pase, Noye te voye yon kòbo deyò a. Men, paske li pa t jwenn kote chèch pou l te poze, li te retounen nan lach la.

Apre plizyè jou li te voye yon pijon, li te retounen nan lach la tou. Noye te rete tann pou twa jou anplis lè li te voye pijon an ankò, sa a te tounen ak yon ti branch fèy oliv nan bèk li. Sa te vle di ke latè te koumanse bay pwodwi ankò.

Li te pran sèt jou, Noye te voye ti pijon an ankò, men fwa sa a li pa t retounen paske li te jwenn tè sèk pou l viv.

Lè dlo a finalman seche, Noye, fanmi li ak bèt yo soti nan lach la. Bondye mete yon bèl lakansyèl nan syèl la kòm yon rapèl pwomès li te fè pa janm voye yon lòt inondasyon detwi tè a ankò. Noye te bati yon lotèl an wòch epi di Bondye mèsi paske l te sove l anba inondasyon an.

AKTIVITE YO

Mo kache yo

Remèt liv elèv yo epi mande pou elèv ou yo chèche sèt mo ki kache nan desen Leson 12 (lanmou, obeyisans, bonte, lahèn, peche, mechanste, fidelite). Ede moun ki gen difikilte pou fè lekti yo idantifye lèt yo.

Pale ak yo sou diferans ki genyen ant Noye ak lòt moun yo. Fè yo chèche Jenèz 6: 8-9 Bib yo a epi mete aksan sou karakteristik Noye te genyen yo.

Vire fèy la, epi ba yo tan pou yo bay espas ki make yo koulè pou yo kapab jwenn mesaj ki kache a.

Travay atizana

Bay chak elèv mwatye yon plat an katon, epi fasilite tan ki nesesè pou yo dekore yo ak kreyon oswa kreyon koulè, kòm si se te syèl la. Prepare plizyè bann papye koulè diferan pou kole nan asyèt yo pou fòme yon lakansyèl. Kole bann yo nan tout antouraj plat la; kite ti pwent bann papye yo parèt akote yo pou ke, lè plat la souke, mouvman bann papye yo kapab fè yo wè travay yo byen bèl.

Pandan y'ap travay, fè yo konprann ke lakansyèl la fè nou sonje ke nou gen yon Bondye ki gen lanmou ak mizèrikòd.

MEMORIZASYON

Divize klas ou a fè de ekip, mete sèk ou te prepare semèn pase yo sou tab la. Melanje yo ansanm, epi mande pou chak ekip eseye mete yo nan lòd vèsè biblik la nan yon ti tan ki tou kout.

Chak fwa ke yon ekip fini, yo tout dwe repete vèsè a byen fò. Apre sa mande pou kèk volontè plake sèk yo nan miral la yon kote ki vizib pandan tout rès inite a.

POU FINI

Fini klas la pandan w'ap di Bondye mèsi pou lanmou l ak mizèrikòd li genyen pou pitit li yo.

Raple elèv ou yo ke Bondye te pran swen Noye paske li te obeyisan. Ankouraje yo mennen envite nan klas kap vini an, epi chante pou fè lwanj Bondye pandan nou prale.

Anímelos a traer invitados la próxima clase, y despídanse entonando una alabanza a Dios.

Leson 13
Bondye Jistis Nou An Ak Mizèrikòd

Baz biblik: Jenèz 18:16—19:29.

Objektif leson an: Se pou timoun prime yo konprann ke Bondye jis, men dezobeyi l pote kosekans ki grav.

Vèsè pou aprann: *Tout moun fè peche, epi yo tout vire do bay Bondye ki gen pouvwa a, Men Bondye ki renmen yo, li fè yo gras. Li fè sa pou yo gratis granmèsi Jezikri ki te vin delivre yo."* (Women 3:23-24)

PREPARE W POU W ANSEYE!

San patipri a enpòtan pou timoun prime yo, kòm li bay lòd ak sans jistis, sa vle di, tout moun vin resevwa menm tretman an. Timoun yo pote plent imedyatman si yo kwè yon sitiyasyon pa jis. Leson sa a pral ede yo konfye ke Bondye san patipri.

Nenpòt fason, jistis la mande jijman vè mechanste. Nan istwa Sodòm ak Gomò, Bondye moutre gwo mizèrikòd li menm avèk mechan yo, lè li angaje l pou l te padone vil la si l te jwenn 20 moun k'ap mache dwat ladan l. Malgre tout bagay, lavil sa yo te konn fè anpil peche epi sa te mande jijman.

An verite, Bondye san patipri, men lavi pa san patipri. Move desizyon yo, lanbisyon ak peche fè sosyete nou an plen ak enjistis. Moun ki mache dwat yo souvan soufri epi menm jan pou moun ki enjis yo tou.

Menm si Bondye te padone lavi Lòt ak fanmi li, yo menm tou yo te soufri. Lòt te pèdi madanm li, zanmi l yo ansanm ak tout byen li yo.

Bondye san patipri epi li gen bon kè. Li gen bon kè ak tout moun epi, nan anpil okazyon li sove moun ki mache dwat devan Bondye anba gwo difikilte. Sepandan, finalman Bondye pral jije ak pini mechan yo.

Nan istwa sa a nou wè ke jistis gras Bondye aji ansanm. Jijman an evidan nan destriksyon lavil ki te nan gwo dezòd. Moun yo te rejte Bondye epi konpòtman yo te baze sou vyolans, pèvèsyon ak endisiplin total.

Lafwa Abraram lan te make yon gwo diferans ant limenm ak moun nan vil sa yo. Abraram ak Lòt te fidèl a Bondye epi te konn priye pou lòt moun. Abraram te priye pou vil yo epi Lòt te priye pou zanj ki te vizite yo a.

Istwa sa a ede nou wè ki jan Bondye sèvi ak limanite, ki montre favè ak mizèrikòd li pou tout moun. Li pa t detwi vil la menm kote a; li te fè li lè rèl Sodòm ak Gomò te ogmante epi peche yo te ogmante pi mal toujou. Jistis Bondye a mande yon repons. Moun ki kontinye rejte Bondye pral soufri konsekans peche yo.

Men, nou ka gen asirans ke Bondye pral delivre moun k'ap mache dwat yo.

DEVLOPMAN LESON AN

Sèvi ak kèk nan sijesyon didaktik sa yo pou devlope plis ajil epi fè leson an pi efikas.

Jwèt pou revizyon

Aktivite sa a ap ede elèv ou a yo sonje sa yo te aprann nan leson anvan an, epi li pral sèvi yo kòm entwodiksyon sijè semèn sa a.

Prepare nèf ti bwat oswa vèso ki gen menm gwosè, ki kapab kenbe yon ti boul.

Ranje yo twa pa twa, epi kole yo ansanm ak edezif, nan yon fason pou tout kapab rete ansanm.

Apre sa a, mete nimewo ladan yo soti de 1 rive nan 9.

Timoun yo dwe voye boul la pou l tonbe nan youn nan bwat yo, epi, dapre nan nimewo li ta tonbe a, yo ta dwe reponn kesyon ki koresponn nan:

1) Mansyone yon bagay ou sonje sou premye fwa kèk moun te dezobeyi Bondye.
2) Kisa peche ye?
3) Ki moun sa a yo ki te fè peche?
4) Kisa Kayen te fè?
5) Kisa ki te rive Kayen apre li te fin fè peche a?
6) Ki jan Bondye te gen pitye pou Kayen?
7) Ki jan Bondye te santi l lè te wè tout mal moun yo t'ap fè sou tan Noye?
8) Kouman lanmou Bondye a ye?
9) Sou ki fason moun kapab apwoche yo bò kote Bondye?

Miral

Fè timoun koupe Figi 4, ki di atansyon, nan seksyon ki pou rekoupe nan liv elèv yo epi kopye yo nan bann ki koresponn nan. Mande yo pou yo obsève figi a, epi di yo konsa: *Bondye te voye vizitè sa yo ak yon misyon espesyal.*

Pandan n'ap tande istwa biblik la nou pral aprann plis sou sa yo te fè lè yo t'ap vizite de gwo vil yo.

Kisa sa vle di lè yon moun san patipri?

Ekri mo JISTIS la sou tablo a oswa nan yon papye brisòl. Mande elèv ou yo pou yo di sa mo sa a vle di, epi ekri repons yo sou tablo a. Apre sa a, eksplike yo ke jistis vle di bay tout moun sa ; san fè patipri epi aji byen.

Sèvi ak aktivite sa a kòm yon entwodiksyon pou istwa biblik la.

ISTWA BIBLIK

Kite Bib ou louvri nan pasaj biblik la pou ke elèv ou yo konnen ke sa yo pral aprann nan soti nan pawòl Bondye a. Si ou vle, mande pou kèk volontè li pasaj la anvan yo koumanse istwa a.

Sove soti nan lavil Sodòm

—¡Bienvenidos! —dijo Abraham a los extranjeros --Byen vini! --Abraram te di etranje yo ki te vin nan tant li a. Li pa t resevwa anpil vizitè nan ki fè chalè kote l t'ap viv la--. Tanpri, vini non pou nou repoze pou yon ti moman, rete la, epi manje avèk nou.

Etranje yo te aksepte envitasyon an. Sepandan, yo pa t vwayajè òdinè. Se mesaje Bondye yo te ye!

--Nan yon ane, plis oswa mwens, nou pral gen timoun Bondye te pwomèt nou an—se sa yo te di Abraram.

Men, se pa t bon nouvèl sa a yo sèlman mesaje yo te pote kòm mesaj. Yo te pase nan lavil sa a yo kote te gen anpil peche.

Abraram te mache avèk yo pou yon ti tan, pandan yo te kontinye fè wout yo.

Bondye te panse: "Èske mwen ta dwe di Abraram sa m pral fè ?" li te di l konsa:

--Peche Sodòm ak Gomò tèlman terib mwen pral detwi de vil sa yo ak tout moun k ap viv ladan l.

Abraram te preokipe anpil. Lòt neve l te rete nan youn nan vil sa yo. Lè Mesaje yo te kontinye vwayaj yo pou Sodòm, Abraram te priye : --Bondye, ou pral touye bon moun yo ansanm ak move moun yo? Si gen 50 bon moun epi k'ap mache dwat nan lavil Sodòm, ou pral touye yo tout? Ou pap ge pitye pou vil la poutèt 50 moun k'ap mache dwat yo? Mwen konnen ou pap sèvi ak moun ki mache dwat yo menm jan ak sa k'ap fè sa ki mal yo. Ou se yon Bondye ki gen kè sansib epi renmen padone! M'ap mande ou pa fè sa!

Men, mwen konnen w: Jij tout linivè a pral fè sa ki dwat.

Bondye te reponn --Si mwen jwenn 50 moun k'ap mache dwat nan tout vil la, mwen pap detwi li.

Men, si ta gen sèlman 45 moun k'ap mache dwat, ou pral detwi tout lavil la paske nan tout sa yo senk lòt moun ki mechan? --Abraram te mande.

Bondye di: Si gen 45 moun k'ap mache dwat, mwen pap detwi li.

Abraram te kontinye – Pa fache avèk mwen non kounye a Seyè, men pètèt si nou jwenn 30 moun k'ap mache dwat.

–Bondye te reponn ankò : --Mwen pap detwi li si m jwenn sèlman 30 moun k'ap mache dwat.

Abraram te ensiste toujou :--Si w ta jwenn 20 moun k'ap mache dwat ?

Bondye te reponn li :--Poutèt 20 moun sa a yo, mwen pap detwi li.

Mwen pral mande pou yon dènye fwa. Kisa ki ta pase si ta genyen 10 moun nan lavil Sodòm k'ap mache dwat ? --Abraram te mande.

Bondye te reponn anfen:--Paske mwen renmen 10 sa a yo, mwen pap detwi vil la.

Finalman, mesaje yo rive lavil Sodòm. Lè yo rive nan pòtay lavil la, yo wè Lòt epi pwoche bò kote l. Lè Lòt te wè yo, li leve, li bese tèt li jouk atè devan yo.

-- Lòt di yo: Mwen priye nou an gras vin rete lakay mwen aswè a.

Vizitè yo te reponn li:--Non, nou pral pase nwit la nan lari a.

Lòt te kontinye –Rete lakay mwen.

Finalman, yo te aksepte. Vizitè yo te tris pou sa yo te wè ki t'ap pase nan vil la. Peche nan vil la te terib! Nan tout vil la pa t gen menm 10 moun ki te ni renmen ak obeyi Bondye!

Vizitè yo te mande Lòt : --ou gen lòt fanmi nan vil sa a? Chèche yo epi soti nan isit la paske nou pral detwi zòn sa a. Rèl kont moun nan lavil Sodòm ak Gomò tèlman gwo Bondye voye nou vin detwi l.

Lòt te leve byen vit ale chèche mesye ki te panse marye ak pitit fi l yo, li di yo:

--Annale, ann soti nan vil sa a, paske Bondye pral detwi li.

Men, yo te panse se te yon blag.

Nan demen maten byen bonè, zanj Bondye yo te di Lòt konsa:

Leve non, epi pran madanm ou ak pitit fi ou yo pou yo pa mouri lè lavil la detwi!

Lòt te reponn---Mwen pral chèche yo.

Kòm Lòt te pran anpil reta, zanj Bondye yo te pran l nan men epi mete li deyò vil la.

Vizitè yo te di: --Fè vit!--epi pa gade dèyè.

Lòt ak fanmi l te kouri pou yo te sove lavi yo. Men, madan Lòt te vire gade dèyè, epi nan menm moman sa a li vin tounen yon gwo estati sèl.

Nan denmen, byen bonè, Abraram leve, li ale kote li te priye Bondye a.

Depi la li te gade nan direksyon Sodòm ak Gomò, ak tout plenn lan, li wè tout peyi a plen lafimen k'ap leve tankou si se te nan yon gwo founo dife.

Bondye te detwi lavil mechanste sa a yo, men li te sonje lapriyè Abraram nan epi delivre Lòt neve li.

AKTIVITE YO

Sovtaj la

Distribye liv elèv yo, sizo ak lakòl. Fè timoun primè yo koupe figi yo ki ran avan dènye paj liv la epi swiv enstriksyon yo pou w kontinye aktivite yo bay la.

Ede moun ki gen dif difikilte pou yo konprann oswa pou rekoupe.

Make tan pou yo rakonte istwa biblik la, lè y'ap sèvi avèk ti liv yo sot fè yo.

MEMORIZASYON

Mande elèv ou yo fèmen je yo pandan w'ap ekri vèsè pou aprann nan sou tablo a. Lè sa a, mande yo ouvri je yo epi li vèsè a plizyè fwa.

Mande yo yo fèmen je yo ankò, epi retire yon mo kle. Di yo li, pandan w'ap ajoute mo ki manke a. Kontinye jouskaske fin efase tout vèsè a.

POU FINI

Kiltive disiplin lapriyè nan elèv ou yo, priye pou yo nan chak klas yo epi pou fanmi yo tou. Si sa posib, ekri demann yo nan yon kat, epi kole li nan sal la. Nan fason sa a yo pral sonje, epi, de pli zan pli Bondye reponn kèk nan yo, yo ka mete yon etwal bò kote li.

Priye pou di Bondye mèsi pou mizèrikòd li ak jistis li.

Ankouraje yo vin asiste semèn k'ap vini an nan dènye klas inite a.

nòt

Leson 14
Bondye Padon Nou An

Baz biblik: Levitik 4; Ebre 10:1-14.

Objektif leson an: Se pou timoun primè yo konnen ke Bondye te bay yon chemen pou padon tout peche nou yo.

Vèsè pou aprann: *Tout moun fè peche, epi yo tout vire do bay Bondye ki gen pouvwa a, Men Bondye ki renmen yo, li fè yo gras. Li fè sa pou yo gratis granmèsi Jezikri ki te vin delivre yo."* (Women 3:23-24)

PREPARE W POU W ANSEYE!

Sa ki pi mal nan peche a se paske li separe lòm de Bondye. Elèv ou yo te aprann sou ki kote peche a te soti nan premye leson an. Nan leson ki te vin apre premye leson yo, yo te etidye konsekans peche a, ak kouman Bondye reponn san patipri ak mizèrikòd. Leson sa a reyafime tèm mizèrikòd Bondye a. Nou pral aprann ke li te kreye yon sistèm sakrifis pou l te rezoud pwoblèm peche a epi, finalman, li te bay sèl Pitit li a pou nenpòt moun ki kwè kapab genyen lavi ki pap janm fini an.

Pi fò nan elèv ou yo gen yon konsyans ki sansib. Yo santi pwòp tò yo lè yo fè peche, epi yo konnen ke peche a separe yo de Bondye. Itilize leson sa a pou pwoche yo bò kote Bondy, se pou yo dekouvri ke li ofri padon epi bay yon chemen pou ke nou kapab resevwa lavi ki pap janm fini an.

KÒMANTÈ BIBLIK

Levitik 4. Kontra ki te fèt nan liv Egzòd la gen ladan l apèl Bondye pou pèp la te viv san tach (Egzòd 19:6). Levitik te tankou yon liv ki esplike pèp la kouman yo te dwe adore li. Nan adorasyon an konfesyon yo te fondmantal, repantans ak sakrifis yo pou resevwa padon an. Chapi 4 la pale sou ofrann pou rive jwenn padon an (pou peche moun fè san konnen yo). Li klè ke tout peche nan libètinaj retire pechè a nan nasyon san tach la. Pinisyon pou rebelyon se te lanmò (wè Egzòd 21:12-17).

Ofrann pou peche a moutre ke li posib ke pèp san tach Bondye a te konn vyole kèk nan Lalwa yo san yo pa t fè espre oswa san konnen. Pèp Bondye a ted we chèche padon pou peche l byen vita pre li fin ran kont li te fè peche. Pou kalite ofrann sa a, adoratè te admèt li te fè sa ki mal devan Bondye, epi li te ofri bèt la pou sakrifis la. Kòm yon pati nan seremoni an, li te dwe mete men l yo sou bèt la. Sa a se te yon fason pou l te idantifye l ak bèt la li ta sakrifye a. Pa mwayen sa a, pechè a ofri lavi li bay Bondye.

Nan sistèm sa a, sakrifis la te fèt an favè gason an, epi chèf prèt la se te entèmedyè a. L'ap difisil kounye pou n konprann kouman bèt sakrifye a te pran plas pechè a. se pandan, premye kwayan yo te kapab konprann li lè Jezi te mouri sou yon kwa pou pechè a. Yo te konprann ke Jezi te pran plas nou, sa ke nou te merite pou peche nou.

Jounen jodi a, peche moun pa idantifye yo pase byen vit tankou "erè". Bondye libere pèp li a anba peche pa erè yo, men pechè a dwe rekonèt peche lie pi repnti nan kè li devan Bondye.

Ebre 10:1-14. Pwoblèm ki genyen an se ke sakrifis yo vin tounen yon abitid, epi pèdi bon sans li. Pwofèt yo, anpil fwa, yo te denonse tip de sakrifis sa a yo sa kòm "vid". Sakrifis kip a t chanje pechè a pa t bon vre.

Ekriven liv Ebre yo fè konprann ke Kris la te konpli sistèm sakrifis yo yon fwa epi pou toujou. Se Seyè Jezikris menm ki te ti mouton sakrifis la epi, nan menm tan, Chèf Prèt. Kounye a Jezi se mediate ant nou menm ak Papa a.

DEVLOPMAN LESON AN

Chazi kèk nan aktivite sa yo pou w anchi devlopman leson an.

Miral

Mande elèv ou yo pou yo rekoupe Figi ki nan leson Jodi a epi ajoute ti bann ki koresponn nan. Pou fv yon revizyon jeneral sou inite sa a, mande pou kèk volontè di kisa chak figi nan miral la vle di.

Koke miral ki fini an yon kote ki vizib pou tout moun gentan konnen ki tèm timoun primè yo pral etidye.

Kwa a

Avan klas la koumanse, fè desen yon kwa pou chak timoun epi rekoupe yo. Distribye yo nan klas la, lè y'ap itilize materyèl diferan tankou (papye oswa kreyon koulè, sab, penti, elatriye.).

Pandan y'ap travay, mande yo : *Èske yo konnen pou kisa nan kèk legliz gen kwa? Koute repons yo epi, baze sou yo epi mande: Poukisa yo kwè ke Jezi te mouri sou kwa a?* Sèvi ak repons elèv yo pou w koumanse devlopman istwa biblik la.

ISTWA BIBLIK

Dlo avèk lwil

Itilize aktivite "Dlo avèk lwil" sigjere nan leson anvan an ki reprezante separasyon ki egziste ant Bondye ak peche a.

Apre plizyè volontè eseye melanje likid yo, eksplike yo ke, menm jan sa pase ant dlo a avèk lwil la, Bondye nou an se yon Bondye ki apa, li pa melanje ak peche. Sepandan, Bondye pa vle nou separe avèk li, paske li renmen nou epi li te bay yon chemen pou padone peche nou yo.

Sakrifis pèp Izrayèl la

Yon jou, lè Moyiz te sou yon mòn, Bondye te di li, "Moyiz, di moun pèp Izrayèl yo, byenke se mwen menm ki sèl mèt tout latè, mwen te chwazi yo pou yo te kapab vin pèp espesyal mwen. Yon pral tounen yon wayòm sasèdòs epi yon nasyon apa pou mwen. Si pèp la obeyi mwen, li pral yon trezò espesyal pou mwen".

Moyiz desann mòn nan byen vit. Li te vle di moun sa Bondye te di li.

Nan fè sa, yo te reponn: "Nou pral fè sa Bondye te di a".

Pou fè moun sonje ke li te yon pèp chwazi, Bondye te ba li Dis koumandman yo. Lwa sa yo te ede yo konnen sa ki dwat ak sa ki te mal. Bondye te di Moyiz pou l te konstwi yon tant espesyal, ki ta rele tabènak, pou moun yo te ka sonje ke Bondye te toujou la avèk yo.

Bondye atann pèp li obeyi.

Men, li te konnen ke pafwa yo t'ap vyole koumandman li yo. Pou sa, li envante yon fason pou padone moun yo pou peche yo.

Se konsa, li di Moyiz: "Lè yon moun dezobeyi youn nan koumandman m yo, l'ap gen pou l ofri yon sakrifis. Di yo ke yo dwe chwazi pi bon bèt la, se kapab bèf, kabrit oswa ti mouton. Li ta dwe yon bèt san tach: san defo, blese oswa maladi. Apre sa a, li dwe mennen bèt la nan tabènak la. Lè yo rive la, yo dwe mete men yo sou bèt la pou moutre yo ke yo regrèt pou sa yo te fè a. Lè sa a, prèt yo ap pran bèt la epi sakrifye li menm jan mwen te endike yo".

Bondye te bay enstriksyon ki klè sou ki jan yo ta dwe prepare epi ofri bèt yo kòm sakrifis. Jou apre jou, ane apre ane, yo te swiv enstriksyon Bondye te ba yo a. Yo chwazi bèt yo epi ofri yo pou touye tankou yon ofrann repantans pou peche yo.

Gen kèk nan ki te byen regrèt pou mal yo te fè. Men, gen lòt ki pa t regrèt.

Yo te pote sakrifis yo sèlman paske lòt moun te fè sa. Pwofèt yo te konnen ke gen kèk sakrifis kip a t moutre repantans moun yo.

Pwofèt Jeremi te di, "Bondye pa kontan ak sakrifis yo". "Bondye te di nou ki jan pou n ofri yo. Li vle ou renmen l ak obeyi l".

Malgre plan Bondye pou sakrifis yo te bon, anpil moun te konn ofri sèlman pa abitid, men nan kè l 'pa te gen okenn repantans oswa renmen pou Bondye.

Men, Bondye te gen yon pi bon plan pou padone tout peche yo pou byen nou. Li te voye Pitit li a, Jezi, pou mouri sou kwa a pou peche mond lan tout antye. Bondye te pèmèt Jezi pase nan plas sakrifis yo pou padon peche nou yo san yo pa ofri okenn sakrifis bèt ankò.

Anplis, lè moun yo mete konfyans yo nan Jezi kòm Sovè ak Seyè yo, Sentespri a vin rete nan kè yo epi chanje yo pou yo ka renmen Bondye pi plis toujou.

AKTIVITE YO

De kalite sakrifis

Distribye liv elèv yo. Fè timoun yo koupe figi ki nan leson 14, apre deskripsyon ki make a. Moutre yo pliye li sou liy pwentiye yo pou ke, lè yo ouvri kat la, yo wè imaj kwa a. Mande pou yon volontè li fraz ki di: "Nan Ansyen Testaman an, lè yon moun te fè peche, li te ofri bèt kòm sakrifis".

Eksplike yo ke desen an moutre yon lotèl, kòm sa ki te gen nan tabètak la. Lotèl la te plas espesyal kote prèt yo te konn boule bèt sakrifye yo.

Lè sa a, mande tout moun li ansanm fraz ki di: "Nou menm nou pa bezwen touye bèt pou n ofri ankò. Jezi te fè sa posib lè li te ofri nou padon an".

Diskite sou diferans ki genyen ant sakrifis sa a yo. Eksplike yo ke de sakrifis yo te pozitif pou Bondye pou padon peche yo. Tou de te dwe san domaj pou Bondye te aksepte yo. Sepandan, sakrifis bèt yo te gen pou fèt yon fwa epi ankò. Men, lè Kris la te mouri li te fè l yon fwa pou tout moun. Bèt sakrifye yo pa t kapab chanje kè moun yo, men Jezi gen pouvwa pou chanje noue pi transfòme nou jan pou nou sanble avèk li.

Envitasyon kòm evanjelizasyon

Si Sentespri a gide w, ankouraje elèv ou yo pran yon desizyon pèsonèl pou yo swiv Kris la ak repanti de peche yo. Sèvi ak Bib ou ak pasaj sigjere yo ki nan liv elèv yo pou w gide yo aksepte Sali a.

Pou w kapab vin yon pitit Bondye ou dwe:
1) Rekonèt ke ou te peche - Women 3:23
2) Kwè ke Jezi te mouri pou ou - Women 5:8
3) Repanti de peche w yo - Women 6:23
4) Mande Bondye pou l padone ou - 1 Jan 1:9
5) Kounye a, ou se yon pitit Bondye - 1 Jan 1:12

Sèvi ak priyè senp sa a pou w ede moun ki gen difikilte pou priye yo:

Chè Seyè Dye, mwen rekonèt ke mwen te peche epi mwen regrèt pou tout move bagay mwen te fè yo. Mwen mande ou padonen m. Mwen kwè Jezi te mouri pou mwen epi mwen resevwa li kòm Sovè ak Seyè mwen. Ede m pou m obeyi w ak renmen ou chak jou. Mèsi paske w padone mwen epi kite m vin pitit ou. Amèn.

Li enpòtan pou w mete yon tan espesyal apa pou w pale ak yo chak nan elèv ou yo avan oswa apre w fin envite yo vin resevwa Jezikris nan lavi yo. Ede yo konprann ke sa a se yon desizyon pèsonèl epi desizif pou tout rès lavi yo.

MEMORIZASYON

Ekri pawòl yo ki nan Women 3:23-24 nan kat diferan oswa fèy. Kole yo ak yon ti moso adezif sou yon tab oswa sou tablo a, pou ke li kapab senp lè w'ap dekole yo epi retounen mete yo ankò. Li vèsè a plizyè fwa. Mande pou yon volontè deplase kat la epi pou yon lòt mete l nan lòd ankò. Fè egzèsis sa a plizyè fwa epi repete vèsè a chak fwa kat yo ranje nan lòd.

POU FINI

Rasanble pou nou priye epi di Bondye mèsi pou paske li te bay yon chemen pou ban nou lavi ki pap janm fini an.

Chante yon chan pou fè lwanj Bondye, epi felisite moun ki te aksepte Kris yo.

Li enpòtan pou w bay elèv sa a yo akonpayman pou ede yo grandi nan lafwa kretyen an. Nou sigjere pou w pale ak paran yo tou epi fè yo konnen desizyon timoun yo te pran yo. Sonje ke, nan premye ane fòmasyon espirityèl elèv ou yo, travay ou kòm pwofesè edikasyon kretyen fondamantal.

nòt

Ane2 Entwodiksyon – Inite IV

ANN SELEBRE PAK LA!

Baz biblik yo: Matye 21:1-11; Lik 19:28-38; Jan 20:1-18; Lik 24:13-35; Travay 1:1-11.

Tèks inite a: *Si ou deklare ak bouch devan tout moun ke Jezi se Seyè a, si ou kwè tout bon nan kè ou Bondye te fè l leve sòti vivan pami mò yo, w'a sove." (Women 10:9)*

OBJEKTIF INITE A

Inite sa a pral ede timoun primè yo:

- ❖ Louwe Bondye pou sa li te fè pa mwayen Jezikri.
- ❖ Kwè ke Jezi vivan.
- ❖ Konnen ke Jezi te ale nan syèl la epi pral retounen pou vin nou.

LESON INITE A

- **Leson 15:** Ann Selebre Gwo Antre Jezi A!
- **Leson 16:** Ann Selebre Rezirèksyon Jezi A!
- **Leson 17:** Wout Ki Mennen Emayis La
- **Leson 18:** Jezi Toujou La Avèk Nou!

POU KISA TIMOUN KI NAN PRIMÈ YO BEZWEN ANSÈYMAN INITE SA A

Sosyete a ak mwayen kominikasyon yo detounen atansyon timoun yo sou vrè siyifikasyon Pak la. Anpil senbòl mond lan kontinye kaptive timoun primè yo, yo ki pa menm byen prepare pou selebrasyon solanèl sa a.

Pwen fò inite sa a se sou selebrasyon rezirèksyon Jezi. Elèv ou yo pral santi eksitasyon lè yo konnen ki moun ki Jezi a ak sa li te fè pou yo.

Pandan leson sa yo ou pral gen opòtinite pou tansmèt timoun yo plan sali a, epi mennen yo genyen yon relasyon pi fon ak Jezikri. Priye pou mande Sentespri a gid li lè w'ap prepare leson sa yo. Sonje ke, pa mwayen ansèyman li, Bondye kapab transfòme pa sèlman lavi elèv yo, men tou paran yo. Pwofite opòtinite sa a pou w di lòt moun sa Kris la te fè pou ou!

Leson 15
Ann Selebre Gwo Antre Jezi A!

Baz biblik: Matye 21:1-11; Lik 19:28-38.

Objektif leson an: Se pou timoun primèy yo louwe Bondye pou Jezi li te voye kòm Sovè nou.

Vèsè pou aprann: *"Si ou deklare ak bouch devan tout moun ke Jezi se Seyè a, si ou kwè tout bon nan kè ou Bondye te fè l leve sòti vivan pami mò yo, w'a sove."* (Women 10:9)

PREPARE W POU W ANSEYE!

Pou kisa timoun primè yo fè lwanj Bondye? Petèt paske ou fè l, oswa paske yo wè tout moun nan legliz la fè li. Men, li posib pou yo pa vrèman konprann siyifikasyon lwanj.

Sonje ke timoun primè yo gen tandans imite aksyon lòt moun, menm si y opa konnen siyifikasyon yo. Se pou sa, nan leson sa a anseye elèv ou yo enpòtans ak siyifiksyon fè lwanj.

Yo dwe aprann ke nou fè lwanj pou yon moun nou rekonèt ki te fè yon bagay ekstraòdinè. Se yon ekspresyon de rekonesans. Se poutèt sa, louwe ak tout kè pa ka gen yon santiman segondè.

Premye Dimanch Ramo a foul moun yo te louwe Bondye pou mirak yo yo te wè Jezi ap fè. Epitou yo t'ap fè lwanj li, paske yo te panse l te moun ki ta delivre yo anba dominasyon Women yo epi mete pèp Izrayèl la kòm yon leta endepandan. Sepandan, lè yo te vin dekouvri ke se pa t misyon sa Jezi te genyen, lwanj yo a te vin konvèti an plent.

PAndan w'ap fè etid leson sa a yo, ede elèv ou yo dekouvri sa Jezi te fè pou yo pou sove lavi yo epi ba yo lavi ki pap janm fini an.

KÒMANTÈ BIBLIK

Matye 21:1-11. Gwo antre a nan Jerizalèm te final yon jou byen okipe pou Jezi ak disip li yo. Jezi t'ap anseye ak geri moun malad, epi mirak yo te atire anpil disip.

Lè Jezi te antre nan lavil Jerizalèm, esperans pou Kris la ki ta dwe vini pou delivre yo a te nan pi wo nivo.

Jezi te rive nan sen an tankou yon wa ki etranj. Li pa t rive sou yon bèl cha oswa yon cheval lagè. Okontrè, li te vin monte sou yon ti bourik epi abiman l pa t tankou pa yon wa. Pa t gen okenn dekorasyon pou wa sou montay la ni sou chemen an; sepandan, moun yo mete rad yo atè ak fèy palmis. Jezi te enb epi misyon l baze sou lapè. Li ofri tèt li kòm yon moun ki ta konkeri, pa ak zam men ak renmen. Moun ki te sou wout la yo t'ap rele byen fò : "Ozana!" Ki vle di: "Delivre nou, Seyè" Yo pa t konnen ke li ta pote vrè delivras lan pou yo. Sepandan, li pa ta fè sa pandan l'ap fè lènmi l yo soufri, men li andire soufrans ak imilyasyon.

Kòm Zakari te pwofetize: "Men wa w la ap vini jwenn ou, Sovè epi san patipri, moute sou yon ti bourik" (9: 9), Jezi pa t moute lavil Jerizalèm pou li konkeri yon gwo fotèy ni yon anpi, men konkeri kè yo.

Vil la te tresayi, men li pa t sove. Delivrans yo t'ap tann nan se te yon bagay politik ak materyèl. Delivrans Jezi te ofri yo a te espirityèl. Se poutèt sa, menm moun sa yo ki t'ap rele byen fò "Ozana", kèk èdtan apre yo te rele byen fò "kloure l sou kwa a".

Leson sa a pral ba ou opòtinite pou anseye elèv ou yo ke Jezi vle okipe twòn ki nan kè yo a.

DEVLOPMAN LESON AN

Itilize ak kèk nan aktivite sa yo pou konplete tèm etid biblik la.

Branch bwa pou fè lwanj

Devlope pla men an papye ak elèv ou yo, oswa vrè branch bwa. Pou fè yo, w'ap bezwen modèl pla men pou w trase yo sou papye vèt, oswa ou ka fè yo nan papye blan ak kreyon vèt pou timoun yo kapab penti yo. Apre sa a, mande pou yo koupe yo.

Di yo konsa: Jodi a se Dimanch Ramo, epi mwen pral rakonte nou yon istwa byen espesyal. Sa yo se branch bwa.

Lè Jezi te antre lavil Jerizalèm, moun yo t'ap souke branch bwa epi rele byen fò "Ozana, Ozana!" Yo te trè eksite ak kè kontan paske yo t'ap fè lwanj pou Jezi. Ou menm tou ou kapab souke branch bwa pa w la epi rele byen fò "Ozana!" Pou Jezi.

Kisa fè lwanj lan ye?

Sa pou elèv ou yo chita sou fòm yon sèk epi mande yo: *Èske nou konnen kisa "lwanj" vle di?* Apre ou fin tande repons yo, eksplike yo ke fè lwanj se repons nou bay pou yon moun ki fè yon bagay ki mèveye. Lwanj lan se yon ekspresyon ranmen ak admirasyon vè yon moun espesyal.

Di yo ke Bondye se sèl moun ki merite tout lwanj. Mande pou yo mansyone kèk rezon ki moutre ke li bon pou moun ta adore Seyè a.

Ekri yo sou tablo a (Pa egzanp : paske li te

kreye tout sa ki egziste, paske li bon, paske li pwoteje nou, elatriye.).

ISTWA BIBLIK

Ann fè lwanj pou Seyè a!

Chante yon chan pou fè lwanj, pandan y'ap souke branch bwa yo epi mache alantou sal la.

Mande timoun yo chita pou yo koute istwa a.

Endike yo pou yo mete branch yo a sou janm yo epi pou, pandan istwa a, chak fwa yo koute pawòl Bondye a "Ozana ki vle di Lwanj" souke branch yo.

Avan w koumanse istwa a, montre yo Bib la epi di yo: *Sa a se Bib la, pawòl Bondye a. N'ap aprann konnen Bondye pi byen lè nou koute istwa yo ki nan bèl liv sa a.*

Semèn Pak se yon tan trè bèl epi espesyal, nou selebre remisyon Jezi ladan li. Pitit Bondye a. Nan istwa jodi a nou pral aprann sa ki te pase anvan premye semèn Pak la, lè timoun yo t'ap chante epi fè lwanj pou Jezi.

Gwo antre Jezi a

Timoun yo te di papa yo : "Di nou istwa fèt Delivrans jwif yo ankò".

Papa yo te koumanse konsa, "Lontan de sa, pèp nou an te esklav nan peyi Lejip". "Bondye te di Moyiz li ta mennen nou nan peyi nou an, men farawon an pa t vle kite nou ale. Finalman, zanj lanmò a te te pase nan mitan peyi Lejip. Tout premye pitit moun peyi Lejip yo te mouri. Se konsa Farawon an te kite nou ale".

Timoun yo te mande "Kilè Women yo pral kite an repo?".

Paran yo te reponn: "Yon jou Wa Mesi a gen pou l vin delivre nou". "Mesi a pral delivre nou anba Women yo".

Moun lavil Jerizalèm yo te eksite anpil. Dè milye de jwif te sanble pou selebre fèt Delivrans lan. Jezi ak disip li yo te ale nan lavil Jerizalèm pou selebrasyon an tou.

Jezi te di de nan disip li yo konsa : "Ale nan ti bouk ki pi devan an". "Lè n'ap antre, n'ap jwenn yon ti bourik ki kole ki pa te janm ko moute. Lage l, mennen l vini".

Jezi te bezwen ti bourik la pou yon rezon especial. Lontan de sa, pwofèt Zakari te di men wa lavil Jerizalèm ta vini pou lapè, moute sou yon ti bourik. Menm jan Jezi te di disip li yo ta jwenn ti bourik la. Lè sa a, yo mete rad yo sou li, yo mennen l ba li. Apre sa, yo te ede Jezi moute sou do li, epi pran wout ki mennen nan lavil Jerizalèm.

Lè yo te wè Jezi, kèk moun ki tann rad yo atè sou wout la.

Byen vit foul moun yo te reyalize prezans Seyè a.

Youn t'ap mande lòt, "Se pa nonm sa a ki t'ap plede fè anpil mirak la?".

"Wi, se limenm menm! Gade, l'ap antre nan lavil Jerizalèm! Èske w kwè ke se Mesi yo te pwomèt la? "

Lè sa a, moun yo te koumanse fè pou lwanj Bondye ak kè kontan pou tout mirak yo te wè: "Ozana! Benediksyon pou moun ki vini nan non Seyè a! " "Lapè nan syèl la ak glwa nan tout linivè a! Ozana!"

Anpil nan yo te koupe fèy palmis ak branch, mete yo sou wout la. Pandan Jezi t'ap pase, anpil moun te pran rele byen fò: "Ozana, Ozana!"

AKTIVITE YO

Ozana!

Mande timoun yo pou yo louvri liv yo nan Leson 15, epi koupe ti bann ki nan pati anba a.

Di yo ke apre yo dwe koube fèy la sou liy pwentiye yo.

Apre, yo fin pliye figi Jezi a kote ki endike pa liy pwentiye yo epi kole li nan pati anba a. Souke imaj la pa mwayen foul moun yo, pou w revize istwa Dimanch Ramo a.

Miral lwanj

Pandan semèn nan prepare ilistrasyon sou diferan fason ke timoun prime yo ka fè lwanj Bondye nan lavi yo chak jou.

Mete ladan l timoun k'ap ede paran yo, priye, chante, li Bib la, elatriye.

Moutre yo li nan klas la epi di yo ke yo kapab louwe Bondye nan diferan fason. Mande yo pou yo kole ilistrasyon yo nan miral la oswa yon kote ou di yo.

MEMORIZASYON

Mande elèv yo chèche vèsè pou aprann nan nan Bib yo a (Women 10: 9), li li byen fò.

Apre yo fin repete l plizyè fwa (pa ranje, an gwoup, sèlman timoun, se sèlman ti fi, elatriye.), mande pou kèk volontè di li san gade.

Renmèt kat Klèb vèsè pou mwa a pou yo revize li lakay yo. Mande paran yo etidye li ak pitit yo pandan semèn nan.

POU FINI

Asire w ke timoun yo pote devwa yo lakay yo epi di yo mèsi paske yo te patisipe nan klas la. Anonse yon bagay sou leson k'ap vini an, pou w eseye fè yon koneksyon epi reveye enterè yo pou ka pa absan.

Fòm de ti sèk, epi bay yon lidè pou yo chak pou priye.

Nan fen a, gide yo nan yon priyè tèt ansanm. Pa bliye demann de priyè yo, epi ankouraje elèv ou yo fè lwanj pou Bondye chak jou.

Leson 16
Ann Selebre Rezirèksyon Jezi A!

Baz biblik: Jan 20:1-18.

Objektif leson an: Se pou timoun primè yo konnen ke Jezikri te leve soti vivan nan lanmò.

Vèsè pou aprann: *Si ou deklare ak bouch devan tout moun ke Jezi se Seyè a, si ou kwè tout bon nan kè ou Bondye te fè l leve sòti vivan pami mò yo, w'a sove."* (Women 10:9)

PREPARE W POU W ANSEYE!

Nan anpil kote selebrasyon semèm pak la pèdi vrè siyifikasyon li. Piblisite a, mwayen kominikasyon yo avèk konsoumis yo detounen atansyon timoun yo, yo bliye byen vit si se te yon kesyon pou yo te eseye fete sakrifis Jezi a ak rezirèksyon li.

Pa mwayen rezirèksyon an nou konprann pi byen gwo lanmou an ke Kris te moutre lè l te mouri sou kwa a pou nou. Anmenm tan, Bondye te demoutre pouvwa li nan rezirèksyon an. De travay sa a yo pwononse mesaj esperans, lanmou ak lavi ki pap janm fini an. Nenpòt lòt kalite selebrasyon pap siyifi anyen lè n konpare li ak gwo kado Bondye a.

Se pou w sansib apre reyaksyon elèv ou yo lè yo koute istwa rezirèksyon an. Pliske Jezikris te leve soti vivan nan lanmò pral pote esperans nan kè yo ak yon objektif tou nèf nan lavi.

Mesaj lanmò ak rezirèksyon Jezi a pral ede yo konprann pi byen lanmou Bondye pou yo epi pou lòt yo tou.

KÒMANTÈ BIBLIK

Jan 20:1-18. Lènmi Jezi yo te satisfè, yo te fè plan pou yo touye li depi plizyè mwa avan. Finalman yo te fè parèt byen klè prezans li sou yon kwa women. Pou anpil moun sa te vle di lafen. Kèk nan yo t'al lakay yo byen tris, pandan tan sa a gen kèk lòt ki te kwè ke misyon yo te akonpli lè yo te fin touye Jezi.

Mari Magdala te desann soti Gòlgota byen tris. Jezi te padone li anpil, epi li te kwè ke se te Kris la, Pitit Bondye a. Pètèt espwa Mari te mouri ak Mèt li.

Tout Levanjil yo prezante istwa rezirèksyon Jezi a. Yo chak bay detay diferan sou li ; se pandan, la a nou kapab wè ke Jan te kenbe fè nan pale de lafwa.

Nan chapit 19 la, Jan sinyale ke yo te antere kò Jezi a byen vit, paske yo te koumanse jou repo a. Li di tou ke tonbo a te nan yon jaden, tou pre Gòlgota, epi Jozèf ak Nikodèm te mete Jezi nan tonbo a apre yo te fin prepare kò li ak 100 liv espès.

Sou twazyèm jou a, lè li te fin fè nwa, Mari t'ale nan tonbo a. Lè l rive, li te wè wòch la woule epi kò Jezi a pa t la. Pou li, ta gen yon moun ki te vòlò kò Mèt li a, li te pran kouri pou l t'al di Pyè ak Jan koze a : "Yo pran kò Seyè a nan tonbo a epi nou pa konnen ki kote yo mete li". Pètèt yo li t'ap mande kimoun ki fè sa, oswa si lènmi Jezi yo te nan konplo sa.

Pyè ak Jan te kouri al nan tonbo a. La a menm yo te jwenn lenj yo ak bann machwè, vlope yon lòt kote. Konsa yo te retounen ak lòt disip yo pou yo rakonte yo sa ki te pase a. Li enteresan pou w wè ke Jan te ekri : "lòt disip la" te kwè lè li te wè tonbo a vid. Gen moun ki panse ke Jan te kwè ke Jezi te leve soti vivan nan lanmò, epi li pa t panse ke yon moun te vòlò kò li. Dapre remak ki fèt, Mari pa t panse menm jan paske li te rete ap kriye deyò tonbo a. Men, lè li t'al lonje kou l pou l gade anndan, li te wè de zanj ki t'a mande li : "Madanm, pou kisa w'ap kriye ?" Li te reponn : "Paske yo vòlò Seyè mwen an epi mwen pa konnen kote yo mete li". Mari, te avèg tèlman li te tris, li pa t rekonèt ke se te Jezi menm ki te avèk li. Konsa li te rele l nan non li. Nan menm moman sa, li te rekonèt Mèt li renmen an.

Rezirèksyon an se te konfimasyon final ke Jezi se te Kris la, Pitit Bondye vivan, moun ki te leve soti vivan nan lanmò epi ap viv pou toutan.

DEVLOPMAN LESON AN

Chwazi kèk nan aktivite yo pou ede elèv ou yo konprann tèm etid la pi byen.

Krisifiksyon an

Pou aktivite sa a w'ap bezwen kèk eleman ki gen rapò ak krisifiksyon an (yon kouwòn pikan, klou, yon kwa), oswa byen itilize ilistrasyon yo sou tèm nan. Sipèvize objè file yo ak anpil atansyon pou w evite aksidan.

Di yo konsa: *Anpil lidè relijye te vle touye Jezi paske ansèyman l yo te diferan de say o menm yo t'ap bay. Kèk nan yo te gen krent pou Jezi pa t koumanse yon rebelyon kont anpi women an.*

Pou sa yo t'arete lie pi yo te kloure l sou yon kwa pou touye li. Pou kisa nou panse yo sèvi ak Pitit Bondye a nan fason sa a? Koute repons yo, epi raple yo enpòtans sa yo te aprann nan leson 14 sou padon pa mwayen sakrifis Jezi a.

Atizana

Pou aktivite sa a ou bezwen kwa ki fèt ak papye brisòl oswa katon, lakòl ak po ze ki pwòp, sèk epi kraze.

Mande timoun yo pou yo mete lakòl sou figi kwa a, epi apre sa a etann po ze yo. Mete travay ki fini yo sou yon tab pou yo cheche pi pou po ze yo vin solid ansanm nèt.

Pale sou siyifikasyon kwa a ak sa li vle di pou kretyen yo.

Conversen acerca del significado de la cruz y lo que representa para los cristianos.

ISTWA BIBLIK

Kontantman Mari a

"Pòv Jezi", Mari te panse pandan li t'ap mache nan jaden an.

Li te tèlman bonè menm solèy la pa t ko leve. "Mwen sonje l anpil! Pi piti sa nou ka fè se antere l nan yon fason ki apwopriye. Nou pa t gen anpil tan pou n fini tout bagay avan jou repo a ".

Mari pa t kapab kwè sa ki te rive.

Li te mete tout espwa li nan Jezi, men li te mouri epi li patap janm avèk yo ankò. Lè l te kontinye mache nan tout jaden an, li te wè yon bagay ki te ranpli l ak tranbleman.

Mari te pran rele : "Se pa vre!". "Yon moun te woule wòch la. Gen yon moun ki te vòlò kò Jezi a! Ki kote Seyè mwen an ye? Mwen dwe al di Pyè bagay sa a! "

Lè Pyè ak Jan te tande sa Mari te di yo a, yo kouri al nan jaden an. Kè yo t'ap sote byen fò, epi yo te twouble. Jan te rive avan. Li te pwoche epi gade nan twou wòch la, men sèlman li te wè manto yo te vlope Jezi a.

"Mari te gen rezon", li te panse. "Jezi pa la a".

Kòm Pyè te rive, li te antre nan tonbo a epi koumanse cheche toupatou, men li pa t jwenn Jezi.

Pyè rele byen fò "Jan, vini!". "Gade, men bann twal yo la a! Ki kote kò Mèt la ye? "

De disip yo tounen al di lòt moun yo sa yo te wè. Sepandan, Mari te rete chita la. "Seyè mwen an pa la ankò", li te pran rele.

Apre sa a, li tounen al gade nan tonbo a, epi, kòm gwo sipriz pou li, tonbo a pa t vid ankò. Te gen de zanj ak bèl rad blan sou yo byen klere tankou zèklè!

Zanj yo te mande:---Madanm, pou kisa w'ap kriye konsa ?

Mari te reponn ak anpil tristès :---Yo pran kò Seyè mwen an epi mwen pa konnen ki kote yo mete li.

Lè Mari te sou wout pou l ale, toudenkou li te wè yon nonm nan jaden an.

---Li di l konsa : ---Madanm---pou kisa w'ap kriye konsa ? kimoun w'ap chèche ?

Mari te di nan kè l, anverite sa se moun k'ap travay nan jaden an. Pètèt li te pote Sovè m nan al mete yon lòt tonbo. Mari di : ---Mesye, èske w te pote kò Jezi a al mete yon lòt kote ? Ou konnen ki kote li ye ? Tanpri, di m ki kote w mete li epi mwen pral chèche li.

Mesye a di : ---Mari !

Lè Mari gade l byen fiks, yon gwo kontantman te plen kè l epi li te rele byen fò : ---Mèt!

Mesye sa a se pat moun ki t'ap travay nan jaden an. Se te Jezi!

Li te la, ap pale ak li nan jaden an. Jezi te vivan!

Jezi te di byen dousman: Ou po ko ka manyen m Maria. Mwen po ko tounen al jwenn Papa mwen.

Ale epi di zanmi nou yo m'ap moute al kote li ye a.

Mari te kouri desann sou wout la pou al bay lòt moun yo bon nouvèl la yo.

Mwen wè Seyè a! Li pran rele byen eksite. Mwen te wè, li leve soti vivan!

AKTIVITE YO

Jezi vivan!

Distribye liv yo, epi mande elèv yo:

- *Kijan nou panse Mari te santi l lè li te reyalize ke moun li te wè nan jaden an se te Jezi?* (kontan, eksite).
- *Ki sa Mari te fè lè Jezi te ale?* (Li t'al di lòt yo sa l te wè).

Kounye a, nou pral fè yon bagay ki pou ede nou di lòt istwa enteresan sou rezirèksyon an.

Mande pou yo bay desen ki nan fen Leson 16 la koulè. Apre sa a, se pou yo pliye fèy la sou liy pwentiye yo pou fòme yon ti liv.

Ankouraje yo sèvi ak travay yo te fè yo pou rakonte istwa rezirèksyon an Jezi a pou zanmi ak fanmi yo.

Wòch la

Prepare jounal ki pou granmoun yo davans (jounal). Bay chak timoun de. Mande pou yo double yo pou fè yon boul. Double li ak adezif tout alantou li pou anpeche li defèt.

Di yo ke boul sa a reprezante wòch yo te mete nan antre tonbo a, epi ki te woule lè Jezi te leve soti vivan.

Montre yo pou yo kanpe nan youn nan kwen sal la, epi lè ou di, "Jezi resisite!", yo dwe fè boul la woule, mennen yo ak pye soti yon bò pou rive nan yon lòt bò. Apre sa a, se pou yo retounen kote yo te koumanse a.

Varye dinamik jwèt la, lè w'ap bay enstriksyon diferan (pa egzanp : se pou yo pouse boul la avèk men yo, ak je yo fèmen, ak nen, deplase li ak yon sèl pye, elatriye.).

MEMORIZASYON

Mete elèv ou yo an liy. Di yo ke lè ou di "anwo" yo dwe detire tout fòs yo kapab, tankou si y'ap eseye manyen plafon an, epi di vèsè a byen fò. Epi lè w di : "desann" yo dwe bese epi repete vèsè a tou dousman.

Repete jwèt la plizyè fwa pou ranfòse memorizasyon an.

POU FINI

Ankouraje elèv yo di demann yo pou lapriyè. Mande si kèk volontè vle priye byen fò. Sa a pral ogmante konfyans yo pou priye nan piblik.

Pou fini, di Bondye mèsi rezirèksyon Pitit li a Jezi.

Envite yo nan klas k'ap vini an, epi pa bliye vizite sa ki malady o oswa absan nan klas la.

Leson 17
Wout Ki Mennen Emayis La

Baz biblik: Lik 24:13-35.

Objektif leson an: Se pou timoun primè yo konnen ke Jezi ede nou konnen li pi byen.

Vèsè pou aprann: "*Si ou deklare ak bouch devan tout moun ke Jezi se Seyè a, si ou kwè tout bon nan kè ou Bondye te fè l leve sòti vivan pami mò yo, w'a sove.*" (Women 10:9)

PREPARE W POU W ANSEYE!

Semèn pase a timoun primè yo te aprann ke Bondye te resisite Jezi. Semèn sa a yo pral aprann ke l te demoutre li te vivan, lè l te parèt devan disp li yo. Aparisyon sa a yo te bay premye kretyen yo anpil fòs. Nan menm fason an, konnen Jezi vivan pral bay lafwa elèv ou yo plis fòs.

Jodi a Jezi kontinye fè aparisyon li devan disip li yo epi li fè sa pa mwayen ansèyman Bib la.

Prepare kè w pou rakonte elèv ou yo bèl verite biblik enpòtan sa a. Sonje ke travay ou kòm pwofesè edikasyon kretyen, se reflete Kris devan timoun yo nan sa w'ap anseye.

KÒMANTÈ BIBLIK

Lik 24:13-35. Li te nan apre midi nan jou rezirèksyon an, lè Jezi te parèt devan de nan disip li yo ki te sou wout pou ale Emayis. Pou kisa Jezi te vle revele tèt li pou de disip sa a yo, epi se pat devan lòt gwoup ki te pi zanmi l yo?

Nan leson semen pase a nou te wè ke Jezi te parèt devan Mari Magdala. Nan leson jodi a nou wè ke l te parèt devan Kleyofas ak moun ki te sèvi l konpany lan, ke nou pa konnen non li. Menm si nou pa vreman konnen pou kisa Jezi te deside parèt devan de mesye sa a yo, nou ta kapab panse ke se paske li te vle mete yon fen ak rimè ke chèf prèt yo t'ap pibliye yo. Lè yo te konprann ke rezirèksyon Jezi a te reyèl, chèf prèt yo te peye solda yo pou yo te ka di ke se disip yo ki te vòlò kò Jezi a.

Kèk disip te reponn avèk pè lè yo te tande temwayaj sou rezirèksyon Mèt la. Y opa t ale jouskaske Jezi te parèt, yo te kwè epi kè yo de debòde ak lajwa.

Menm jan foul moun yo te prezante nan gwo antre a, se menm jan Kleyofas ak zanmi l lan t'ap tann Jezi vin libere izrayelit yo anba pouvwa women. San yo pa t konnen vreman ak kilès yo t'ap pale, yo te louvri kè yo ba li epi esplike tristès yo lè yo te fason yo te kloure Jezi sou kwa a, yo te pèdi esperans pou yo te vin lib la.

Epi, menm jan sa te paske ak Mari Magdalena nan tonbo a, mesye sa a yo sou wout Emayis pa t rekonèt Jezi non plis paske je espirityèl yo te avèg.

Dapre vèsè 31 an, apre Jezi te fin pran pen an epi beni li, je yo te vin louvri epi yo te vin rekonèt Mèt la. Nou wè byen klè ke Jezi te gen kontwòl sitiyasyon an epi l te revele san an tan li te genyen prepare pou sa.

Bib la rakonte nou ke pandan yo t'ap mache konsa, Jezi te koumansa ap rakonte yo tout sa Pawòl la te di de li, lè l te koumanse avèk Moyiz epi kontinye ak pwofèt yo.

Nou kapab asire nou ke Jezi kontinye ap devwale nou tèt li pa mwayen pawòl li chak fwa nou chèche li ak tout kè nou.

Lè Jezi te disparèt devan je yo, Kleyofas ak kamarad li a te retounen Jerizalèm touswit, pandan youn t'ap di lòt konsa : Èske kè nou pa t'ap boule anndan nou lè li t'ap pale avèk nou nan chemen an, lè li t'ap pale nou de Pawòl la?"

Lè yo rive yo te jwenn onz disip yo rasanble, byen sezi ak nouvèl ke Jezi te parèt devan kèk moun. Menm kote a, Kleyofas te rakonte kijan Seyè a te devwale tèt li devan yo.

Sa te sèvi pou disip li yo te kwè ke Jezi pa t pami mò yo ankò, men li te leve soti vivan jan li te pwomèt li a.

Jezi kontinye ap revele tèt li devan mond lan pa mwayen legliz li, epi li enpòtan pou nou anseye timoun nou yo rakonte bèl nouvèl yo ke "Jezi vivan, epi l'ap viv pou toutan".

DEVLOPMAN LESON AN

Chwazi kèk nan aktivite sa a yo pou ankouraje patisipasyon elèv ou yo epi konsantre sou tèm etid la.

Envite sipriz

Envite yon granmoun ke elèv ou yo konnen byen. Mande l pou l itilize yon mask, epi eseye fè elèv ou yo devine kimoun li ye.

Mande pou pèsonaj sekrè a kase yon ti moso pen pou bay chak timoun yo ti moso. Apre sa a bay tan, pou l retire mask la epi fè yo di kilès moun li ye.

Eksplike timoun yo: *Nan istwa a jodi a moun ki t'ap mache yo pa t rekonèt yon moun trè enpòtan. Gade pou n wè si nou ka konnen ki moun li ye.*

Wout ki mennen Emayis la

Chèche yon kat jewografik peyi Izrayèl, oswa itilize nenpòt nan kat ki nan Bib la pou w moutre timoun yo. Fè remak kote lavil Jerizalèm ak Emayis ye, plis pase 11 km. distans youn ak lòt. Pou timoun yo kapab gen yon referans sou distans disip yo te mache, fè yon konparezon ak kote moun konnen de yo ye a ak distans legliz yo a. Eksplike yo ke istwa biblik la pale sou de disip ki t'ap mache distans sa a pou li ale nan lavil Emayis la, men yon bagay byen espesyal te rive yo sou wout la.

Nouvèl! Nouvèl!

Pou aktivite sa a ou pral bezwen jounal (jounal) oswa magazin. Moutre elèv yo jounal yo epi mande yo kisa li itil. Pandan w'ap baze sou repons yo, eksplike yo ke jounal yo se mwayen ki la pou fè nouvèl gaye. Lè yon bagay ekstraòdinè pase oswa byen enpòtan, anpil moun vin konn sa lè y'ap li nan jounal.

Nan istwa a jodi a yon bagay byen enpòtan te pase, men li pa t gaye nan jounal. Se pou nou koute ak anpil atansyon pou nou ka konnen ki moun sa a yo ki te rakonte bon nouvèl yo.

ISTWA BIBLIK

Sou wout pou Emayis

---Kleyofas te mande : ---Eske ou te tande poukisa Mari te tèlman eksite maten an?

Zanmi l la te reponn : ---Wi. Èske ou ka kwè sa li ki rakonte a? Li di li te wè zanj!

---Epi li di ankò ke Jezi vivan, ---se Kloyofas ki te di sa---. Sa t'ap yon gwo mirak, men mwen pa kapab kwè ke sa a se vre.

---Se klè. Nou te wè ak pwòp je nou kijan Jezi te mouri sou kwa a. Li deja mouri, kidonk li pap janm rete avèk nou ankò. Kounye a kisa nou pral fè?

PAndan yo t'ap kontinye mache soti Jerizalèm pou y'al nan lavil Emayis, yon twazyèm moun te jwenn ak yo.

---Bonswa ---etranj la te salye yo---, de kisa n'ap pale ki bon konsa ?

Kleyofas te reponn li : ---èske w se sèl etranj nan peyi Izrayèl ki pa konnen sa k'ap pase nan jou sa a yo ?

---Etranj lan te mande : ---kisa ki te pase ?

---Sa yo te fè Jezi, pwofèt Nazarèt la.

---Se te yon pwofèt ki te gen anpil pouvwa! Tout moun te konn tande li lè l pale.

---Tout moun, sèlman chef prèt jwif yo ak gouvènè nou yo ---se Kleyofas ki te di sa---. Jodi a fè twa jou depi yo te kloure li sou yon kwa.

---Sa te terib anpil! Zanmi Kleyofas la te tris---. Nou te panse ke li ta fè pèp Izrayèl la tounen yon gwo nasyon, men kounye a li mouri wi.

Nou t'ap pale de yon zanmi fi ki te di nou ke li te wè anpe zanj nan yon vizyon. Epitou li te di li wè Jezi vivan! Nou byen twouble epi nou pa konnen kisa pou nou kwè.

(Pran yon poz nan istwa a. Mande timoun yo kijan yo panse de vwayajè yo te santi yo. Mande yo devine ki moun pèsonaj etranj sekrè sa a te ye).

Etranj la te di : ---Nou pa sonje sa Pawòl la di ?

Kòm si moun Bondye te pwomèt la pa t dwe an premye apre sa pou l te antre nan laglwa ?

Kleopas ak zanmi l koute atansyon, pandan y'ap vwayajè sekrè a t'ap pale yo de Pawòl Bondye a.

Antan yo te toupre lavil Emayis la, vwayajè a te fè kòm si li t'ap ale pi lwen, men yo te di: "Tanpri rete avèk nou. Li deja ta".

Etranj lan te di : "Mèsi anpil, "Se yon bon ide".

Yo twa a te antre nan vil la. Lè soupe a te pare, yo te chita bò tab la. Lè sa a, etranj lan te pran yon moso pen, li di Bondye mèsi pou li, li kase l epi li te bay mesye yo kèk ti moso.

Se te nan moman sa a disip yo te kapab rekonèt li, men li te disparèt.

"Se te Jezi! Kòm si nou pa t santi yon bagay espesyal lè li t'ap pale nou osijè de Pawòl Bondye a? ", Kleyopas ak zanmi l.

Nan moman sa a yo te deside retounen nan Jerizalèm pou al di lòt moun yo sa ki te rive. Se la yo te jwenn onz apòt yo rasanble, ansanm ak plizyè lòt moun.

Kèk disip te di : "Se vre!". "Senyè a te leve soti vivan! Pyè ak kèk lòt moun wè li! "

Disip Jezi yo te rasanble, pou rakonte istwa moun ki te wè Jezi yo. Toudenkou pòt la te louvri. Kleyopas ak zanmi l yo t'ap kouri antre.

San pran souf yo t'ap di: "Nou fèk sot wè Jezi!", "Li vivan!"

AKTIVITE YO

Jezi se Pitit Bondye a

Louvri liv elèv yo nan Leson 17.

Mande timoun yo koupe ti bann ki nan pati anba fèy la. Apre sa a, fè yo koupe ti bwat la ak enstriksyon yo (asire w ke yo konsève pati enstriksyon yo pou yo itilize nan pwochen aktivite a).

Ede yo kole bwat la sou liy ki make sou ilistrasyon an. Montre yo kijan yo dwe leve ti bwat la pou yo wè fas disip yo lè yo te vin rekonèt Jezi.

Ann rakonte bon nouvèl la!

Mande timoun primè yo:

Ki jan Jezi te revele tèt li devan vwayajè ki te sou wout Emayis yo?

Pètèt yo ka reponn ke Jezi te pwoche epi mache avèk yo. Menm si sa a se vre, fè yo sonje ke Jezi te revele yo pa mwayen Pawòl yo. Li te itilize Ansyen Testaman an pou ede yo konprann ki moun li te ye epi ki misyon li te genyen sou tè a.

Kijan Jezi revele tèt li kounye a?

Pa mwayen Bib la, Pawòl Bondye a. Pa mwayen kominote kretyen yo tou, legliz la ak lapriyè.

Mande yo louvri liv yo nan dezyèm paj leson 17 la epi li pati ki di : "Ale simaye bon nouvèl la bay lòt moun". Swiv enstriksyon yo pou ranpli aktivite a.

Ede timoun primè yo panse sou pèsonaj sa a yo ki se moun ou kapab rakonte bon nouvèl rezirèksyon Jezi a.

MEMORIZASYON

Kenbe men ansanm, fòme yon worn, epi pandan y'ap fè woul la vire, repete vèsè pou aprann nan ansanm de fwa. Lè yo sispann, kèk nan timoun yo dwe di vèsè a pou kont li. Apre yo tout fin vire epi repete ansanm, pandan y'ap swiv menm enstriksyon yo. Jwèt la ta dwe fini lè tout moun fin patisipe.

POU FINI

Di Bondye mèsi paske l te pèmèt nou rekonèt Jezi li a. Chante yon chan pou fè lwanj pou Bondye avan nou ale.

Asire w ke timoun yo pote travay atizana yo lakay yo ak sa a yo genyen ki pou yo nèt. Voye yo ale ak lanmou, epi ankouraje yo vini nan orè klas kap vini an.

---

nòt

Leson 18
Jezi Toujou La Avèk Nou!

Baz biblik: Travay 1:1-11.

Objektif leson an: Se pou timoun yo konnen ke yo dwe pare pou retou Jezi.

Vèsè pou aprann: *"Si ou deklare ak bouch devan tout moun ke Jezi se Seyè a, si ou kwè tout bon nan kè ou Bondye te fè l leve sòti vivan pami mò yo, w'a sove."* (Women 10:9)

PREPARE W POU W ANSEYE!

Rezirèksyon Jezi a se pa slman yon evennman ansyen. Li pa t slman yon bon nonm ki t'ap viv nan tan pase yo. Sey nou an leve soti vivan nan lanmò, l'ap viv jodi a epi li pral retounen sou latè. Kilè? PA gen moun ki konnen, se sèlman Bondye. Se pandan, legliz rete ap tann retou Kris la. Sa fè valè kretyen an vin solid epi bay misyon legliz la sans.

L'ap fasil pou, lè yo tande pale de evennman sa a yo, timoun yo santi yo on tijan pè, men nou dwe fè yo sonje ke yo pa dwe pè retou Seyè a. Timoun yo dwe tann li avèk menm emosyon ke jwif ki fidèl yo t'ap tann premye rive li a.

Leson sa a fòme yon po nant Dimanch rezirèksyon an ak koumansman legliz la epi misyon li. Jezi te soti nan Papa a, men avan li te ale li te kite yon travay pou disip li yo fè. Lè li retounen, èske li pral jwenn nou fidèl nan akonplisman zèv li a?

KÒMANTÈ BIBLIK

Travay 1:1-11. Nan pasaj sa a Lik fè yo revizyon sou sa ki di nan Levanjil li a. La a li konfime ke Jezi te vivan, li te parèt devan Apot li yo pandan 40 jou, epi li te pale avèk yo sou peyi wa ki nan syèl la.

Youn nan gwo prèv yo ki moutre Jezi te leve soti vivan se paske disip y opa ta gentan koumanse travay legliz la si yo te demoralize, detwi ak dezòganize. Akoz de rezirèksyon Jezi a yo te gen esperans, konviksyon ak yon remisyon total nan misyon li te voye yo a.

Nan vèsè 4 la Jezi bay disp li yo dènye estriksyon yo, lè l te ba yo lòd pa soti nan lavil Jerizalèm, men se pou yo te tann pwomès Papa a te fè yo a. San poze kesyon, nou kapab wè ke san gid ak pouvwa Lespri Sen an, yo pa t'ap kapab reyalize travay yo te gen devan yo a.

Lè l te fin bay koumandman sa a, de zanj ak rad blan sou yo te parèt devan yo epi di yo konsa : "Moun Galile yo, pou kisa n'ap gade nan syèl la ? Menm Jezi sa a, ki te moute nan syèl la devan nou an, se konsa li genyen pou l retounen ankò menm jan nou te wè li ale nan syèl la" (Travay 1 :11).

Pwomès disip yo te resevwa yo se pou nou tou. Se vre nan jou Pannkot la Lespri Sen an te desann sou disip yo, men li kapab toujou fè sa nan lavi nou. Anpil fwa nou panse ke tèm sa a yo se tèm ki difisil pou timoun yo konprann.

Ann priye pou Lespri Sen an pale nan kè yo, pou yo ka konprann ke li vle ranpli lavi noua k prezans li epi pouvwa li, epi konsa nou pral kapab transmèt mesaj lavi ki pap janm fini an bay lòt moun ki nan alantou nou yo.

Demoutre ke, menm jan tan yo moutre li, retou Jezi a pa lwen. Envite elèv ou yo pou yon konsakre lavi yo pou Jezi epi pou yo toujou prepare pou retou li a.

DEVLOPMAN LESON AN

Chwazi kèk nan aktivite sa a yo pou w anrichi devlopman leson an.

Kijan syèl la ye?

Bay plizyè materyè diferan pou timoun yo fè desen syèl la, an rapò ak fason yo panse l ye ak sa yo kwè ki gen ladan li. Pandan y'ap travay, felisite yo pou desen yo epi ankouraje yo pou yo sèvi ak imajinasyon yo.

Envite espesyal

Envite yon lidè misyon nan legliz la pou vin pale de yon misyonè ke legliz ap priye pou li, oswa genyen enfòmasyon. Apre sa, mande yo: *Kisa nou panse misyonè yo ap fè ? Pou kisa nou panse legliz nou yo priye pou yo epi sipòte yo?*

Pètèt y'ap reponn ke misyonè yo ede moun epi pale ak moun de Bondye.

Koute repons yo epi di yo konsa: *Pandan n'ap etidye leson jodi a, eseye dekouvri rezon ki pi enpòtan ki fè legliz nou yo sipòte misyonè yo.*

ISTWA BIBLIK

Kòm liv Travay la se yon lèt, nou sigjere w rakonte istwa a, kopye li nan yon fèy epi mete li nan yon anvlòp. Di timoun yo ou pral li pou yo yon lèt ke Lik te voye, epi koumanse istwa a.

Jezi ansanm avèk nou

Bon Tewofil, oumenm ki fè lonè nan non w. Sa dwe agreyab pou genyen yon non ki vle di "Yon moun ki renmen Bondye".

Bon, mwen gen plis bagay pou m rakonte w.

Èske w sonje nan premye lèt mwen an mwen te ekri sou Jezi?

La a mwen te di w ki moun li te ye, kisa m te fè ak sa m te anseye. Mwen te rakonte w tout bagay, depi lè l te fèt jouskaske l moute nan syèl.

Kounye a mwen gen pi plis pou m rakonte w. Evennman yo te anpil. Ki kote mwen dwe koumanse? Mwen konnen, mwen pral kontinye depi kote m te fini fwa pase a.

Jan m te di w la, se vre ke Jezi te soufri epi mouri. Men Bondye te fè l leve vivan pami mò yo. Nan koumansman nou te doute ke sa te kapab yon verite, men Jezi te parèt devan noue pi nou te wè li plizyè fwa pandan 40 jou. Li te bannou plizyè prèv de rezirèksyon li, epi konvenk nou tout.

Li te kontinye ap pale nou de peyi wa ki nan syèl la.

Yon lè, pandan li t'ap manje avèk nou, li di nou: "Piga nou soti nan lavil Jerizalèm. Se pou nou rete la poun tann kado Papam te te pwomèt nou an, de sa m te konn tande m'ap pale a". Sa a te reveye atansyon nou.

"Kado! Kisa li te fè kado a?"

Jezi te kontinye pale nou de batèm Sentespri a, men nou pa t konprann sa a se te kado a. Nou te kontinye ap panse ke Jezi ta gen yon gwo twòn epi yo ta kouwone li kòm wa pèp Izrayèl la.

Lè nou te wè yon dènye fwa, nou mande li: Seyè, kounye a ou pral restore peyi Izrayèl la?"

Li te yon wont pou kontinye poze menm kesyon an epi toujou resevwa menm respons lan. Jezi te di nou ke nou pa t kapab konnen kilè. Sa te vle di: "Non", oswa pou pi piti, "se pa kounye a."

Nou te sou yon ti mòn, ap pale ak Jezi epi eseye aprann plis sou Kado Bondye a ak wayòm ni an. Apre sa, Jezi te di yon bagay ke nou pap janm bliye: "Nou pral resevwa pisans, lè Sentespri a, va vini sou nou nou pral sèvi m temwen nan Jerizalèm, nan tout peyi Jide, nan Samari, jouk nan dènye bout latè".

Nou te toujou ap eseye konprann sa l te di nou lè, toudenkou, Jezi te koumanse ap moute kite tè a. Nou tout te swiv li ak je nou rive jous kote nou te kapab, men apre sa a yon nwaj te kouvri li epi nou pa te kapab wè li ankò. Lè sa a, nou te wè de mesye abiye an blan.

Yo mande nou: Poukisa n'ap gede nan syèl la konsa?" Epi, anvan nou te kapab reponn, yo te ajoute: "Menm Jezi sa a, ki te moute nan syèl la devan nou an, se konsa li genyen pou l retounen ankò menm jan nou te wè li ale nan syèl la".

Se konsa, nou te fè sa Jezi te di nou fè. Nou retounen lavil Jerizalèm pou nou rete tann. Nou pa t konnen si nan sèlman 10 jou nou ta resevwa kado ki pi gran nan tout lavi nou!"

AKTIVITE YO

Jezi te moute nan syèl

Distribye liv elèv yo, epi mande timoun yo koupe ti bann figi Jezi ki nan seksyon ki pou rekoupe a, avan dènye paj ki nan liv elèv yo. Ede yo koupe yo nan liy nwa make yo, epi pliye fèy la nan mwatye. Moutre yo kijan pou yo koumanse ti bann desen ki nan ouvèti yo.

Se pou yo deplase ti bann nan soti anwo pou desann anba pou reprezante fason Jezi te moute a.

Apre sa a, vire paj la pou w kontinye ak aktivite a.

Fè timoun primè yo sonje ke Jezi pral retounen sou latè menm jan li te moute nan syèl la. Nou rele sa a "Dezyèm vini Kris la".

Prepare!

Di elèv ou yo:
- Anvan Jezi te moute nan syèl la, li te mande disip li yo fè yon bagay. Kisa yo te dwe fè? (Tann Sentespri a epi sèvi li temwen).
- Kisa nou ka fè menm pandan n'ap tann dezyèm vini Kris la? (Sèvi li temwen).

Pale sou kisa sa vle di temwen Kris la. Youn nan fason pou yo fè sa se pale de Jezi, oswa viv yon fason pou ke moun wè ke Jezi chanje lavi nou.

Prepare yon miral sou sa temwen Kris la vle di, epi mete li yon kote ki vizib nan tanp lan.

MEMORIZASYON

Kòm sa a se dènye leson inite a, prepare prim senp pou moun ki memorize vèsè pou aprann nan. Bay tan pou yo tout di vèsè a youn apre lòt epi rakonte lòt yo sa yo te aprann pandan leson sa a yo.

POU FINI

Si tan ak espas la pèmèt li, prezan yon ekspozisyon travay ke elèv yo te fè pandan inite sa a. Nan fason sa a travay timoun yo pral rekonèt, epi paran yo pral kapab idantifye yo ak sa pitit yo te etidye yo. Si gen paran ki pa manm legliz la k'ap asiste, akeyi yo ak anpil lanmou, epi pale avèk yo sou plan lavi ki pap janm fini an.

Ane 2   Entwodiksyon - Inite V

LEGLIZ LA GRANDI

Baz biblik yo: Travay 2:1-41; 6:1-7; 6:8—8:3; 9:36-42.

Tèks inite a: *"Ale sou tout latè anonse bon nouvèl la bay tout moun." (Mak 16:15)*

OBJEKTIF INITE A

Inite sa a pral ede timoun primè yo:

- ❖ Konnen ke legliz la grandi chak fwa manm li yo kwè nan mesaj delivrans lan, epi transmèt li bay lòt moun.
- ❖ Konprann ke legliz la ap travay pou l founi pwòp bezwen li yo epi ede moun ki nan bezwen.
- ❖ Patisipe aktivman nan ministè legliz yo.

LESON INITE A

Leson 19:   Legliz La Kòmanse Grandi
Leson 20:   Legliz La Bezwen Moun K'ap Ede
Leson 21:   Legliz La Anba Pèsekisyon
Leson 22:   Legliz La Demontre Lanmou Bondye A

POU KISA TIMOUN KI NAN PRIMÈ YO BEZWEN ANSÈYMAN INITE SA A

Timoun primè ki fèk vini yo ap koumanse konprann ke mond kretyen an pi gwo pase legliz lokal ou a. Inite sa a prezante yo legliz premye kretyen yo, devlopman ak kwasans li.

Li enpòtan pou konnen kisa li vle di fè pati legliz la. Ede yo konprann ke fè pati legliz la se pi plis pase asiste lekòl di Dimanch oswa sèvis chak semèn yo.

Avèk inite sa a, elèv yo ap konprann pi byen kisa ki legliz la, misyon li, akonpayman kretyen an ak benediksyon pou fè pati gwo fanmi Kris la, epi konsa y'ap apresye li pi plis.

Leson 19
Legliz La Kòmanse Grandi

Baz biblik: Travay 2:1-41.

Objektif leson an: Se pou timoun primè yo konnen ke Sentespri a bay èd li nan kwasans legliz la.

Vèsè pou aprann: *"Ale sou tout latè anonse bon nouvèl la bay tout moun."* (Mak 16:15)

PREPARE W POU W ANSEYE!

Timoun primè yo konprann siyifikasyon kwasasn lan paske y'ap grandi byen vit. Li komen pou note chanjman nan kò li, epi se pou rad yo te itilize yo vin piti pou yo apre yon tan.

Sa ke anpil nan y opa konnen pètèt se paske y opa konprann fason legliz la grandi. Pètèt kèk nan yo kapab relasyonne li ak yon konkou pou wè ki moun ki envite plis zanmi nan klas la. Aktivite sa a yo kontribye nan fè legliz la gen anpil moun epi kèk fwa rezilta espirityèl yo konn dirab. Men, kle kwasans legliz la se travay Setespri a.

Konprann kijan Sentespri a ede nan kwasans legliz la se pa yon bagay ki fasil ki ka defini pou timoun primè yo:

1) Sentespri a bay kretyen yo fòs ak pisans pou yo pale ak lò moun de Jezi.
2) Sentespri a ede moun ki pa kretyen yo konprann bon nouvèl epi deside fè pati fanmi Bondye a.

Se yon vye ti kras timoun primè ki prepare pou yo ranpli ak Sentespri, men yo dwe aprann ke li kapab travay lè l'ap timoun yo pou yo rive jwenn plan Bondye yo.

Pa mwayen leson sa a yo pral konprann travay Sentespri a pi byen, epi yo pral vle fè pati zèv Bondye a sou latè.

KÒMANTÈ BIBLIK

Travay 2:1-41. Li te fèk ap fè klè nan jou Pannkot la, lè yo t'ap fete 50 jou apre Pak la. Disip yo te ansanm, jan Jezi te mande yo a. Se pandan, jou sa a te koumanse diferan : "Yo te rete konsa, epi yon sèl bri sot nan syèl la tankou yon gwo van k'ap soufle. Li plen tout kay kote yo te chita a" (v 2).

Sentespri a te desann ak pisans epi plen kay kote yo te rasanble a. Menm kote a, lavi yo te transfòme konplètman epi konsakre. Yo tout te ranpli ak pouvwa Sentespri a ! Bib la rakonte nou ke yon bann lang te parèt tankou lang dife epi poze sou chak disip. Epi yo te koumanse ap preche bon nouvèl delivrans lan nan lòt lang.

Apre manifestasyon sa a yo, Pyè te preche yon mesaj pisan epi 3.000 moun te konvèti nan Kris la. Pou anpil moun, mesaj sa a make koumansman legliz Jezikri a ; men sa pa t'ap posib pou Pyè si li pa t ranpli ak Sentespri a.

Nou sonje ke Pyè te nye Jezi twa fwa ; anplis de sa, li te eseye konvenk Jezi pou l pa t ale sou kwa a. Men, kounye a li te leve pou l preche mesaj delivrans lan ak anpil kouraj. San dout, li pa t'ap kapab fè l si li pa t eksperimante transfòmasyon sa a nan lavi li.

E yon gwo mirak pou n wè ke Sentespri a pa t travay ak apot yo sèlman, men tou pou sa a yo ki te koute mesaj la. Sa a yo "te repanti nan kè yo, epi yo te di Pyè ak lòt apot yo konsa : Mesye frè yo, kisa nou pral fè ?" (v. 37).

Se pou sèl entèvansyon Sentespri a ke legliz la te koumanse grandi byen vit.

Jodi a Sentespri a kontinye travay nan legliz la, fè l grandi konsa pou anpil moun pa pèdi, men pito pou yo repanti de tout peche yo. Legliz la pap grandi pa mwayen estrateji oswa plan evanjelizasyon. Sa fèt sèlman pa mwayen èd Sentespri a k'ap opere nan lavi kwayan ak payen yo.

Ede elèv ou yo chèche prezans Sentespri a nan ti laj bonè sa a. Pa panse ke Bondye pa kapab itilize yo paske yo se timoun. Anpil fanmi konvèti nan Seyè a paske pitit yo koumanse ale legliz, epi apre sa a yo mennen papa yo ak frè yo. Priye pou elèv ou yo. Yo kapab vin enstriman Bondye pa mwayen Sentespri a.

DEVLOPMAN LESON AN

Itilize kèk nan aktivite sa yo pou w make atansyon elèv ou yo sou tèm etid la.

Legliz nou an

Prepare yon gwo tablo afich, kreyon koulè ak lòt materyèl pou dekore desen an.

Mete materyèl yo sou yon tab, epi mande elèv ou yo pou yo fè desen legliz yo a. Si gen anpil timoun nan klas ou a, divize yo fè plizyè ti gwoup epi mande pou chak gwoup fè yon desen diferan.

Pandan y'ap travay, pale avèk yo sou moun sa a yo ki fòme legliz la : pastè a, pwofesè edikasyon kretyen yo, timoun yo, jèn yo, elatriye. Di yo ke chak moun enpòtan pou kwasans legliz la, men nan klas Jodi a nou pral aprann sou yon moun ki pote benediksyon ak kwasans nan legliz yo.

Kijan legliz la grandi?

Prepare plizyè bandwòl ki pou moutre etap kwasans yo (pa egzanp : de yon plant, de yon bèt ak yon moun).

Trase yon liy vètikal pou divize papye brisòl la fè de seksyon. Sou yon bò trase yon ti plant; lòt la, yon pye bwa. Mande timoun yo kisa plant sa a te bezwen pou l grandi. Koute repons yo. Poze yo menm kesyon an konsènan lòt egzanp yo.

Di yo konsa: *Jan nou wè plant yo, bèt yo ak moun yo bezwen sèten bagay pou ede yo grandi. Se menm jan an tou, Legliz Jezi a bezwen yon sipò espesyal pou kwasans li. Koute istwa a ak anpil atansyon pou n konnen sou kisa l pale.*

ISTWA BIBLIK

Legliz la koumanse grandi

Yon jèn te pran rele, "Chè zanmi!" "Ale kontan mwen kontandèske mwen wè ou! Mwen te tè lman vle pou w te vini ane sa a!".

"Shalòm," li te reponn zanmi an, "lapè Bondye avèk ou ak fanmi ou tou. Mwen fèk soti nan lavil Wòm sot selebre fèt Pannkot la. Vwayaj la te long, men mwen pa t vle pèdi selebrasyon an.

Ann al manje yon bagay epi pandan tan sa a, nou pral pale de tan ansyen yo".

Nan tout lavil Jerizalèm yo tande vwa ak ri vye zanmi ki te rankontre ankò. Anpil moun te konn vwayaje plizyè santvn kilomèt, depi lòt peyi yo, pou asiste selebrasyon Pannkot la. Pou anpil jwif, se te fèt ki te pi enpòtan nan ane a.

Sa te fè dis jou sèlman depi Jezi te moute nan syèl. Èske w sonje kisa Jezi te bay disp li yo lòd fè ? (Kite yo reponn : Se pou yo rete tann nan lavil Jerizalèm jouskaske Bondye te voye pwomès Sentespri a pou ba yo pouvwa). Kounye a, nan jou Pannkot la, 120 disip Jezi te rasanble. Pyè ak lòt disip yo te nan gwoup sa a, epi anpil lòt moun ki te renmen Jezi. Toudenkou, yo te tande yon bagay.

Youn nan kwayan yo te di : ---Koute ! ---koute vwa sa a !

Toudenkou, lè van an te koumanse soufle menm byen fò, gen yon bagay espesyal ki te pase. Yon bann lang parèt tankou ti flanm dife ki separe youn avèk lòt epi k'ap poze sou tèt yo chak, men yo pa t boule. Konsa, yo tout te la ranpli ak Sentespri a. K Toudenkou, lè van an te koumanse soufle menm byen fò, gen yon bagay espesyal ki te pase. Yon bann lang parèt tankou ti flanm dife ki separe youn avèk lòt epi k'ap poze sou tèt yo chak. Yo te ranpli lanmou ak lajwa.

Depi nan moman sa a disip Jezi yo te vle ke chak moun santi menm lajwa a ak lanmou. Pa mwayen pouvwa Sentespri a yo te koumanse pale lòt lang, jan Sentespri a te endike yo. Tou ranpli ak emosyon, yo te kouri soti anndan kay la byen vit, pandan y'ap louwe Bondye. Yo pa t pè pale de Jezi ankò.

Moun sa a yo ki t'al selebre Pannkot la yo te koute bri ak emosyon, konsa yo te avanse byen kirye. Lè yo wè sa a, yo te sezi paske, menm si yo te soti nan plizyè peyi diferan, yo tout te konprann sa disip yo t'ap di.

Youn lòt t'ap mande : ---Kisa k'ap pase la ? Mesye sa a yo soti Galile, men y'ap pale nan lang pan ou an. Kisa sa vle di ?

Ebyen, Pyè te leve kanpe pou tout moun te wè li, epi koumanse preche :

---Noumenm moun Jide ansanm ak nou tout k'ap pase kèk jou isit lavil Jerizalèm, nou fèt pou nou konnen sa.

Koute sa m pral di nou la a. Sa fè lontan Bondye te pwomèt voye Sentespri a. Pwofèt Joyèl te pale nou de pwomès sa a. Epi jodi a Bondye akonpli pwomès la, epi Sentespri a vini.

Apre sa a, Pyè te pale yo de Jezi : "Bondye te voye Jezi nonm Nazarèt la pou nou. Li te yon nonm byen espesyal. Li te fè anpil mirak pou demoutre ke se Bondye ki te voye l. Tout moun konn sa paske sa te pase la a, nan mitan nou. Menm konsa, nou te kite moun pèvès yo touye l sou yon kwa. Nèg mechan sa a yo te panse yo te fini ak Jezi, men sa se te plan Bondye sa fè byen lontan. Li te konnen ke tout bagay sa a yo ta pral pase. Se pandan, Bondye te leve Jezi byen vivan, epi noumenm nou te temwen gwo evennman sa a. Èske nou konprann mwen ? Jezi de Nazarèt, nonm sa a nou te kloure sou kwa a, li se Seyè ak Sovè nou".

Lè moun yo te tande sa, Sentespri a te ede yo rekonèt ke yo te dezobeyi Bondye, epi yo te repanti de peche yo.

---Yo t'ap mande ak anpil tristès ak enkyetid: ---Frè yo, kisa nou dwe fè ?

---Pyè te reponn yo, ---Nou chak dwe repanti epi batize nan non Jezi pou n ka jwenn padon pou peche nou yo, epi na resevwa kado Sentespri a.

Jou sa a 3.000 moun te kwè nan Jezikris. Pa mwayen pouvwa Sentespri a, yo te mande Bondye pou l padone yo paske yo te dezobeyisan. Epi Sentespri a te vini nan lavi yo. Ebyen legliz la te koumanse grandi, jan li te planifye li a.

AKTIVITE YO

REVIZYON BIBLIK

Ekri kesyon sa a yo depi davans nan ti bann papye, epi mete yo nan yon panye oswa nan yon bous. Apre sa a, mande pou plizyè timoun retire yon ti bann, li kesyon an byen fò epi reponn. Si kèk moun ta gen difikilte, kite gwoup la ede li.

Si ou vle, ajoute plis kesyon, konfòm ak kantite elèv ki nan klas ou a.

1) Kisa 120 disip yo t'ap fè nan jou Pannkot la ? (Yo t'ap tann pwomès Sentespri a).
2) Kisa disip yo te wè ki te desann soti nan syèl la ? (Lang tankou dife).
3) Kisa k te pase disip yo lv yo te tande van an epi wè dife a ? (Yo te ranpli ak Sentespri a).
4) Kijan yo te santi yo lè yo te fin resevwa Sentespri a ? (Byen kontan, ranpli pisans ak kouraj pou preche bon nouvèl Jezi a).
5) Kisa yo te fè lè yo te fin resevwa Sentespri a ? (Yo te pale an lang etraj).
6) Kimoun ki te preche foul moun nan Jerizalèm nan ? (Pyè).
7) Kisa moun yo te fè lv yo te tande mesaj Pyè a ? (Yo te repanti de tout peche yo epi yo te batize).
8) Konbye mou ki te kwè nan Jezi jou sa a ? (Twa mil).

Sentespri a ede legliz la grandi

Distribye liv elèv yo, epi bay tan pou timoun primè yo trase kèk fason Sentespri a ede legliz la grandi. Si yo gen difikilte pou yo fv li, ba yo kèk ide epi dyaloge sou sijè a.

Mande yo obsève diferans ki genyen ant tanp yo te konn itilize ak premye kretyen yo ak sa kounye a yo. Fè yo sonje ke byenke sitiyasyon an ak tan yo diferan, kounye a nou gen misyon menm an: fè disip nan tout nasyon yo.

MEMORIZASYON

Sèvi ak dezyèm paj leson 19 nan liv elèv yo pou timoun yo revize vèsè inite a. Mande yo chèche Mak 16:15 nan Bib yo a, epi se pou ranpli espas vid yo.

Distribye kat Klèb vèsè mwa a pou yo pote l lakay yo epi etidye tèks la pandan semèn nan.

POU FINI

Fòm ekip timoun pou ede w netwaye sal la epi konsève materyèl yo anvan nou ale.

Mete nou ansanm pou nou priye, remèsye Bondye paske l te voye Sentespri a nan Jou Pannkot la. Priye youn pou lòt, epi tou sonje moun malad ak sa ki nan bezwen yo.

---

nòt

Leson 20
Legliz La Bezwen Moun K'ap Ede

Baz biblik: Travay 6:1-7.

Objektif leson an: Se pou timoun primè yo aprann travay nan legliz yo pou yo sèvi lòt moun.

Vèsè pou aprann: *"Ale sou tout latè anonse bon nouvèl la bay tout moun."* (Mak 16:15)

PREPARE W POU W ANSEYE!

De ki moun elèv ou yo panse lè yo tande pale de "travay nan legliz la"? De pastè a ? De pwofesè yo ? Pètèt yo ka panse ke y opa gen laj pou yo pran responsablite yo nan legliz la.

Ou byen yo kapab panse se legliz la ki pou fè yon bagay pou yo. Menm si granmoun yo gen pi gwo responsablite yo, timoun yo dwe konprann ke legliz la grandi lè manm li yo travay nan tèt ansanm pou rezoud pwoblèm yo epi ede lòt moun. Pandan etap sa a timoun primè yo vle ede nan sa yo kapab. Pwofite opòtinite sa a pou w ba yo devwa ke yo kapab reyalize, epi rekonèt fòs yo.

Sa a se pi bon laj pou w anseye elèv ou yo ke Bon pran plezi nan sa lè nou travay nan lèv li, epi pou w kapab ankouraje yo sèvi nan legliz kote yo a.

KÒMANTÈ BIBLIK

Travay 6:1-7. Nan pasaj biblik sa a nou wè ke legliz premye kretyen yo te grandi byen vit epi sa te koumanse ap leve yon seri de diskisyon. Anpil moun te sispann al asiste nan sinagòg la epi yo te rasanble nan kay yo pou y'adore Bondye.

Youn nan aktivite sinagòg la se te reponn ak bezwen pòv yo, epi kretyen yo te kontinye ak pratik sa nan legliz la. Se pandan, devwa a pa t fasil. Lidè yo te rann yo kont ke pran swen pòv yo se te yon ministè enpòtan epi ak tan konplèt.

Menm si apot yo te eseye patisipe nan tout bagay, yo te bezwen èd pou legliz la te kapab fonksyone byen. Se poutèt sa, yo te mande Sentespri a èd li pou yo te jwenn moun ki san repwòch ki pou reyalize travay sa a.

Frè nan legliz premye kretyen yo te konnen ke li te nesesè pou yo te mete men ansanm epi preche levanjil pou rale plis moun vin resevwa lavi ki pap janm fini an. Epi te gen sèt gason ki te prèt pou aksepte apèl la, epi pou akonpli misyon pou pran swen pwochen yo epi "Bay moun ki grangou yo manje".

Itilize leson sa a pou moutre elèv ou yo ke li enpòtan pou patisipe nan travay legliz la epi pran swen youn lòt.

DEVLOPMAN LESON AN

Chwazi kèk nan aktivite sa a yo pou konplete aprantisaj biblik elèv ou yo.

Mèsi pou travay ou

Mande elèv ou yo fè kat oswa ekri lèt remèsiman pou moun sa a yo k'ap travay nan ministè legliz la (pastè a, monitè yo, manm akèy yo, dyak yo, elatriye.).

Nou sigjere se pou w itilize resèt la pou w fè papye resiklaj ki nan koumansman liv la.

Mande yo:
- *Ki kèk nan travay frè nan legliz nou an ap fè?* (Kite yo reponn epi konple enfòmasyon an).
- *Kimoun ki pran angajman pou fè travay sa a yo?* (Bay tan pou yo reponn; pètèt yo ka di yo pa konnen ki moun sa a yo k'ap reyalize ministè diferan yo).

Mande yo pou yo fè kat remèsiman an. Li t'ap pi bon pou chak timoun ekri yon moun diferan.

Lè yo fini, asire w ke tout kat yo gen non moun yo ki pral resevwa l la.

Kisa ki travay mwen?

Se pou elèv ou yo chita sou fòm yon wonn, epi se pou yo fè yon lis travay ke yo kapab fè nan legliz la. Ekri repons yo nan tablo a oswa nan yon papye brisòl. Apre sa, yo chak dwe chwazi yon travay epi pran angajman pou yo fè li nan semèn k'ap vini an. (Sonje ke travay yo dew apwopriye ak laj elèv ou yo. Pa egzanp: mete materyèl yo nan lòd nan sal la, ranmase fatra, netwaye tab yo, ranje Bib yo, ranmase ofrann nan, di vizitè yo byen vini, ede pwofesè a, elatriye.).

ISTWA BIBLIK

Si l'ap posib, envite yon jèn ki pou maske tankou yon pèsonaj nan tan biblik yo epi rakonte istwa a. Di elèv ou yo ke vizitè jodi a reprezante yon manm nan legliz premye kretyen yo epi li pral rakonte nou yon bèl ti istwa.

Legliz la bezwen moun k'ap ede

"Pyè, Jak, Matye, nou bezwen pale avè ou.

Yo bliye pran swen vèv yo lv y'ap separe manje chak jou".

Apot yo te koute avèk atansyon sa moun sa yo te di yo. Yo te moun peyi Lagrès ki te soti byen lwen pou yo rive lavil Jerizalèm. Yo te tande bon nouvèl ki pale sou Jezi a, yo te vin konvèti an kretyen. Legliz la t'ap grandi byen vit, men kounye frè grèk sa a yo te gen yon pwoblèm.

Grèk ki kretyen yo te di : ---Abitid bay vèv ak òfelen yo manje te byen bon, men yo pa fè l byen. Yo bay vèv ebre yo plis manje, men vèv ak òfelen moun peyi Lagrès yo pa resevwa ase.

Apot yo te reponn : ---Si se konsa sa ap pase, li pa bon vre. Ann rasanble tout kretyen yo pou n diskite sou pwoblèm sa a.

---Lòt moun yo te reponn : ---Li pa bon vre.

Nan reyinyon sa a apot yo te bay rapò sou plent moun Lagrès yo te pote.

---Apot yo te di yo : ---Gen yon pwoblèm.

Li pa bon pou nou ta sispann preche, paske sa a se ministè ke Jezi te kite pou nou. Men, vèv ak òfelen yo bezwen manje, se konsa nou te panse yon plan sèten ki pral fonksyone. Annal priye epi apre sa a, nou pral chwazi sèt gason, ki anba pouvwa Sentespri a epi ki gen bon konprann. Nou pral ba yo responsablite pou pran swen moun malad yo, bay moun ki grangou yo manje epi atende vèv ak òfelen yo. Se konsa, noumenm apot yo, nou pral kapab konsakre nou nan lapriyè, ansèyman ak preche pawòl Bondye a.

Lòt moun yo te di : ---Sa a se yon gwo ide! Ki moun nou pral chwazi?

---Youn te di : ---Kisa nou panse de Etyèn? Li se yon nonm ki gen anpil konfyans nan Bondye epi ranpli ak Sentespri a.

---Lòt moun yo te di konsa : ---Nou mande Filip---.

Li menm tou li se yon kretyen ki ranpli avèk Sentespri a.

Nan fason sa a, yo te chwazi Etyèn, Filip ak senk lòt kretyen ki te ranpli ak Sentespri. Apre sa, yo te mennen yo devan apot yo pou bay bay apwobasyon yo.

Apot yo te priye, lè yo mete men sou sèt dyak yo, epi li te di yo:

---Se pou nou akonpli travay Senyè a.

Gras ak èd sa a, tout vèv ak òfelen yo te resevwa manje nesesè yo. Apot yo te gen tan pou yo etidye pawòl Bondye a, preche, anseye ak priye. Epi plis moun te tande bon nouvèl la sou Jezi epi vin konvèti an kretyen.

Legliz la te grandi menm pi plis, paske tout moun te ansanm pou yo akonpli travay Bondye a.

AKTIVITE YO

Pou ki moun travay sa a ye?

Distribye liv elèv yo. Montre timoun yo pou yo mete figi yo ansanm ak yon liy (pa apot yo ak sèt dyak ki nan leson 20 an) ak travay yo te fè.

Mande yo mete anndan yon wonn twa travay nou konsidere ki pi enpòtan yo.

Lè yo fini, esplike yo ke tout bagay yon moun fè nan leglizla li gen anpil valè, menm si li ta sanble piti. Fè yo sonje ke sa a se ansèyman istwa jodi a: nenpòt travay ou fè pou Seyè a li enpòtan.

Mwen kapab fè li!

Mande yo pou yo vire paj la, epi di yo konsa: *Gen anpil travay timoun yo ka fè pou ede nan travay la nan legliz la. Èske nou ka ban m kèk egzanp?* (Kite yo reponn; kèk sijesyon : ede kenbe legliz la pwòp, envite zanmi nou, patisipe nan sèvis yo ak klas yo, chante nan yon koral nan kèk okazyon espesyal, priye, bay pfrann ak ede moun ki nan bezwen yo).

Mande yo fè yon gade ilistrasyon yo ki nan dezyèm paj nan Chapit 20 an; apre sa a, pentire sa ki demoutre travay nou ka fè nan legliz la. Apre sa, nan espas vid yo fè yon desen kijan nou kapab itilize talan ak entelijans yo pou yo kolabore nan travay legliz la.

Pandan y'ap travay, mande yo: *Kisa nou panse ki ta rive si tout moun nan legliz la t'ap travay ansanm pou yo rezoud pwoblèm yo epi ede lòt moun?* Kite yo reponn, epi li Travay 6: 7 kòm fen.

Envite espesyal yo

Depi davans, envite youn oubyen de manm nan legliz la ki gen kèk timoun k'ap patisipe nan ministè a. Mande yo pou yo rakonte elèv yo travay yo fè nan legliz la, epi poukisa travay yo a enpòtan. Fè yo sonje yo dwe fè l kout pou yo kapab kenbe atansyon timoun prime yo.

MEMORIZASYON

Ekri vèsè pou aprann nan sou tablo a, epi li l yon fwa ak elèv ou yo. Lè sa a, efase premye ak dènye pawòl la, epi mande pou yon volontè di li. Kontinye efase mo yo jouk tablo a rete blanch epi se pou elèv ou yo di li san gade.

POU FINI

Fè yon wonn pou priye, di Bondye mèsi pou moun yo k'ap travay nan legliz la.

Ande pou chak nan elèv ou yo priye pou yon lidè nan legliz li a pandan semèn nan. Si sa ap posib, ba yo yon ti papye ak non moun yo pral priye pou li a.

Chante yon ti chan lwanj anvan nou separe, epi pa bliye envite yo nan pwochen klas la.

Leson 21
Legliz La Anba Pèsekisyon

Baz biblik: Travay 6:8—8:3.

Objektif leson an: Se pou timoun primè yo aprann gen konfyans nan Bondye lè yo dwe soufri nan defann lafwa yo.

Vèsè pou aprann: *"Ale sou tout latè anonse bon nouvèl la bay tout moun."* (Mak 16:15)

PREPARE W POU W ANSEYE!

An mezi timoun primè yo ap devlope plis zanmitay nan lekòl la ak nan vwazinay la, yo vin pi sansib sou sa lòt moun kapab panse de yo. Sa a fè yo vin pi frajil pou kite kamarad yo enfliyanse yo, pou sa yo santi yo blese byen fasil lv yo repouse yo oswa lè yo mal sèvi ak yo.

Espesyalman, li vin difisil pou yo tolere fawouch ak refiz lè yo fè sa ki dwat. Si yo pa konseye yo ak jantiyès, pètèt yo kapab twouble vizyon yo epi adapte konpòtman lòt yo, ak yon sèl objektif pou fè aksepte yo. Istwa sa a pral ankouraje yo lè yo konnen ke yo pa poukont yo lè y'ap soufri paske yo renmen ak sèvi Bondye. Asire yo ke Bondye toujou la ak yo epi konprann yo lè y'ap fè fas ak pèsekisyon. Ta sanble ke kretyen yo nan tout mond la nap fè fas ak yon opozisyon chak fwa pi plis, se pou sa ke sa a kapab youn nan leson yo ki enpòtan ke ou anseye. Ankouraje elèv ou yo pou yo vin temwen fidèl Kris la nenpòt kote yo ye.

KÒMANTÈ BIBLIK

Travay 6:8—8:3. Legliz Jerizalèm nan te grandi byen vit. La a te gen anpil gason ki te ranpli gras ak pouvwa Bondye, epi youn nan yo se te Etyèn. Li te youn nan lidè premye kretyen yo ki, dapre vèsè 8 la, "li te fè gwo mirak ak sinyal nan mitan pèp la".

Malerezman, kèk moun te kanpe kont ministè li, epi de tanzantan yo te vin pi plis kont li. Nou konnen ke se Sentespri a ki te bay Etyèn bon konprann pou l pale ak otorite, menm moun ki te kont li yo pa t jwenn repons pou agiman l yo.

Konsa kèk moun te peye lòt moun lajan an kachèt pou yo te fè manti sou Etyèn, epi se konsa yo ta kapab akize li. Lè sitiyasyon an te vin pi mal, yo te mennen l devan konsèy la. Lè chèf prèt la t'ap poze l kesyon, Etyèn te sonje yo sa Bondye te fè nan pase. Li te koumanse depi nan Abraram, li te preche grandè Bondye ak revelasyon lanmou li pa mwayen pitit li Jezi, moun sa a yo te kloure sou kwa a, pandan li t'ap di ke kounye a li te chita sou bò dwat Bondye.

Etyèn, ranpli ak Sentepri, te preche yo ak pouvwa epi konfwonte yo ak reyalite a. Yo te refize epi kloure sou kwa Sovè mond lan, yon sèl ak vrè Mesi a, konsa kòm ansyen yo te pèsekite epi touye pwofèt ke Bondye te voye pou yo.

Bagay sa te tèlman fè opozan yo fache ki t'ap manj dan kont li. An fen, yo te kondane l pou granmèsi epi kraze li anba wòch. Jijman sa a, selon lwa jwif yo, li pa t legal paske Sanedren an pa t gen dwa pou bay moun santans lanmò. Se te yon kòlè y opa t ka kontwole yo te santi se sa ki te fè yo te move kont Etyèn epi touye li.

Menm avèk dènye souf lavi li, Etyèn rele Jezikris epi li di : "Seyè pa fè yo peye peche sa a". Nou wè ke Etyèn kontinye egzanp Jezi, limenm ki te priye Papa pou l te padone moun ki te touye l yo.

Leson sa a moutre ke moun k'ap swiv Kris la ak yon vrè angajman l'ap rankontre anpil difikilte nan chemen an, men Sentespri a pral ekipe ak sipòte pou fè fas ak difikilte yo. Seyè a bezwen sèvitè angaje epi ranpli ak Sentespri ki pou sèvi nan legliz li a.

DEVLOPMAN LESON AN

Chwazi kèk nan aktivite sa yo pou anrichi travay la an gwoup epi fòme patisipasyon elèv ou yo.

Nan kimoun nou konfye?

Mande timoun yo pou yo chita sou fòm yon sèk. Diskite sou mou ke nou kapab konfye nan yo. Mande timoun primè yo pou yo site non moun k'ap ede nan kominote a (ponpye yo, pwofesè yo, polis yo, doktè yo, kèk vwazen, elatriye.). Se pou yo pale sou sitiyasyon ke moun sa a yo bay èd yo (Lè gen yon dife ki pran, lè nou pèdi, malad yo, elatriye.).

Di yo konsa: *Nou gen yon moun nou kapab konfye nan li paske li toujou la avèk nou. Kilès li ye?* (Bondye). *Menm si nou gen pwoblèm, Bondye la avèk nou. Si yon moun nan lekòl la anmègde yo oswa fawouche w paske w'ap fè sa ki dwat, sonje ke nou pa poukont nou, Bondye la avèk nou.*

Kisa pèsekisyon an ye?

Ekri mo PÈSEKISYON an gwo lèt nan tablo a oswa nan yon papye brisòl.

Mande timoun yo: *Èske kèk fwa ou te konn tande mo "pèsekisyon"? Kisa nou kwè sa vle di?* Kite yo reponn. Apre sa, konplete repons yo lè w'ap esplike yo ke pèsekisyon an vle di anmègde yon moun oswa rive jwenn yo soufri lè y'ap fè yo mal. Kèk moun vin mechan avèk lòt pou sa yo kwè oswa sa yo ye.

Baze sou repons yo a, di yo ke istwa jodi a pale de yon nonm ki te obeyi gran komisyon an epi pale ak moun ki t'ap viv lavil Jerizalèm yo sou Jezi, byenke sa te koute l lavi li.

ISTWA BIBLIK

Esteban konfye nan Bondye

Yon jou Etyèn te preche anpil moun. Menm kote a, li te tande yon vwa byen fache k'ap apwoche.

Yon nonm te rele byen fò : ---Sispann pale konsa! W'ap pale kont Bondye!.

Yon lòt te di---li pa bon pou pale tanp lan mal--- ; tanp lan se yon kote ki sakre.

Lòt moun yo t'ap di---w'ap ankouraje moun yo dezobeyi lalwa relijye nou an ---. Poukisa ou pa fèmen bouch ou!

Etyèn te wè ke tout moun te fache anpil. Men, poukisa moun sa yo te rayi l konsa? Li pa t fè anyen pou sa yo akize l la. Tout moun t'ap bay manti. Yon sèl bagay Etyèn te fè se te anseye moun sou Jezi.

Men, sa pa t 'gen pwoblèm pou moun ki antoure l yo. Yo pa t vle renmen Jezi. Yo te sèlman vle touye Etyèn.

Menm jou sa a, yo te atake l epi mennen l devan Gran Konsèy la, ki te yon gwoup lidè relijye jwif yo. Se la a moun sa yo te di plis manti sou Etyèn.

"Sèl bagay l'ap plede fè se pale mal de tanp lan ak lalwa a. Nou te tande l'ap di konsa ke Jezi nonm Nazarèt la pral detwi zòn sa a epi chanje tout koutim Moyiz te anseye nou".

Lidè yo nan Gran Konsèy la te tande tout manti moun ki te fache yo te di. Apre sa, yo gade Etyèn. Y opa t wè l te fache. Okontrè, figi l te moutre lanmou, tankou figi yon zanj Bondye.

Lè sa a, granprèt la mande li:

---Èske tout sa yo di kont ou yo se vre?

Olye pou l reponn wi oswa non, Etyèn te koumanse raple yo tout sa Bondye te fè paske li renmen pèp li a.

Etyèn di ---Bondye rele Abraram nan yon peyi nouvo epi ba l yon gwo fanmi ---. Apre sa, Bondye te delivre pèp li a anba esklavaj nan peyi Lejip. Li te ba yo bon lwa ki pou ede yo viv byen, epi li te voye pwofèt yo pou moutre yo chemen Bondye a. Finalman, li te voye Pitit li Jezi pou sove nou. Men, nou te touye li, menm jan nou te touye pwofèt yo. Bondye moutre lanmou youn oswa yon lòt fwa, men nou pa vle ni tande l ni obeyi li.

Lè chèf relijye yo te tande li, yo te ankòlè kont Etyèn.

---Moun fache yo te di ---Blasfèm.

---Pandan li t'ap gade anlè li di---, mwen wè syèl la ouvri epi mwen wè Jezi ki chita sou bò dwat Bondye.

---Lidè yo te rele byen fò---Se twòp atò !, pandan yo te bouche zòrèy yo pou yo rele ak anpil fòs.

Lè sa a, yo te pran Etyèn epi yo trennen l soti deyò lavil la. Yo lage l atè epi koumanse lage gwo wòch sou li, epi pou manje yo Zaron voye jete wòch gwo.

Wòch ki byen file yo kraze tèt Etyèn, bra, pye yo ak tout kò li. Apre yon ti tan, san te koumanse kouri desann nan figi l ansanm ak tout kò li.

Esteban gade mesye yo ki t'ap kraze l ak kout wòch, epi li te priye konsa: "Seyè Jezi, resevwa lespri mwen epi pa fè yo rann kont pou peche sa a".

Apre sa, li mouri.

Lanmò Etyèn nan pa t fè mesye sa yo repanti de peche sa yo te kòmèt la. Okontrè, yo te vle detwi tout kretyen yo, se konsa, yo te koumanse pèsekite yo epi fvmen yo nan prizon.

Pou yo te sove anba pèsekisyon, anpil kretyen te kouri kite lavil Jerizalèm pou ale nan lòt vil yo ak peyi yo. Yo te oblije kite kay yo, travay yo ak anpil nan byen yo, men yo pa t abandone lafwa yo nan Jezi.

Tout kote yo te ale yo te pale de bon nouvèl la sou Jezi. Lè yo te fin tande mesaj la, moun lòt kote sa yo tou te kwè nan Jezi. Mesye ki te fache yo te kapab pèsekite kretyen yo epi menm touye yo, men yo pa t kapab anpeche legliz la kontinye grandi.

AKTIVITE YO

Pèsekisyon Etyèn nan

Distribye liv elèv yo epi mande timoun primè yo koupe ti bann desen ki nan seksyon ki pou rekoupe a, avan dènye paj.

Li ansanm vèsè biblik ki nan pati anba a. Apre sa, ede yo koupe de ouvèti make ki sou figi Bib la, epi montre yo kijan pou yo antre ti bann desen yo ladan l. Mande pou kèk volontè itilize travay yo a ki gentan fini pou yo rakonte sa yo te aprann nan istwa biblik la.

Ann triyonfe sou pèsekisyon an

Mande timoun yo pou yo koupe etwal yo ak kare ak nimewo ki nan seksyon ki pou rekoupe a.

Mande yo pou yo divize pa de pou yo fè jwèt sa a. Yo chak dwe poze yon etwal ak non l nan ti kazye ki pou koumanse a.

Apre sa a, mete tout nimewo yo nan yon sachè.

Apre sa a, chak jwè dwe pran yon nimewo san gade, epi avanse espas ki endike nimewo sa. Si yon jwè rive nan yon kazye kote ki gen yon lòd, li dwe li l 'byen fò epi fè sa yo mande a.

Jwèt sa a pral ede yo idantifye okazon lè petèt yo t'ap maltrete yo paske yo te fè sa ki byen, oswa pèsekite pou renmen ak sèvi Bondye.

Asire yo ke yo kapab konfye yo nan Bondye, paske l'ap avèk yo nan moman difisil yo epi ba yo kouraj ke yo bezwen pou defann lafwa yo nan Kris la.

Legliz la anba pèsekisyon

Jwenn yon kat jewografik mond lan epi make ak yon koulè ki vizib peyi sa yo: Lachin, Vyetnam, Lejip, Iran, Pakistan, Afganistan, Libi, Nijerya, Soudan, Somali ak Malezi.

Di elèv yo ke nan anpil nan peyi sa yo kretyen yo pèsekite epi mouri poutèt lafwa yo. Nan kèk nan kote sa yo li entèdi pou yo rasanble pou yo adore Bondye, si yo fè sa, otorite yo ap detwi tanp yo.

Priye pou kretyen yo k'ap soufri pèsekisyon atravè mond lan. Ankouraje timoun primè yo priye chak jou pou legliz ki anba pèsekisyon.

Si ou vle, prepare kat ak non chak peyi yo pou timoun yo pote yo lakay kòm "rapèl nan lapriyè".

MEMORIZASYON

Ekri pawòl ki nan Mak 16:15 nan yon kat. Apre sa a, divize klas la an kat gwoup ak vèsè a ak sit la an kat fraz:

(1) Ale sou tout latè; (2) anonse levanjil la; (3) bay tout moun; (4) Mak 16:15.

Bay chak gwoup yon fraz pou yo ka di l lè moman yo a rive. Chanje fraz ou pral bay chak gwoup yo, pou ke yo tout ka aprann tèks la an antye.

POU FINI

Ankouraje elèv ou yo konfye yo nan Bondye nan moman difisil yo. Priye pou youn ak lòt.

Distribye travay ki fin fèt yo, epi asire w ke yo tout pote sa yo genyen lakay yo.

Lè fini, envite yo nan pwochen klas la pou yo etidye dènye leson nan inite sa a.

nòt

Leson 22
Legliz La Demontre Lanmou Bondye A

Baz biblik: Travay 9:36-42.

Objektif leson an: Se pou timoun primè yo konnen ke legliz la grandi lè kwayan yo moutre lòt moun lanmou Bondye a.

Vèsè pou aprann: *"Ale sou tout latè anonse bon nouvèl la bay tout moun."* (Mak 16:15)

PREPARE W POU W ANSEYE!

Timoun yo fèt tou egoyis.

Men, avèk konsèy pedagojik apwopriye ak edikasyon yo, yo pral aprann konsidere bezwen ak sentiman lòt moun. Avèk leson sa a timoun prime yo pral rann yo kont kijan ede lòt moun enpòtan. Pandan w'ap ede yon an non Kris la non sèlman n'ap rezoud pwoblèm yo a byen vit, me se pito n'ap transmèt mesaj lanmou ak delivrans lan.

Timoun primè yo pral konprann ke yo kapab moutre lanmou Bondye a lè yo konsidere bezwen lòt yo. Kiltive anvi ede lòt moun nan elèv ou yo. Byen vit yo pral dekouvri ke, menm si yo piti, yo kapab itilize talan ak kapasite yon an non Seyè a.

KÒMANTÈ BIBLIK

Travay 9:36-42. Legliz premye kretyen yo te kontinye ap devlope gras ak pouvwa Sentespri a. Nan kominote kretyen tou nèf sa a, pèsonn pa rete chita. Tout moun te preche Pawòl Bondye a avèk otorite devan relijye ak chef otorite yo.

Anplis de sa, yo te devlope yon ministè konpasyon ki te fè enpak sou Jerizalèm ak vil ki nan alantou li yo. Premye kretyen yo te moutre lanmou Bondye a nan yon fason pratik. Prezans Sentespri a nan lavi yo ba yo pouvwa pou trete lòt moun ak lanmou epi jenerozite. Pa favè Bondye yo te etabli akonpayman kote tout moun te pran swen youn lòt ak konpasyon. Se sa Tabita t'ap fè. Li te moutre lanmou Bondye a, satisfè bezwen pòv yo ak sa ki pa gen pèsonn yo. Bondye pa t moutre li pa konprann sa li te fè a. Pou fidelite l ak angajman li, Bondye te fè yon mirak lè li te remèt li lavi ankò, pou sa anpil moun nan lavil Jope te kwè nan levanjil la.

DEVLOPMAN LESON AN

Sèvi ak kèk nan aktivite sa yo pou w anrichi devlopman leson an.

Kouman mwen ka ede?

Bay fèy papye blan ak kreyon koulè.

Mande elèv yo fè desen sou diran fason pou moutre lanmou Bondye a nan ede lòt moun. Lè sa a, kole desen sou yon papye brisòl pou fè yon miral.

Bay tan pou timoun primè yo dekore l' epi kole li nan miray la.

Diskite sou enpòtans ki genyen pou w vin mounn k'ap imite Kris la lè n'ap ede pwochen nou yo.

ISTWA BIBLIK

Legliz la moutre lanmou Bondye a

Tabita di ---Mwen fèk fini rad sa a m te fè pou ou. Mwen espere ke ou renmen li.

Jèn manman te reponn li, oh, Tabita! Li bèl. Mèsi anpil.

Prèske tout moun nan lavil Jope te rekonèt Tabita, pòv yo espesyalman. Li te enkyete anpil pou malere yo, epi demoutre sa lè l t'ap fè bèl rad pou yo. Li te konn koud trè byen, se konsa li te itilize talan l yo pou l ede lòt moun.

Tabita te di: ---Mwen te fè sa a pou ou, pandan li t'ap lonje yon rad bay yon ti granmoun fi.

---Mèsi anpil, Tabita!

Yon jou li te malad grav epi apre yon ti tan, li te mouri. Zanmmi l yo te mete l nan yon ti chanm kay.

Zanmi l yo t'ap plede di ak anpil tristès: ---Pou kisa yon moun ki tèlman bon dwe mouri? Nou sonje l anpil, nou tèlman renmen li!

Youn t'ap mande lòt: ---Kisa nou pral fè san li ? ---li te fè anpil bon bagay pou nou.

Youn nan zanmi Tabita yo te di : ---Pyè nan peyi Lida --- Petèt li konnen sa yo dwe fè.

Nou de a, al chèche li!

De mesye yo te soti pou lavil Jope nan Lida. Lè yo te rakonte Pyè sa kit e pase a, li t'al Jope byen vit. Lè l rive nan kay la, li te sezi anpil. Te gen anpil moun ki t'ap kriye byen fò!

---Pyè! Nou tèlman kontan dèske w vini. Pòv Tabita. Li te tèlman bon pou nou. Gade bèl rad li te fè pou nou. Nou pral sonje l anpil.

---Pyè te di yo: ---kite m la poukont mwen, tann mwen deyò a tanpri.

Moun te ale tou dousman nan lòt chanm lan.

Ebyen Pyè te mete jenou l atè li priye. Apre sa a, li te gade figi fanm mouri a epi li di : "Tabita leve !"

Pa pouvwa Bondye a, Tabita te ouvri je li.

Lè l te wè Pyè, li te chita sou kabann nan.

---Pyè te di zanmi l yo :---Nou kapab antre kounye a.

Pyè te di tout moun ki te la yo: ---Gade tout moun ! Tabita vivan ! Pouvwa Bondye a ba l lavi ankò ---. Men li, li vivan !

Moun yo te kontan anpil. Yo te fè lwanj ak di Bondye mèsi. Epi lè lòt moun ki nan lavil Jope yo te tande bri gwo mirak sa a, anpil te kwè nan Seyè Jezikris.

AKTIVITE YO

Pwojè lanmou

Òganize yon pwojè pou ede kominote a ak elèv ou yo, oswa ministè konpasyon, pou yo mete sa a yo te aprann jodi a an pratik. Nou sigjere w ranmase bagay pou bay fanmi ki nan bezwen yo. Oswa, si nou konnen kote kèk trajedi te pase, nou ta kapab ranmase yon ofrann epi voye l bay misyonè oswa paste ki travay la a.

Ann moutre lanmou Bondye a

Mande pou kèk volontè ede w distribye liv elèv yo. Bay tan pou timoun primè yo rekoupe kare ki nan pati anba paj la epi kole yon an espas ki vid yo, dapre lòd istwa biblik la.

Pandan y'ap reyalize aktivite sa a, fè yon revizyon tou kout sou say o te aprann nan leson sa a.

Mwenmenm tou mwen kapab moutre lanmou Bondye a

Ankouraje elèv ou yo mete an pratik prensip biblik yo te etidye yo. Lè y'ap itilize fèy travay yo a, mande yo pou yo ekri oswa fè desen kijan yo te demoutre lanmou Bondye anvè lòt moun chak jou.

Sonje yo ke kèk fason moun ka demoutre lanmou Bondye a se: Ede granmoun yo, pataje manje bay sa yo ki pa genyen, ede paran yo, elatriye. Di yo konsa ke nan pwochen semèn nan yo dwe pote fèy la pou yo rakonte rès gwoup ki te fè l yo.

MEMORIZASYON

Mande pou kèk volontè pase devan epi resite pakè vèsè biblik inite sa a. Prepare ti prim pou apresye efò elèv ou yo.

Si ou vle, envite paran timoun yo, epi prepare yon demostrasyon sou sa yo te aprann nan kat leson sa a yo.

POU FINI

Fè yon revizyon tou kout de istwa yo ke yo te etidye pandan inite a.

Apre sa, fè yon won epi priye mande Seyè a pou l ede yo renmen parèy yo.

Asire w ke yo tout pote travay atizana yo te fè yo lakay yo.

GRAN KOMISYON AN

Baz biblik: Travay 1:1-14; 10; 3:1-12; Filipyen 2:25-30; 4:14-20.

Tèks inite a: *"Ale fè disip pou mwen nan tout nasyon, batize yo nan non Papa a, Pitit la ak Lespri Sen an."* (Matye 28:19).

OBJEKTIF INITE A

Inite sa a pral ede timoun primè yo:

- ❖ Rekonèt enpòtans ki genyen nan sèvi Kris la temwen.
- ❖ Aprann ke sipòte misyonè ak sèvi Jezi nou reponn a lapèl Gran Komisyon an.
- ❖ Sipò misyonè yo avèk lapriyè yo epi ofrann yo.

LESON INITE A

Leson 23: Gran Komisyon An
Leson 24: Pyè Pale Ak Kònèy De Jezi
Leson 25: Legliz La Voye Pòl Ak Banabas
Leson 26: Ofrann Pou Misyon An

POU KISA TIMOUN KI NAN PRIMÈ YO BEZWEN ANSÈYMAN INITE SA A

Timoun nan laj sa a yo koumanse ap moutre yon enterè fò pou eksplore mond lan. Yo anvi konnen pi plis chak jou.

Inite sa a pral ede yo konnen ke Bondye pa sèlman vle yo sove, men tou pou yo gen sousi pou tout moun atravè mond lan. Bondye vle pou Pawòl li a preche menm nan rejyon ki pi lwen ak izole yo.

Ede yo konprann ke tout kretyen se yon "temwen", epi, se poutèt sa, li gen yon responsabilite pou bay lòt moun bon nouvèl lanmou Bondye a. Se sa nou rele "Gran Komisyon".

Pwofite entèlijans ak enèji elèv ou yo, jwenn fason pou transmèt pawòl Bondye a nan kominote l la.

Nan leson sa a yo pral aprann tou sou apot yo. Yo pral etidye travay yo te fè yo pou y'atenn kwasans premye legliz la epi pwopaje mesaj Sali a pa mwayen Jezikris.

Sèvi ak leson sa a kòm yon opòtinite pou w angaje yo nan travay misyonè, epi moutre yo priye pou moun k'ap travay pou nanonse bon nouvèl la atravè mond lan.

Leson 23
Gran Komisyon An

Baz biblik: Travay 1:1-14.

Objektif leson an: Se pou timoun primè yo aprann ke Sentespri a ede nou pale ak lòt moun de lanmou Bondye a.

Vèsè pou aprann: *"Ale fè disip pou mwen nan tout nasyon, batize yo nan non Papa a, Pitit la ak Lespri Sen an."* (Matye 28:19).

PREPARE W POU W ANSEYE!

Es probable que sus alumnos tengan amigos o comLi pwobab pou elèv ou yo genyen zanmi oswa kamarad ki gen lòt kwayans relijye. Pètèt yo note timoun yo al asiste nan lòt legliz oswa jou kil yo diferan ak jou pa kretyen yo.

Pa mwayen leson sa a yo pral aprann ke li nesesè pou yo pale lòt yo de lanmou Kris la. Ede yo devlope ide yo pou yo envite zanmi yo nan klas edikasyon kretyen an. Li enpòtan pou yo konnen ke Bondye vle itilize yo pou yo mennen lòt yo al jwenn li.

KÒMANTÈ BIBLIK

Travay 1:1-11. Ant lè yo te kloure Jezi a ak lè li te moute nan syèl, 43 jou te gentan pase. Nan moman sa a disip yo te sispèk eoi genyen anpil dout nan kè yo. Levanjil yo rakonte ke jou apre rezirèksyon an, Jezi te parèt devan disip li yo pou pi piti 11 fwa.

Nan liv Travay nou li sou plan Bondye pou apot yo : pou yo te pote levanjil la nan Jerizalèm, Jide, Samari epi "jouk nan dènye bout latè" (1:8). Se vre, sa te sanble yon misyon ki te difisil pou yo te reyalize. Epi, menm si li te sa, yo ta kapab fè li pa mwayen pwomès Sentespri a. Jezi te pwomèt ke Sentespri a ta bay tout kretyen yo pisans pou yo de levanjil ak tout moun nan mond lan, san gade ki ras moun li ye.

Li klè ke plan Bondye se fè mesaj lanmou li a anonse nan tout nasyon yo. Apot Pyè di nou, nan dezyèm lèt li a : "Seyè a pa pran reta poukenbe pwomès li yo, jan kèk moun kwè a, okontrè se pasyans l'ap pran ak nou, paske li pa ta renmen pèsonn peri, li ta vle pou tout moun tounen vin jwenn li" (3:9). Menm jan disip yo te resevwa pisans pou yo temwaye, se konsa tou nou kapab mande Sentespri a pou l ranpli noua k prezans li pou n pale ak lòt yo de gran lanmou Kris la.

DEVLOPMAN LESON AN

Chwazi kèk nan aktivite sa a yo pou w fè klas ou a pi bèl.

Entwodiksyon

Kat leson inite sa a yo la pou anseye timoun primè yo osijè de misyon yo ak enpòtans li. Se pou sa, prepare depi davans kèk materyèl k'ap pèmèt aprantisaj la pi bèl. Pa egzanp, kontakte kèk misyonè pou vin vizite klas ou a epi pou l pale yo osijè de travay yo, oswa prepare yon pwojè èd pou misyonè.

Nan mond lan toutantye

Pou aktivite sa a, ou pral bezwen yon gwo kat jewografik mond lan ki gen koulè nwa ak blan avèk kreyon koulè.

Kole Kat la nan miral la epi mande pou elèv ou yo idantifye kèk nan peyi yo. Yo chak dwe chwazi yon peyi pou yo pentire li. Apre sa a, pale ak yo sou nesesite ki genyen pou pote levanjil la nan lòt rejyon nan mond lan.

Mande yo: *Kisa nou kapab fè pou moun nan peyi sa a yo kapab konnen Jezikris?* Koute repons yo epi itilize yo kòm entwodiksyon pou aktivite sa.

Misyonè yo

Mande timoun primè yo si yo konnen kisa sa vle di vin misyonè. Di yo konsa ke misyonè a se yon moun ki bay lavi li pou l preche levanjil nan kote levanjil pa rive yo. Pale de misyonè k'ap viv lwen fanmi yo epi, nan anpil ka, nan peyi kote yo pale lang diferan. Kèk fwa li difisil pou jwenn manje achte ak jwenn lòt bagay yo te genyen nan peyi yo.

Si sa posib pou ou, moutre fotografi yon fanmi misyonè epi sinyale nan kat la peyi y'ap viv ak travay.

ISTWA BIBLIK

Gran Komisyon an

Disip yo t'ap repete : "Li vivan, Li vivan" pandan yo t'ap preche bon nouvèl la. Sa te fè moun sezi anpil. Gen kèk ki t'ap doute ke sa pa t verite, men Jezi te pran pasyans. Li te moutre yo mak yo nan men l yo, kote klou yo te antre a, ak blese ki nan kòt li a. apre sa, li te pale, manje epi mache avèk yo. Epi li te di yo:

"Piga nou soti nan Jerizalèm ; se pou nou tann pwomès Papa a".

"Yon pwomès? Ki pwomès?" Disip yo t'ap mande ant yo menm. Yo pa t konprann sa Jezi t'ap di a.

Yo te panse li ta pral gen yon wayòm isit sou latè, tankou lòt wa yo. Anplis de sa, yo te vle fè yon pati enpòtan wayò sa a.

Jezi te eseye eksplike yo yon lòt fwa ankò: "Nou pa konnen ni ki jou oswa tan an sa pral rive, men n'a resevwa pisans lè Sentespri a va desann sou nou, nou pral sèvi m temwen nan Jerizalèm, nan peyi Jide, nan Samari ak nan dènye bout latè".

Apre sa, Jezi te moute nan syèl la, epi disip sezi sa yo t'ap gade kijan l t'ap moute, jiskaske yon nwaj te kache l.

Yo te kanpe la, ap gade nan syèl. Yo pa t kapab kwè sa yo te wè ak je yo!

Yo t'ap kesyone youn lòt: "Kisa sa vle di? Ki kote li te ale? Ki jan nou kapab vin temwen li?".

Pandan yo t'ap gade nan syèl la toujou, de mesye te parèt devan yo ak rad blan sou yo, yo te mande yo : "Moun Galile yo, poukisa n'ap gade nan syèl la ? Menm Jezi sa a nou wè k'ap moute konsa, se menm jan li gen pou l retounen ankò".

Lè sa a, disip yo tounen Jerizalèm.

Apre yon jounen long ap mache, yo rive y 'ale nan yon chanm nan dezyèm etaj yon kay epi yo rete la.

Apre sa, yo lapriyè, mande Bondye pou ede yo konprann siyifikasyon sa ke Jezi te di yo avan li ale.

AKTIVITE YO

Ann adopte yon misyonè!

Kontakte yon misyonè ki travay nan zòn ou a pou w envite li nan klas ou a. Si li pa kapab ale, mande yo bay enfòmasyon sou travay yo ak fanmi, ki gen ladan foto, dat anivèsè yo ak adrès yo oswa imèl yo.

Fè prezantasyon misyonè a bay elèv ou yo, epi eksplike kisa yo genyen kòm travay epi sa ki bezwen prensipal yo. Pandan inite sa a, mete yon ofrann espesyal apa, epi fè desen oswa ekri lèt pou voye bay misyonè.

Travay 1:8

Distribiye liv elèv yo. Mande elèv yo pou yo koupe figi ki gen rapò ak seksyon ki pou rekoupe a, leson 23. Apre sa a, di yo pou y'al nan leson 23. Se pou yo koupe nan liy nwa ki nan mitan pou fòme ouvèti a, epi ajoute figi Jezi a. Moutre yo kijan pou yo double fèy la sou liy pwentiye a, epi repase istwa biblik la.

Vire paj la, epi mande yo: *Èske nou konnen kèk moun ki nan nesesite pou tande mesaj delivrans Jezi a?*

Sèvi ak ilistrasyon yo ki nan fèy travay la pou w ede yo reflechi de moun yo ta kapab pale de Kris la. Bay tan pou elèv yo ekri non sa a yo sou liy lan.

Vèsè pou aprann

Nou sijere pou w ekri vèsè yo nan kat ki gen koulè pal, lè w'ap mete kèk mo sou chak kat. Eksplike ke pasaj yo pral aprann lan pote non "Gran Komisyon an", epi se sa ki te travay espesyal ke Jezi te bay disip li yo avan l'ale nan syèl. Pèmèt elèv ou yo repete tèks la plizyè fwa. Lè sa a, bay chak timoun yon kat epi mande yo kanpe sou liy pou ke ou ka li vèsè a.

POU FINI

Di yo mèsi paske yo te vini, epi sonje yo ke nan pwochen klas la yo pral kontinye pale de "Gran Komisyon an". Ede yo kolekte materyèl yo te itilize yo, epi fini chante yon chan toujou.

nòt

Leson 24
Pyè Pale Ak Kònèy De Jezi

Baz biblik: Travay 10.

Objektif leson an: Se pou timoun primkonprann ke lanmou Bondye a pa mwayen Jezikris se pou tout moun.

Vèsè pou aprann: *"Ale fè disip pou mwen nan tout nasyon, batize yo nan non Papa a, Pitit la ak Lespri Sen an."* (Matye 28:19).

PREPARE W POU W ANSEYE!

Timoun primè yo ap koumanse dekouvri ke mond lan pi gwo pase lakay yo ak kominote yo a. Jous la a yo pran difikilte pou konprann tan ak espas. Y'ap aprann ke kèk kote nan mond lan byen lwen, epi se pa tout moun ki pale, aji oswa wè bagay yo menm jan.

Elèv ou yo dwe konprann ke Jezi te mouri pou tout moun nan mond lan, pou sa misyon legliz la se pale yo de Lanmou Jezi a.

Santre ansèyman nan Travay 10:34 : "Bondye pa gade sou figi moun". Lè elèv ou yo konprann ke Bondye renmen tout moun nenpòt kote yo ye, sa pral pi fasil pou yo pou yo mennen yo bay Kris la, epi pale yo de lanmou li.

KÒMANTÈ BIBLIK

Travay 10. Pliske levanjil Kris la te gaye ak anpil vitès, moman te rive kote levanjil Jezikris la te travèse baryè ki te separe jwif yo ak moun lòt nasyon yo.

Nan istwa sa a gen kat aspè enpòtan ke nou kapab site:
1) Premye jwif kretyen yo pa t vle pote levanjil la bay moun lòt nasyon yo.
2) Se Bondye ki mete moun lòt nasyon yo nan legliz Kris la, epi lè li fè sa li moutre ke li dakò.
3) Bondye pa t itilize Pòl, men se te pito Pyè, pou ouvri pòt wayòm Bondye a pou moun lòt nasyon yo.
4) Akseptasyon moun lòt nasyon yo nan legliz Jerizalèm, malgre yo pa t gen relasyon ak Jidayis la, se te sinyal ke se Bondye menm ki te adote yo kòm yon pati nan fanmi li.

Nan pasaj sa a nou jwenn de vizyon diferan : Pa kònèy la nan Sezare ak pa Pyè a nan Jope. Nan tou de ka yo, Bondye te travay endividyèlman avèk yo chak pou rankont yo te genyen an.

Kònèy t'ap viv nan Sezare, pò prensipal peyi Palestin. Kòm chèf nan lame women an, li te gen 100 solda anba lòd li. Li te moun lòt nasyon, li pa moun legliz kretyen ni sinagòg jwif yo. Se pandan, li te fidèl nan fè adorasyon pou Bondye.

Kònèy te fè vizyon an vè 3:00 nan apre midi, kote yon zanj Bondye te aproche kote l pandan l t'ap priye. Nan demen, Pyè te fè yon vizyon ki kesyonnen kwayans li sou lalwa sevè jwif yo pou sa ki gen pou wè ak manje ki pi yo ak sa ki enpi yo. Pandan li t'ap medite sou sa vizyon an vle di, mesaje Kònèy la te rive, soti depi Sezare. Pèsonn pa ta kwè ke Pyè ta resevwa yon payen fè desant lakay li. Plis ke li te resevwa l lakay li sa moutre ke vizyon an te pwodwi yon chanjman nan lavi li. Lòt rezon klè ki moutre gen chanjman se paske l te antre lakay Kònèy lè l rive Sezare. Epi reyaksyon li lè Kònèy te bese tèt li devan l ke pa t konsidere l plis pase yo paske se te jwif epi yomenm payen.

Kònèy te envite fanmi l ak zanmi l yo pou yo te vin tande mesaj tèlman Pyè t'ap preche a, epi yo te resevwa li ak lajwa nan kè yo. Lè Sentespri a te desann sou tout payen yo te pèmèt jwif ki te la yo sezi anpil. Pyè te konprann ke Bondye te aksepte moun lòt nasyon yo, menm jan ak jwif yo nan wayòm li an, epi li te batize yo nan non Seyè Jezi.

DEVLOPMAN LESON AN

Itilize aktivite sa a yo pou w santre atansyon timoun primè yo sou tèm etid la.

Zanmi nou yo

Di elèv ou yo konsa: *Nou tout la se zanmi nou ye. Mwen ta renmen pou kèk nan nou rakonte kijan li te rekonèt pi bon zanmi l la.*

Bay chans pou timoun yo patisipe.

Apre sa a, mande yo kijan yo chwazi zanmi nan lekòl la, epi ede yo konprann ke zanmi yo byen souvan konn gen enterè ki sanble (espò, jwèt, elatriye.).

Fè remak pou moutre ke, menm si an jeneral zanmi yo vle fè menm aktivite ansanm, nou ka fè zanmi ak moun ki diferan yo tou oswa ki pa gen menm enterè avèk nou.

Mande yo: *Kisa yo panse zanmi yo kapab genyen pou nou tout, menm si yo renmen bagay ki diferan?* (Algo que tenemos en común es que Dios nos ama (Kèk bagay nou genyen ki pou nou tout se ke Bondye renmen nou tout menm jan, epi li te voye Pitit li Jezi pou mouri sou kwa a pou tout moun nan mond lan).

Fè yon bandwòl avèk tèks pou memorize, epi mande elèv ou yo pou yo dekore li. Apre sa, kole l nan miral la epi repete tèks la de fwa. Mande pou kèk nan timoun yo li li poukont yo epi apre sa fè yo di l san gade.

Pèsonaj sekrè yo

Ekri non PYÈ ak KÒNÈY nan yon papye brisòl, epi rekoupe chak lèt. Mete yo nan yon ti sak, epi mande elèv ou yo pou yo eseye ranje non de pèsonaj yo. Si w vle, fè de jwèt ak lèt yo; divize klas ou a fè de gwoup epi di yo gwoup ki ranje non yo pi vit la se limenm ki genyen.

ISTWA BIBLIK

Pyè pale ak kònèy de Jezi

Yon jou Kònèy te rete lakay li. Toudenkou, li te wè yon zanj Bondye antre kote l te ye a epi li di : "Kònèy !".

Kònèy te rete byen sezi epi pandan l'ap gade zanj lan, li mande l : "Kisa w bezwen, mesye ?"

Zanj lan te reponn : "Bondye tande priyè w yo epi li konen tout sa w fè pou moun ki nan bezwen yo. Voye kèk moun nan lavil Jope pou al chèche Pyè. Y'ap jwenn li nan yon kay ki tou pre lanmè a".

Kònèy te yon chèf, sa vle di, yon solda women ki te gen anpil moun anba lòd li. Konsa li te rele de nan sèvitè li yo ak yon solda pou ba yo mesaj zanj lan. Yo te konnen ke Kònèy te yon bon moun, se konsa yo te obeyi byen vit epi pran chemen pou ale lavil Jope pou al chèche Pyè.

Nan demen, nan lavil Jope a, Pyè t'ale sou do kay la pou l priye. Pandan li te la a, li te fè yon vizyon. Li te wè yon gwo manto ki te desann sot nan syèl la, koke nan kat pwent li yo. Li te gen tout kalite bèt ladan l, li te gen zandolit ak zwazo tou.

Menm kote a, yon vwa te di li konsa : "Leve, Pyè, touye epi manje".

Lè Pyè te gade sa k te nan manto a, li te wè ke tout se te bèt ke jwif y opa t konn manje.

Pyè te reponn byen fò : "Non, Seyè, janmen ! Mwen pa t janmen konn manje bagay komen ni enpi".

Vwa a te reponn : "Pa rele sa Bondye pwòpte enpi" ak vwa -testó.

Sa te rive twa fwa. Lè sa a, manto a te retounen moute nan syèl la.

Pedro te toujou sou do kay la lè mesye Kònèy te voye yo te rive lakay li.

Mesye yo te mande : "Èske gen yon nonm ki rele Pyè k'ap viv isit la ?".

Pandan Pyè t'ap kalkile toujou sou vizyon an, Lespri Bondye a di l ' : "Pyè, men twa mesye ap chèche w. Leve non epi pè pa ale ak yo paske se mwen menm ki voye yo".

Pyè te obeyi epi desann soti sou do kay la. Mesye sa a yo ki t'ap tann li an se te payen yo te ye. Jwif yo te panse ke payen yo se te enpi yo te ye epi yo pa t vle rete kote yo. Y opa t janm konn envite yo vini lakay yo, men Pyè te sonje pawòl sa yo li te tande nan vizyon an : "Pa rele bagay Bondye netwaye enpi".

Konsa Pyè te envite l dòmi lakay li pou sware sa a. Nan demen maten li te chwazi kèk zanmi pou yo t'al akonpaye li, epi yo te pran wout pou kay Kònèy ki te nan lavil Sezare.

Nan demen lè yo te rive, Kònèy te rete ap tann yo ak yon gwoup paran epi zanmi ke li te vizite.

Pyè te di yo konsa : Nou konnen ke, dapre lalwa nou an, jwif yo noumenm nou pa dwe vizite moun payen yo, men Bondye moutre mwen ke m pa dwe rele pèsonn enpi. Se pou sa mwen te vini lè nou te rele m nan. Èske nou te kapab di mwen pou kisa nou fè m vini la a?

Kònèy te reponn : Jodi a fè kat jou depi mwen t'ap priye lakay mwen, vè 3 :00 nan apre midi.

Menm kote a, mwen te wè yon nonm devan mwen ak yon rad blan sou li, li te di m konsa : "Kònèy, Bondye tande priyè w yo epi li wè jan w'ap ede moun ki nan bezwen yo. Voye kèk moun nan lavil Jope pou mennen Pyè vini. Li nan yon kay tou pre lanmè". Se pou sa mwen te voye chèche w, epi ou fè byen paske w vini an. Kounye a nou la a, nan prezans Bondye, pou nou tande tout sa Bondye voye di ou".

Konsa Pyè te koumanse di yo : Kounye a mwen konnen ke Bondye pa nan pati pria k pèsonn, pito li aksepte ke moun tout nasyon yo gen krentif pou li epi fè sa ki byen". Apre sa, li te pale yo de Jezi ak lanmou li pou tout moun.

Kònèy ak zanmi l yo te koumanse adore Bondye. Pandan yo t'ap fè sa, sentespri a te desann sou tout moun ki te tande mesaj la.

Jwif ki t'ale ak Pyè yo te sezi anpil lè yo te wè ke moun lòt nasyon yo tou t'ap resevwa kadon Sentespri a tou.

Konsa, Pyè te di yo : "Yo resevwa Sentespri a menm jan noumenm nou te resevwa li".

Apre sa li te bay lòd pou batize yo nan non Jezikris.

Kònèy te kontan lè l te vin konnen kèk bagay de Jezi, konsa li te envite Pyè pou l te rete lakay li kèk jou pi plis.

AKTIVITE YO

Bondye renmen Pyè ak Kònèy

Ouvri liv elèv yo nan leson 24.

Diskite sou diferans ak resanblans ki te egziste ant Pyè ak Kònèy. Mande timoun yo trase yon liy ki konekte pwen nan chak fraz ki dekri pèsonaj la. Gen kèk fraz ki gen rapò ak Kònèy, lòt Pyè, epi lòt yo tou de.

Bondye renmen tout moun

Vire paj liv elèv yo, epi eksplike elèv yo ke nan premye ankadreman an chak elèv dwe trase tèt li; nan dezyèm nan, yon moun nou renmen; epi nan dènye a, yon moun ou pa konnen trè byen.

Yon dezyèm opsyon se ke nan premye mak la kole yon moso papye aliminyòm, pou fè l sanble ak yon glas; nan dezyèm lan nou ka trase fanmi nou; epi nan twazyèm nan yo kapab kole moso magazin ki montre lòt moun.

Pandan y'ap travay, se pou nou pale sou gwo lanmou Bondye pou limanite ak responsabilite ke nou genyen pou n transmèt mesaj delivrans lan bay lòt yo, menm jan Pyè te fè sa lakay Kònèy.

Nou tout se menm

Prepare yon bandwòl ak fotografi oswa desen moun ki sot nan ras diferan, epi kite elèv ou yo gade yo.

Di yo konsa: *Nan istwa Jodi a nou te aprann ke Bondye pa nan moun pa. Li renmen nou tout menm jan epi li vle pou tout moun vin jwenn le ak konfye nan Jezi.*

Ankouraje yo pale de Kris la avèk tout moun, san patipri oswa kondisyon.

MEMORIZASYON

Mete kat ou te fè pou klas pase yo sou tab la. Apre yo fin repete èèsè a de fwa, mande pou yon volontè al mete tèks la nan lòd nan 10 segonn. Apre sa rele yon lòt moun, epi konsa youn apre lòt jouskaske yo tout patisipe.

POU FINI

Fè lwanj pou Bondye epi di l mèsi paske li renmen tout moun menm jan. Ankouraje yo pou yo temwen Kris la nenpò kote yo ye, epi envite zanmi ak fanmi yo nan lekòl di Dimanch la.

nòt

Leson 25
Legliz La Voye Pòl Ak Banabas

Baz biblik: Travay 13:1-12.

Objektif leson an: Se pou timoun primè yo konnen ke Bondye rele kèk moun pou vin misyonè.

Vèsè pou aprann: *"Ale fè disip pou mwen nan tout nasyon, batize yo nan non Papa a, Pitit la ak Lespri Sen an."* (Matye 28:19).

PREPARE W POU W ANSEYE!

Mond timoun primè yo ap devlope pi lwen lakay yo, pa mwayen lekò, zanmi yo, espò, elatriye. Pandan y'ap dekouvri bewzwen lòt yo, yo pral aprann reponn ak bezwen sa yo konfòm ak volonte Bondye.

Leson sa a pral ede yo konprann ke tout kretyen yo nou gen kòm misyon pou nou transmèt lanmou Jezi a bay pwochen nou, epi tou Bondye rele kèk moun pou kèk travay espesyal. Kretyen sa a yo nou rekonèt yo kòm misyonè. Li rele y opa mwayen Sentespri a pou yo pote levanjil la nan lòt peyi ak kilti yo. Menm si nou tout dwe transmèt lanmou Bondye a, travay misyonè yo gen ladan l kite fanmi yo jou y'ap pote bon nouvèl delivrans lan nan tout kwen mond lan.

KÒMANTÈ BIBLIK

Travay 13:1-12. Travay 13:1-12. Sentespri a te rele Pòl ak Banabas pou yon misyon espesyal, yon etap tou nèf pou evanjelizasyon. Epi legliz te konfime apèl la pa mwayen jèn, lapriyè ak mete men sou tèt moun. Sentespri a ak legliz la te mete yo ansanm pou mete yo apa kòm lidè legliz la.

Bondye fè apèl la, men li te vle pou legliz te apiye ak ede yo. Pou rezon sa a, legliz la te voye Pòl ak Banabas konpli misyon Sentespri a te ba yo a.

Lè Pòl ak Banabas te travèse zile a rive jous Pafòs yo te fè fas ak premye opozisyon kont levanjil Jezikris la. Vèsè 6-12 rakonte nou ke prekonsil la te envite Pòl ak Banabe pou yo te koute pou yon premye fwa mesaj Jezi a. Men Ba-jezi, ki te yon majisyen epi fo pwofèt, te vle retire lafwa prekonsil la. Pòl menm, anba pouvwa Sentespri a fikse je l sou majisyen an, li di li : *"O, oumenm pitit Satan. Ou plen riz ak mechanste nan kè ou, ou pa vle wè anyen ki bon. Eske w pap sispann vire travay Bondye a lanvè ? Kounye a, koute : Bondye pral mete men sou ou : ou pral vin avèg, epi ou pap wè limyè solèy pou kèk tan"*. Menm kote a, li te rete tou avèg epi li t'ap chèche moun ki pou gide l.

Bib la di nou lè prekonsil la te wè sa k te pase a li te kwè, byen kontan ak levanjil Jezi a. Sentespri a te manifeste pou bay temwayaj sou Jezi ak lanmou li.

Sa a se te premye a nan plizyè vwayaj misyonè Pòl. Pwen fò ministè Pòl ak Banabas se te akonpayman Sentespri a. Anplis de sa, yo te kenbe pawòl yo epi yo te obeyisan anvè apèl Bondye a.

DEVLOPMAN LESON AN

Chwazi kèk nan aktivite sa a yo pou konplete devlopman klas jodi a.

Ann adopte yon misyonè!

Ranmase ofrann oswa rezèv yo pral voye bay misyonè a, epi mande pou youn nan timoun yo priye pou di Bondye mèsi pou opòtinite yo jwenn pou yo patisipe konsa nan travay misyonè a.

Prepare kèk kat (kontinye resèt yo bay ki nan koumansman liv la), oubyen, bay fèy blan pou elèv ou yo fè kat epi ekri yon mesaj pou voye ak tout sa yo te ranmase yo.

Vwayaj misyonè yo

Chèche kèk ilistrasyon nan magazin ki pale de vwayaj (pa egzanp: malèt, bato, avyon, machin, elatriye.).

Kole sa ki koupe yo sou yon tab, ansanm ak yon papye brisòl ak lakòl. Bay tan pou elèv ou yo fè yon bandwòl ki gen pou wè ak vwayaj yo. Pale ak yo pandan y'ap travay, epi mande yo kijan yo prepare moun pou yon vwayaj. Kesplike yo ke nan istwa Jodi a yo pral pale sou yon vwayaj misyonè.

ISTWA BIBLIK

Legliz la voye Pòl ak Banabas

Lidè nan legliz Antyòch yo te deside priye ak jene. Toudenkou, yo te tande Sentespri a ki te di yo: "Mete Pòl ak Banabas apa pou misyon mwen te rele yo a".

Pou anpil ane Pòl ak Banabas te temwen Jezi, nan pale ak anpil moun de li. Men kounye a, yo ta dwe misyonè. Misyonè se temwen Kris la ki ale nan lòt peyi pou preche bon nouvèl lanmou Bondye a.

Lidè yo nan legliz nan lavil Antiòch te priye epi voye yo al akonpli misyon ke Bondye te ba yo a.

Sentespri a te dirije Pòl ak Banabas pou Silisi, epi etan la a y 'al bato pou Chip.

Lè yo te rive nan Salamin, misyonè nouvo yo te preche nan sinagòg jwif yo.

Apre sa, yo mache ale nan tout zile a, ap mache bay mesaj la nan chak vil. Apre yon ti tan yo rive Pafòs, sou lòt bò zile a, kote gouvènè Chip la te rete a.

Gouvènè a te di: "Mennen Pòl ak Banabas ban mwen", "Mwen ta renmen tande pawòl Bondye a".

Lè misyonè yo te rive nan rankont lan ak gouvènè a, yo te jwenn yon nonm ki te rele Elimas majisyen malfèktè pa t vle gouvènè a kwè nan ansèyman Bondye a.

Lè Pòl wè sa nonm mechan sa a t'ap fè, li te di: "O, oumenm pitit Satan. Ou plen riz ak mechanste nan kè ou, ou pa vle wè anyen ki bon. Èske w pap sispann vire travay Bondye a lanvè ? Kounye a, koute : Bondye pral mete men sou ou: ou pral vin avèg, epi ou pap wè limyè solèy pou kèk tan". Menm kote a, Elima te rele byen fò: "Mwen pa kapab wè !", epi li te koumanse tatonnen, ap chèche moun ki pou gide l.

Gouvènè a te sezi anpil pou sa Bondye te fè a ak ansèyman Pòl la. Konsa li te kwè nan Jezi epi li tekonvèti an kretyen.

AKTIVITE YO

Apè Bondye a

Remèt liv elèv yo, epi mande timoun yo koupe ti bann ak ilistrasyon yo ki sou bò dwat fèy la. Bay tan pou yo koupe figi yo epi kole yo nan lòd depandaman istwa biblik la.

Lè sa a, moutre yo vire fèy la epi ranpli devinèt la pandan w'ap itilize mo sa yo ki anba fèy la. Ede yo si yo gen difikilte pou yo ranpli espas vid yo.

REVIZYON BIBLIK

Òganize yon konpetisyon fè yon revizyon ak kesyon sa yo:

1) Kisa lidè legliz lavil Antiòch t'ap fè lè Sentespri a te pale ak yo? (Jene ak priye).
2) Kisa Sentespri a te di? (Bondye te vle Pòl ak Banabas te fè yon travay espesyal).
3) Ki jan nou rele moun Bondye rele yo pou preche epi anseye moun lòt peyi yo? (Misyonè).
4) Site kèk misyonè ou konnen.
5) Nan ki zile Pòl ak Banabas t'al preche a? (nan zile Chip).
6) Ki moun misyonè yo te konnen nan vil Pafòs? (Gouvènè a ak Elima majisyen an).
7) Kisa Elima majisyen an te fè lè Pòl ak Banabas vin kontre gouvènè a? (Li te eseye entèdi yo).
8) Ki moun ki te bay Pòl pouvwa pou anonse Elima majisyen an sa ki mal pou l te rete avèg? (Sentespri a).
9) Kisa gouvènè a te fè lè l wè sa Bondye te fè yo ak tande ansèyman Pòl la? (Li te kwè nan Jezi).
10) Ki jan nou rele moun ki transmèt lanmou Bondyen nani pwòp peyi yo? (Temwen)

MEMORIZASYON

Remèt kat ak vèsè pou memorize a. Apre yo fin repete mo sa yo plizyè fwa, di premye fraz la epi mande yo pase devan moun ki gen mo sa yo. Kontinye jouk ou fini epi repete vèsè biblik la ansanm.

POU FINI

Fè elèv ou yo fè yon wonn pou yo chita, epi di yo konsa: *Jodi a nou te aprann ke Bondye rele kèk moun pou yo vin misyonè. Menm si nou tout pap misyonè, nou kapab ede nan kwasans wayòm Bondye a. Nou akonpli Gran Komisyon an lè nou obeyi Bondye epi pale ak lòt moun sou lanmou Jezi a. Voye yo ale ak yon lapriyè epi priye ak mande pou Bondye misyonè atravè mond lan.*

Leson 26
Ofrann Pou Misyon An

Baz biblik: Filipyen 2:25-30; 4:14-20.

Objektif leson an: Ankouraje timoun primè yo pou yo gen anvi ede misyonè yo pou y'al fè sèvis Bondye te voye yo al fè a.

Vèsè pou aprann: *"Ale fè disip pou mwen nan tout nasyon, batize yo nan non Papa a, Pitit la ak Lespri Sen an."* (Matye 28:19).

PREPARE W POU W ANSEYE!

Li pwobab pou ke elèv yo pa fin alèz ak travay misyonè a. Pètèt kèk nan yo panse ke "Gran Komisyon an" se yon bagay apot yo te fè nan tan lontan an e ke misyonè yo fè sa jo di a. Lòt yo pètèt pa t janm konn tande jan de pawòl sa yo. Asireman, elèv ou yo pap prepare valiz yo pou y'al pale de Jezikris nan kote ki pi lwen yo nan mond lan. Se pandan, leson sa a pral moutre yo ke travay Gran Komisyon an se pou tout kretyen, se pa pou misyonè oswa evanjelis yo. Elèv ou yo kapab aprann patisipe nan misyon legliz la "kounye a". Yo pa bezwen tann se lè yo granmoun ! Bondye kapab sèvi ak yo menm nan ti laj yo genyen an.

KÒMANTÈ BIBLIK

Filipyen 2:25-30; 4:14-20. Pòl te ekri lèt sa a pou filipyen yo, pandan li te nan prizon. Se legliz nan lavil Filip la ki te reponn mesaj Bondye a lè yo te konn voye èd pou apot Pòl.

Filipyen yo te chwazi Epafwodit pou te pote kado yo bay Pòl epi rete ak li pou yon moman. Epafwodit te konen ke nan fè vwayaj sa a, lavi li ta kapab andanje, epi se konsa sa te ye. Pandan li te ansanm ak apot la, li te malad byen grave pi li prèt pou mouri. Lè legliz Filip la te konn sa, kongregasyon an te enkyete anpil. Pou rezon sa a, Pòl te deside voye Epafwodit retounen lavil Filip. Li te bay Epafwodit yon lèt pou bay legliz la, li te mande nan lèt la pou moun yo te resevwa misye ak anpil jwa paske li te ranpli devwa li kòm sa dwe ye, konsa li merite yon bèl akèy. Pòl te di moun Filip yo mèsi nan lèt la pou ofrann yo te voye ba li a, lè li te esplike yo ke li pa t voye di yo mèsi pou yo te kontinye voye ofrann pou li, se pito pou l moutre yo gen plis benediksyon pou moun k'ap bay pase moun k'ap resevwa a.

Sa k te pi enpòtan pou Pòl te pandan moun Filip yo, lè yo te vin konnen bezwen an, yo te pran sa ak kè epi bay yon repons byen vit ak anpil lanmou. Dispozisyon yo se ke yo te aksepte afliksyon Pòl la kòm pwoblèm pa yo epi yo te deside aji. Kwasans espirityèl la se sa menm ke Pòl te vle wè ; dapre yo menm li te reyalize yon travay ki te di anpil. Ofrann filipyen yo te fè Bondye plezi paske yo te fè sa ak yon kè obeyisan epi tou prèt pou ede moun ki nan bezwen.

Bondye kontinye travay menm jan nan tan jodi a.

Ofran ak lapriyè yo ke kretyen yo voye se benediksyon ak èd pou misyonè nan tout mond lan..

DEVLOPMAN LESON AN

Chwazi kèk nan aktivite sa a yo pou anrichi travay gwoup la pandan leson sa.

Ofrann yo

Prepare yon bandwòl ki ilistre diferan fason ke misyonè yo kapab itilize ofrann yo resevwa yo: Manje, kay, rad, materyèl pou yo preche levanjil, medikaman, elatriye.

Moutre elèv ou yo li, epi pale sou enpòtans apiye travay misyonè pa mwayen ofrann ak kado yo.

Yon ofrann espesyal

Pou aktivite sa a w'ap bezwen ti bwat katon, papye koulè ak lakòl.

Bay chak elèv yon ti bwat katon, mande pou yo dekore l lè y'ap kole papye koulè yo sou yo.

Lè yo fini, kite yo sèch. Di yo pou yo pote ti bwat katon an lakay yo epi mete ofrann yo pral voye bay misyonè yo ladan l. Ti bwat katon sa a pral sèvi kòm yon souvni ki moutre ke yo dwe bay ofrann pou travay misyonè a.

ISTWA BIBLIK

Pou w rakonte istwa sa a nou sigjere w ekri li nan yon fèy epi mete l nan yon anvlòp, kòm si se te yon lèt. Ouvri lèt la devan timoun yo epi di yo konsa ke ou pral li pou yo mesaj Pòl te voye bay legliz ki te yon kote ki rele Filip.

Kretyen nan legliz sa a yo te enkyete anpil. Lè yo te pran nouvèl Pòl te nan prizon nan tan pase yo, yo te voye Epafwodit avèk kèk kado.

Moun legliz yo te di : "Epafwodit, tanpri, pote kado sa a yo bay Pòl epi rete avèk li pou w ede l nan sa li gen bezwen".

Avèk anpil jwa li te fè sa yo te ba li lòd fè a. Men, apre yon ti tan, yo te resevwa yon move nouvèl : "Epafwodit malat prèske mouri !"

Pòl te konnen ke legliz la t'ap enkyete li pou zanmi yo a. Konsa, lè Epafwodit te gen fòs pou l vwayaje, Pòl te di l konsa : "Mwen kwè ke ou dwe retounen al Filip. Zanmi nou yo bezwen wè w epi konnen w miyò".

Epafwodit te aksepte, men avan l vwayaje, Pòl te ekri yon lèt pou l bay zanmi l la bay legliz Filip la.

Chè frè ak sè legliz Filip yo :

Mwen kwè ke li tan pou zanmi mwen Epafwodit retounen vin jwenn nou. Se tankou yon frè li ye pou mwen.

Nou te voye l vin rete ak mwen nan moman m te plis bezwen l lan. Nou te voye l kòm mesaje pou l te vin pran swen mwen ; kounye a gen dezi pou l retounen. Li pa vle pou nou enkyete nou pou sante li.

Li te malad anpil, men Bondye te gen pitye pou li ak pou mwen tou. Mwen vle nou wè li pou nou ka konnen li byen. Resevwa li nan non Seyè a ak anpil lajwa. Li te prèske mouri pou travay Kris la, lè li riske lavi li pou l fè sa nou pa t ka fè pou mwen.

Mèsi paske nou patisipe nan soufrans mwen yo.

Se sèl noumenm ki te voye èd pou mwen. Déjà mwen pa panse m'ap jwenn plis èd. Mwen kontan paske nou te aprann bay ak ede lòt moun avèk jwa. Mwen te resevwa tout sa nou te voye banmwen yo epi mwen gen anpil. Ofrann nou yo fè Seyè a plezi.

Bondye ki rich anpil la va ban nou tout sa nou bezwen nan Jezikris. Tout lwanj lan se pou Bondye, Papa nou, pou tout tan. Amèn.

Se te yon sèvitè Kris la,
Pòl

AKTIVITE YO

Epafwodit ak Pòl

Distribye liv elèv yo. Bay tan pou timoun yo konte desen yo dapre istwa biblik la. Pandan y'ap travay, pale ak yo sou enpòtans ki genyen nan ede ak travay misyonè pa mwayen ofrann nou yo.

Kè obeyisan yo

Mande elèv yo pou yo koupe 5 Kè nan seksyon ki pou koupe a epi fè yo kopye yo nan espas ki koresponn lan. Apre sa, mande plizyè volontè pou yo li tout fraz la. Di yo pou yo pote fèy travay la lakay yo pou yo rakonte fanmi yo sa yo te aprann nan leson an.

Ann adopte yon misyonè!

Ansanm ak elèv ou yo, devlope yon plan pou ede yon misyonè nan zòn ou an oswa yon lòt nan mond lan. Etabli chak mwa oswa chak ane kantite n'ap voye kòm ofrann. Se pou yo ekri nan yon kalandriye anivèsè nesans li oswa anivèsè maryaj yo, pou voye yon kat pou w di yo felisitasyon. Esplike timoun primè yo ke lè y'adopte yon misyonè yo tou pran angajman pou yo priye ak sipòte ministè li pou tou tan.

MEMORIZASYON

Mete yon fen ak inite a pandan w'ap fè yon revizyon an gwoup sou vèsè biblik la. Bay opòtinite pou sa yo ki te aprann li pakè pase devan epi resite l byen fò. Si sa posib, rekonpanse yo ak yon prim, ak yon kreyon oswa yon separatè pou Bib yo.

POU FINI

Fè yon ti revizyon tou kout pou kat leson inite sa a, epi moutre kijan li enpòtan pou akonpli Gran Komisyon an ke Jezi te kite pou nou. Fòme yon wonn pou priye pou tout misyonè nan mond lan.

Remèt yo travay yo te fè pandan inite a, epi ankouraje yo vini nan pwochen klas la pou yo koumanse yon inite tou nèf, ki pral gen pou tit: "Gwo istwa yo sou pouvwa Bondye a".

Ane 2   Entwodiksyon – Inite VII

GWO ISTWA YO SOU POUVWA BONDYE A

Baz biblik: Jenèz 11:1-9; Egzòd 13:17—15:2; 2 Wa 5:1-15; 6:8-23; Jonas; Danyèl 3:1-30.

Tèks inite a: *"Seyè nou an gen pouvwa, li gen anpil fòs. Konesans li pa gen limit". (Sòm 147: 5)*

OBJEKTIF INITE A

Inite sa a pral ede timoun primè yo:

- ❖ Konnen ke Bondye gen kontwòl mond lan menm si sitiyasyon yo difisil.
- ❖ Santi rekonesans pou bon konprann, lanmou, pasyans ak padon Bondye a.
- ❖ Mete konfyans yo nan Bondye nan nenpòt ki sitiyasyon yo ye.
- ❖ Konnen ke Bondye ap gide epi soutni yo.

LESON INITE A

Leson 27: Bondye Gen Kontwòl Tout Bagay
Leson 28: Bondye Restore Pèp Li A
Leson 29: Bondye Onore Obeyisans Naaman
Leson 30: Lame Envizib Bondye A
Leson 31: Bondye Pasyan Epi Konn Padone
Leson 32: Bondye Gen Plis Pouvwa Pase Founèz Dife A

POU KISA TIMOUN KI NAN PRIMÈ YO BEZWEN ANSÈYMAN INITE SA A

Timoun primè yo aprann de Bondye, gremesi istwa biblik yo ak temwayaj kwayan yo. Timoun yo aprann konsidere Bondye kòm Papa, zanmi oswa pastè, pandan y'ap rann yo kont de kalite l yo ki se renmen. Sepandan, li enpòtan pou nou balanse pèsepsyon sa a pandan n'ap mete aksan sou gwo pouvwa ak majeste li. Inite sa a pral pale de pouvwa Bondye.

Timoun primè yo bezwen santi yo an sekirite, konsa y'ap chèche refij nan paran yo, zanmi ak pwofesè yo.

Avèk leson sa yo ou ka anseye yo ke Bondye souveren epi kontwole tout sitiyasyon nan mond lan. Menm lè sitiyasyon yo sanble konplike, Bondye demoutre fidelite li pou moun ki renmen li.

Leson 27

Bondye Gen Kontwòl Tout Bagay

Baz biblik: Jenèz 11:1-9.

Objektif leson an: Timoun primè yo aprann ke Bondye gen kontwòl tout sitiyasyon.

Vèsè pou aprann: *"Seyè nou an gen pouvwa, li gen anpil fòs. Konesans li pa gen limit"*. (Sòm 147: 5)

PREPARE W POU W ANSEYE!

Timoun primè yo konsyan de tout mechanste k'ap pase nan mond lan. Nan anpil okazyon mechanste a domine; anplis de sa, ta sanble ke moun k'ap refize Bondye yo ap fè pwogrè, pandan ke moun ki kwè nan li yo ap soufri.

Li enpòtan pou elèv ou yo konnen ke menm si mechanste yo ta parèt anpil, Bondye se souveren. Li te ban nou libète pou n chwazi byen oswa mal, men kèk fwa Bondye parèt li di: "Se twòp atò!" konnen ke Bondye gen kontwòl sou tout sa ki egziste pral ede timoun primè yo mete konfyans yon an li. Bondye te koumanse travay ak limonite depi nan kreyasyon li a; nou kapab wè sa atravè istwa. Ede yo konprann ke Bondye pi gran pase mechanste a, epi li gen kontwòl sou tout bagay.

KÒMANTÈ BIBLIK

Jenèz 11:1-9. Apre inondasyon an, Bondye te beni Noye ak pitit li yo, lè l te ba yo lòd pou yo fè anpil pitit epi plen latè. Sa te parèt kòm yon bagay ke moun pa ta dwe kwè l, paske malgre yo te wè pouvwa Bondye a ak otorite li nan inondasyon an, jenerasyon Noye yo te panse ke san Bondye yo ta kapab viv epi yo te deside dezobeyi li.

Se pandan, apre yo fin rete nan yon vale, yo te deside konstwi yon vil ak yon gwo kay pou yon te kapab konn lòt. Konsa, si yo te gaye sou tout latè, mount a konnen ki kote yo soti.

Istwa sa a reflete byen klè yon imaj rebelyon limonite kont Bondye. Yo t'ap chèche gonfle kòlèt yo pa mwayen enpirasyon, entelijans ak riz yo. Lòd Bondye pou yo te fè anpil pitit epi plen latè a pa t enterese yo. Yo te anvi kreye yon nasyon pisan ki ta gouvènen sou latè.

Krent moun yo pou y opa t gaye sou latè a te kontrè ak plan Bondye a. Bondye te bay Noye lòd pou l te ranpli latè, se pa t pou yo rete nan sèl vil.

Bondye pa kanpe kont inite a lè li baze sou non fidelite li. Nan ka sa a, desandan Noyeyo te soufri konsekans yo paske yo te dezobeyi lòd Bondye.

Akoz de lògèy ak fo sekirite ki baze sou pran pòz enpòtan yo, yo te resevwa jijman Bondye a.

Lè yo te vle fè sa, Bondye te konfonn lang yo, jiskaske yo pa t kapab kominike pou yo te kontinye ak plan yo.

Nou kapab di ke gwo kay sa rete kòm moniman pou enpòtans kreyati a devan Kreyatè li. Lang diferan yo fè nou sonje retribisyon lògèy lòm. Ede elèv ou yo konprann ke, menm si tout limanite ta rasanble kont Bondye, li t'ap toujou gen kontwòl tout bagay.

DEVLOPMAN LESON AN

Chwazi kèk nan aktivite sa a yo pou w santre atansyon elèv ou yo sou tèm etid jodi a.

Èske w konprann mwen?

A medida que sus alumnos entran al salón, délesAn mezi elèv ou yo ap antre nan sal klas la, akeyi yo pandan w'ap di yo "Bonjou" nan plizyè lang. Itilize egzanp sa a yo: *Bonjour* (fransè), *Good morning* (anglè), *buona mattina* (italyen), *bom dia* (pòtigè), *geode ochtend* (alman).

Di yo konsa: *Li difisil pou n kominike lè lòt moun yo pale yon langnou pa konprann. Èske kèk nan nou te konprann sa mwen te di a?* Rete tande repons yo epi esplike yo ke nan istwa biblik la yo pral etidye sou kèk moun ki pa t kapab antann yo youn ak lòt.

Ann travay ansanm

Mande elèv ou yo pou yo travay san pale w'ap pale. Divize klas la an gwoup de de oswa twa. Pale nan zòrèy youn nan manm gwoup la lè w ba li yon ti devwa senp kid we fèt ak tout, manm gwoup la (Pa egzanp : deplase yon tab, ranje chèz yo, fè yon gwo kay ki fini, eltriye.).

Ba yo tan pou yo eseye fè devwa a. Apre kèk minit, mande yo fè yon ti kanpe epi mande yo pou kisa yo pa t fini aktivite a. Pandan w'ap baze sou repons yo a, di yo ke menm bagay sa a te pase yon gwoup moun nan Ansyen Testaman pandan yo t'ap eseye reyalize yon pwojè.

ISTWA BIBLIK

Gwo kay lavil Babèl la

Lè Noe ak twa pitit soti nan lach la, mond lan te pwòp. Se te yon mond tou nèf, prè pou moun abite.

Noe ak pitit li yo te bati kay nèf.

Lè sa a, pitit Noe yo ak madanm yo te gen timoun. Epi pitit li yo tou te gen pitit.

Apre kèk fanmi t'al viv nan yon lòt rejyon, kote yo te jwenn yon gwo ak bèl kote pou yo viv.

La a moun sa yo te deside rete ansanm pou tout tan. Yo pa t 'renmen lide pou ale viv kote ki diferan. Bondye te ba yo lòd fè anpil pitit sou latè, men yo pa t vle obeyi.

Gen kèk moun ki te di: "Ann bati pwòp vil pa nou ak yon gwo kay ki rive jouk nan syèl la. Se konsa, nou pral pi popilè epi pap gen koze gaye nan tout mond lan".

Gen kèk ki te koumanse fè brik; lòt moun prepare melanj yo ansanm; lòt moun te pote brik yo ak mòtye pou bòs mason yo.

Lè moun yo te koumanse fè sa a, Bondye te tris. Yo pa t'ap obeyi sa Bondye te ba yo lòd fè a. Olye pou yo ranpli late, yo te pito ap bati yon gwo vil ak yon gwo kay pou yo tout te kapab rete ansanm.

Bondye te pwomèt yo ke li pap detwi late ak inondasyon ankò. Lakansyèl la se yon souvni de pwomès ke li te fè Noye a. Men, malgre sa, Bondye te gen kontwòl sitiyasyon an.

Nan tan sa a yo tout te pale menm lang epi itilize menm mo. Men, kòm moun yo te deside dezobeyi Bondye, li te fè yo pale plizyè lang diferan. Moun sa yo ki t'ap fè brik, toudenkou, youn pa t konprann lòt. Nonplis yo pa t ka konprann moun sa a yo ki t'ap chaje makadam y opa t ka konprann. Epi moun ki t'ap chaje makadam y opa t ka konprann sa a yo ki t'ap pote brik yo. Sa k t'ap konstwi yo te pale lang ki diferan tou.

Byen vit moun yo te abandone plan yo a. yo te sispann konstwi vil la ak tout gwo kay la, epi yo t'al rete lòt kote, yo te ranpli late, jan Bondye te di Noye a.

AKTIVITE YO

Konfizyon!

Distribye liv elèv yo. Bay tan pou timoun primè yo koupe imaj la jan l ye a. Apre sa, mande yo double li sou liy pwentiye yo epi kole ti bò yon an gwo bò yo.

Ankouraje yo itilize travay ki fini yo a pou yo rakonte fanmi yo istwa gwo kay lavil Babèl la.

MEMORIZASYON

Fè desen yon gwo kay nan yon papye brisòl epi ekri vèsè pou aprann nan anndan li. Bay tan pou elèv ou yo bay imaj la koulè epi dekore akote papye brisòl la. Kole bandwòl ki fini an nan miral klas la, epi repete vèsè a de fwa. Se pou yo koupe kat klèb vèsè a mwa a ki koresponn ak inite sa a, epi mande pou yo pote l lakay yo pou yo repase tèks inite sa a.

POU FINI

Di elèv ou yo ke leson sa a anseye nou ke Bondye gen kontwòl tout sitisyasyon yo, menm si moun yo ta dezobeyisan. Ankouraje timoun yo pou yo obsève sinyal ke Bondye kontwole mond ki antoure yo a.

Apre sa, priye pou nou di Bondye mèsi paske li gen kontwòl tout bagay. Envite yon an pwochen klas la, epi ankouraje yo envite yon ti zanmi gason oswa fi.

nòt

Leson 28
Bondye Restore Pèp Li A

Baz biblik: Egzòd 13:17—15:2.

Objektif leson an: Se pou timoun primè yo konnen ke Bondye itilize pouvwa li pou l pwoteje pitit li yo.

Vèsè pou aprann: *"Seyè nou an gen pouvwa, li gen anpil fòs. Konesans li pa gen limit".* (Sòm 147: 5)

PREPARE W POU W ANSEYE!

Li pa etranj pou timoun nan legliz nou pase anpil tan devan televizyon, ap gade desen anime supè ewo avèk pouvwa fantastik. Pafwa li difisil pou yo fè distenksyon ant kote fantezi a fini ak kote reyalite koumanse. Se poutèt sa, yo dwe konprann ke se sèl Bondye ki ka fè bagay ki pa natirèl yo, paske li se Kreyatè epi se li k'ap soutni tout sa ki egziste.

Yo dwe konnen bye ke pouvwa Bondye a se yon reyalite epi li prèt pou l ede pitit li yo, menm nan traka ki pi difisil yo. Istwa liberasyon pèp Bondye te chwazi a pral ogmante konfyans yo nan swen ak pwoteksyon Bondy.

KÒMANTÈ BIBLIK

Egzòd 13:17—15:2. Istwa nan Egzòd la pèmèt nou wè gran pouvwa Bondye a. Premyèman, li te sove ti bebe Moyiz pou l pa t mouri nan larivyè Nil la; kèk ane pita li te rele l sou yon fòm ekstraòdinè, lè l te pale avèk li nan yon ti touf bwa ak dife limen ladan l, pou l te kapab ba li enstriksyon espesifik pou soti kite peyi Lejip la.

Bondye te gen yon plan pou libere pèp li a epi pou tout moun te konnen li te sèl Bondye ki gen tout pouvwa a.

Jwif yo tou te bezwen konvenki ke yo te kapab vin lib. Yo pa t 'vle kite benefis yo t'ap jwi nan peyi Lejip yo, yo te déjà pa t konnen lòt fason pou yo te viv. Se poutèt sa, Moyiz te oblije fv yo kwè nan li kòm yon lidè.

Bondye te parèt devan Moyiz nan dezè a lè l te chanje baton l lan an koulèv; epi, lè majisyen ki nan peyi Lejip yo te eseye kopye mirak sa, Seyè a te voye kalamite ki te atake pouvwa fo dye peyi Lejip yo.

Epidemi fè dlo a tounen san se te yon atak dirèk kont fo dye Hapi a, dye nan larivyè Nil la.

Epidemi krapo yo te yon fawouch pou fo dye Ept, fo dye ejipsyen ki gen fòm krapo, ki senbolize fètilite ak limyè. Epidemi fènwa te montre enfidelite Ra, fo dye solèy la. Pou montre ke Hat-Hot (dye ki gen fòm bèf la) ak Apis (ki gen fòm yon towo bèf) se te yon bann fo zidòl, Bondye te voye move maladi pou touye bèt yo.

Senbòl militè pèp Lejip la se te yon nich gèp, epi Bondye te moutre pouvwa l sou tout dye sa a yo lè l te voye epidemi vèmin ak mouch yo.

Avèk chak epidemi vrè Bondye a te moutre gran pouvwa li sou fo dye ejipsyen yo.

Bondye te moutre pouvwa li nan delivre pèp li a anba gouvènman pi pisan nan epòk sa a. Lè moun peyi Lejip yo te chanje lide, yo kouri dèyè pèp Izrayèl la, Bondye menm te manifeste pandan lanwit kòm yon gwo kolonn dife, epi pandan jounen an, tankou yon nyaj, raple yo prezans li chak jou.

Sa Bondye te fè lè l te ouvri lanmè wouj la se te youn nan evennman ki te fè moun plis sezi nan istwa jwif yo. Byen souvan, pwofèt yo ak apot yo te konn pèp la evennman sa a kò echantiyo fidelite Bondye.

Ede timoun yo konprann ke Bondye pi gwo pase nenpòt pwoblèm oswa difikilte ke nou kapab fè fas sou chemen nou.

DEVLOPMAN LESON AN

Itilize kèk nan aktivite sa a yo pou anrichi devlopman leson an epi rann fasil aprantisaj elèv ou yo.

Kouman lanmè ye?

Moutre timoun primè yo fotografi oswa ilistrasyon lanmè a, mande yo si kèk nan yo te vizite li. Pèmèt kèk timoun di eksperyans yo. Konplete enfòmasyon an pale de plant ak bèt lanmè yo. Mete aksan sou sèlman Bondye gen pouvwa pou l kontwole lanmè a, menm jan yo pral aprann li nan istwa jodi a.

Gran pouvwa yo

Pale ak timoun yo sou pèsonaj nan televizyon ki gen gran pouvwa oswa reyalize evennman ekstraòdinè. Pèmèt yo tout patisipe, epi, si sa posib, bay tan pou yo fè yon deskripsyon tou kout de pèsonaj yo pi renmen an.

Nou sijere pou w pote nan magazin koupe nan klas oswa imaj pèsonaj timoun yo konsidere "fantastik". Moutre yo li epi mande yo kisa ki reyèl ak sa ki pa reyèl la.

Si ou remake ke gen kèk ki konfonn, esplike yo ke pi fò nan pèsonaj sa yo se bagay yo sèlman panse epi yo fè l men yo pa egziste an reyalite. Yon sèl moun ki ka fè bagay ki depase natirèl se Bondye.

Diskite sou tèm sa a ak anpil konpreyansyon, lè w'ap ede yo konprann ke li enpòtan pou yo konfye yo sèlman nan mirak Bondye ka fè.

Lè sa a, di yo konsa: *Jodi a nou pral diskite sou yon sijè trè espesyal. Nou pral etidye youn nan mirak Bondye te fè pou l te libere pèp li a anba esklavaj.*

Swiv chemen an

Pandan w'ap itilize papye brisòl, fabrike 16 imaj sou fòm mak pye. Nan yo chak ekri youn nan pawòl ki nan Egzòd 15:2. Apre sa, kole li atè a pou fòme yon chemen akote sal klas la. Di elèv ou yo konsa ke vèsè sa a fè pati istwa jodi a epi ankouraje yo pou yo repete li.

ISTWA BIBLIK

Bondye restore pèp li a

Farawon an te rele byen fò li di : "Non, nou pa prale ! mwen pap kite esklav mwen yo soti ale kite peyi Lejip !".

Moyiz ak frè li Arawon t'ale bò kote Farawon an aplizyè fwa pou mande libète pèp Bondye a, men li te refize kite yo ale.

De tanzantan Bondye te moutre pouvwa li. Li te fè larivyè dlo Nil la vin tounen san epi li kouvri tout peyi a ak krapo. Men, majisyen Farawon kopye yo mirak sa a yo ak trik majik yo.

Pi devan, Bondye te voye yon epidemi vèmin. Fwa sa a majisyen yo pa t kapab imite sa Bondye te fè a. Se pandan, kè Farawon an te kontinye vin pi di toujou.

Konsa Bondye te voye yon epidemi mouch.

Apre sa, ejipsyen yo ak bèt yo te plen ak maleng ki te ba yo anpil doulè.

Anplis de sa, Bondye te voye lòt epidemi pou pini pèp ejipsyen an pou enkredilite li : lagrèl, langi ak fènwa sou tè a.

Anfen, Bondye te voye yon zanj lanmò pou frape tout premye ne moun peyi Lejip yo soti nan moun rive nan bèt.

Nan sans sa a, Farawon an te rele Moyiz epi li di l : "Di pèp Izrayèl la m'ap kite yo ale. Nou ale soti nan peyi m nan!"

Pèp la te kontan ak nouvèl la. Yo tout te swiv Moyiz, paske Bondye te pwomèt yo li ta mennen yo nan yon bèl peyi. Pèp la t'ap louwe Bondye paske anfen yo te libere anba esklavaj Lejip la.

Bondye te fè yon plan espesyal pou dijirije izrayelit yo rive jouk nan tè Kanaran. Pou yo te kapab konnen ke Bondye te la avèk yo, yon kolòn nyaj te dirije yo pandan lajounen, epi pandan lanwit yon flanm dife pou klere chemen yo pandan yo t'ap mache.

Lè yo te rive bò lanmè wouj la, pèp la te deside kanpe, epi se la pwoblèm yo te koumanse.

---Gen yon moun ki te rele byen fò ---Men ejipsyen yo ap vini ! Gade ki jan cha yo ap leve pousyè! De tanzantan y'ap pwoche pi pre!

---Lòt t'ap rele di ---Nou te dwe rete nan peyi Lejip!

---Yo te koumanse mande Moyiz. ---Pou kisa w mennen nou nan dezè a pou nou vin mouri ?

Bondye te gentan di Moyiz ke ejipsyen yo ta pral kouri dèyè yo, men Moyiz te konnen ke pouvwa Bondye a te pi gwo.

---Moyiz te di pèp la konsa : ---Nou pa bezwen pè! Nou pral wè pouvwa Bondye a pral delivre nou nan danje a!

Bri cheval ak cha degè yo te fè plis bri toujou api ap avanse pou pi pre pèp la.

Lè l te koumanse fènwa, Bondye te deplase kolòn nyaj la, li te mete l ant izrayelit yo ak ejipsyen yo. Pèp Bondye a ta genyen limyè pou kontinye vwayaje, padan tan sa ejipsyen yo te rete nan fènwa.

Bondye te di Moyiz : "Lonje ti baton an sou lanmè a".

Moyiz te obeyi Bondye, epi van an te soufle tèlman fò lanmè a te ouvri fè de bò, li te fòme yon chemen sèk pou izrayelit yo travèse

Byen bonè nan maten tout pèp la te koumanse ap travèse nan mitan lanmè a. Lè yo te gade dèyè, yo te wè ejipsyen yo ap kouri dèyè yo nan menm chemen an.

Se pandan, Bondye te fè woul cha ejipsyen yo rache, epi yo tout t'ap rele : "Nou dwe kouri lwen izrayelit yo ! Bondye yo a ap goumen kont nou !"

Lè tout pèp izrayèl la te fin travèse lòt bò, Bondye te di Moyiz pou l lonje baton an sou lanmè a ankò. Konsa, dlo lanmè a te retounen nan plas li, kouvri solda ejipsyen yo, cheval yo ak cha yo. Bondye te sove pèp li a ak gwo pouvwa li.

Moyiz ak tout pèp la te louwe Bondye, yo t'ap chante pawòl sa a yo nou jwenn nan Egzòd 15 :2 : "Seyè a se tout fòs mwen, se pou li m'ap chante. Se limenm ki delivre m, se Bondye m li ye, m'ap fè lwanj li, se Bondye zansèt mwen yo. M'ap di jan li gen pouvwa".

AKTIVITE YO

Travès lanmè Wouj la

Mande elèv ou yo pou yo ouvri liv yo a nan leson 28, epi koupe imaj aksyon nou jwenn nan fen paj la. Apre sa, dekole fèy liv la epi double l nan liy pwentiye yo. Konsa yo pral kreye yon teyat pou istwa biblik la.

Vrè oubyen fo

Kole yon ti riban adezif atè a, oswa itilize yon kòd pou divize sal la fè de bò. Endike yo ke yon bò ap reprezante pawòl ki "Vrè" epi lòt la ap reprezante pawòl "Fo". Apre sa mande elèv ou yo fè yon liy bò kote kòd la oswa ti riban adezif la.

Lè w fin li youn nan fraz sa a yo, yo dwe al kanpe bò kote sa yo konnen ke repons lan kòrèk la. Sa yo ki pèdi de fwa, yo elimine epi yo dwe al chita nan plas yo.

1) Farawon an te kontan paske pèp Bondye a te ale kite peyi Lejip.
2) Bondye te voye yon epidemi pou pini moun peyi Lejip yo.
3) Moyiz te yon nonm dezobeyisan.
4) Bondye te chwazi Moyiz pou libere pèp li a nan esklavaj.
5) Bondye te voye yon epidemi vèmin nan peyi Lejip.
6) Pèp izrayèl la te renmen pi plis pou l te viv kòm esklav.
7) Moyiz ak pèp la te kanpe bò lanmè wouj la.
8) Moun peyi Lejip yo te deside rete trankil lè moun pèp Izrayèl yo te ale.
9) Bondye te pwoteje pèp li a ak yon flanm dife nan mitan lannwit, ak yon nyaj pandan lajounen.
10) Pèp izrayèl te naje pou yo te travèse lanmè wouj la.

MEMORIZASYON

Fòme yon wonn, epi antre nan mitan ak yon boul eponj pou voye sou elèv yo. Timoun ki resevwa l la dwe di: "Mwen kapab konfye ke Bondye ap ede m paske *'Seyè nou an gen pouvwa, li gen anpil fòs. Konesans li pa gen limit'* (Sòm 147: 5)".

POU FINI

Mande elèv ou yo kisa yo te pi renmen nan istwa a. Fè yo sonje ke nou menm tou nou fè pati pèp Bondye a epi nan menm fason li fè l avèk pèp izrayèl la, li pran swen noue pi pwoteje nou de tout danje. Esplike yo ke Bondye nou an kapab fè bagay ki depase lanati paske pouvwa li gwo anpil.

Priye pou di Bondye mèsi pou sa yo te aprann jodi a, epi ankouraje yo asiste pwochen semèn nan. Mete fen pandan n'ap chante yon chan louwanj ki pale de gwo pouvwa Bondye a.

nòt

Leson 29
Bondye Onore Obeyisans Naaman

Baz biblik: 2 Wa 5:1-15.
Objektif leson an: Se pou timoun primè yo aprann konfye yo nan gwo pouvwa Bondye a.
Vèsè pou aprann: *"Seyè nou an gen pouvwa, li gen anpil fòs. Konesans li pa gen limit"*. (Sòm 147: 5)

PREPARE W POU W ANSEYE!

Atravè leson sa a elèv ou yo pral aprann ke yo ka konfye yo nan Bondye nou an ki gran epi pisan.

Nan faz sa a ki gen chanjman fizik ak emosyonèl, ou pral ba yo estabilite pou yo konnen ke yo se pitit yon Bondye ki pa chanje epi tou prêt pou ede yo.

Mete aksan ke Naaman te yon moun vre, se pa pwodwi imajinasyon menm jan ak pèsonaj n'ap gade nan televizyon yo. Naaman te aprann konfye l nan Bondye lè l t'ap fè fas ak yon maladi difisil epi, kòm yon rekonpans pou obeyisans li, Bondye te retabli sante li.

Ede yo konprann ke byenke Naaman te yon ofisyèl enpòtan nan lame peyi Siri a, lit e desann li anba pouvwa yon sèl vrè Bondye a.

KÒMANTÈ BIBLIK

2 Wa 5:1-15. Naaman te yon nonm enpòtan nan lame women an, limenm ke tout moun te onore ak respekte. Sepandan, li soufri lèp, yon maladi ki te menase lavi li.

Tewolojyen yo fè kwè ke kalite lèp Naaman te genyen an pa menm ak sa nou konnen nan tan jodi a, se te pito youn ki pi grav ki defigire moun nan konplètman.

Nan istwa sa a Bondye te moutre gwo pouvwa li pa mwayen moun ak objè komen yo. Premyèman, jèn fi ebre a ki t'ap sèvi madanm Naaman an. Malgre li te esklav, li te gen kouraj pou l te pale de lafwa li nan Bondye paske l te konnen ke li te avèk pèp li Izrayèl epi Elize se te pwofèt.

Dezyèmman, mesaje a. Sa a te pote enstriksyon espesifik bay Naaman ke elize te voye ba li, ki pa t pale dirèkteman ak jeneral peyi Siri a.

Twazyèmman, larivyè Jouden an. Larivyè sa a te gen yon siyifikasyon enpòtan pou pèp jwif la, men pou Naaman se te sèlman yon larivyè labou epi òdinè.

Katriyèmman, pwofèt Elize. Limenm ki te disip Eli, kounye a Bondye t'ap itili li pou kondi pèp li a.

Istwa di nou ke, apre Naaman te fin prezante devan wa pèp Izrayèl la, li t'al lakay pwofèt la. Elize pa t enpresyone devan bèl defile kapitenn lavil Siri a, ni tout tit li yo oswa rekòmandasyon l yo. Senpleman li te wè sèvitè l'avèk enstriksyon senp pou ke Naaman te obeyi epi resevwa gerizon.

Pètèt li te gen pwòp ide pa li sou fason mirak la ta dwe pwodwi (v.11), men Bondye te moutre li ke l te kontwole sitiyasyon an epi te gen pouvwa pou l geri li, men se sèlman si li ta obeyi.

Naaman te soti lakay Elize a byen fache, lè l te refize enstriksyon pwofèt la.

Finalman, lè sèvitè li yo te konvenk li:
Li te obeyi epi li te geri.

Yon bagay nou ta dwe sonje se ke absans pwofèt la nan mirak sa a bay Bondye tout kredi a.

Naaman te rekonèt Jewova kòm sèl Bondye vivan.

Bondye te onore obeyisans li, li pa t sèlman retabli po li, men tou kè li.

Li enpòtan pou ke elèv ou yo konnen ke Bondye gen kontwòl sou tout bagay ki egziste epi onore pitit li yo lè yo obeyi li.

DEVLOPMAN LESON AN

Chwazi kèk nan aktivite sa a yo pou fè plis ajil epi divèti devlopman leson an.

Malad yo!

Chèche nan magazin oswa jounal yo kèk ilistrasyon sou medikaman, lopital, doktè, moun malad, elatriye.

Prezante yo devan elèv ou yo, epi pale sou divès maladi ki afekte timoun yo. Bay opòtinite pou de volontè rakonte yon eksperyans byen kout. Di yo ke leson jodi a pral pale sou yon moun ki te soufri yon maladi ki byen grav.

Vwayaj konfyans

Pou aktivite sa a w'ap bezwen moso twal pou mare je elèv ou yo.

Mande timoun yo pou yo fòme yon liy epi mare je yo. Di yo pou yo mache nan sal la, asire w ke w'ap gide yo pou yo pa frape.

Retire objè ki kapab lakòz aksidan yo. Si klima pèmèt sa, fè aktivite sa a nan yon kote ki gen zèb.

Gide yo pou yo fè yon vwayaj nan sal la.

Apre sa, mete tèt nou ansanm pou nou pale sou eksperyans. Mande yo:

- *Kouman te santi nou lè nou te oblije depann de yon moun ki pou dirije nou ?*
- *Kouman te santi nou lè nou te konfye nou nan yon lidè, menm si nou pa konnen ki kote l'ap mennen nou?*

Esplike yo ke Bondye vle pou nou konfye nan li, menm si anpil fwa nou pa konprann sa k'ap pase nan antouraj nou. Li vle ke nou konfye ke l'ap pran swen epi dirije nou nan chemen kòrèk la.

Istwa biblik jodi a pale de yon moun ki te mete konfyans li nan Bondye.

ISTWA BIBLIK

Konfyans Naaman an

Naaman se te jeneral lame wa peyi Siri a. Wa a te renmen l anpil paske li te yon bon moun epi yon solda vanyan. Men, malerezman, Naaman te gen lèp epi pèsonn pa t kouman pou yo te trete maladi sa a.

Te gen yon ti dam ki t'ap travay lakay Naaman, se te youn nan moun yo te pran nan peyi Izrayèl pou mete yo nan egzil. Yon jou, li di madanm Naaman konsa : "Si mèt mwen Naaman mande pwofèt ki rete nan Samari a èd, l'ap geri li de maladi lèp la.

Wa te di li, "ebyen ale", "mwen pral voye yon lèt rekòmandasyon bay wa peyi Izrayèl la".

Nan fason sa a, Naaman te prè pou l te deplase pou l ale, pote anpil lò, lajan ak rad kòm kado. Lèt li te pote bay wa peyi Izrayèl la te di konsa : "Mwen voye lèt sa ba ou pa mwayen sèvitè mwen Naaman pou w geri lèp li a".

Lè wa peyi Izrayèl la te li lèt la, li te enkyete anpil epi li di : "Mwen pa kapab geri lèp la. Kisa wa peyi Siria vle menm, goumen avèk nou ?"

Lè pwofèt Elize te tande sa ki te pase nan palè a, li te voye yon mesaje kote wa peyi Izrayèl la : "Di Naaman pou l vin lakay mwen epi l'a konnen ke gen pwofèt nan peyi Izrayèl".

Naaman te moute sou cha li epi ale lakay Elize, men la a li te tounen ak yon gwo sipriz. Menm si Naaman se te yon nonm ki te enpòtan anpil nan peyi li, Elize pa t soti al resevwa li. Li te prefere voye yon mesaje pou ba l enstriksyon yo.

"Ale epi lave kò w sèt fwa nan larivyè jouden an. Konsa chè w va restore epi w'ap vin pwòp ankò, epi w'a geri konplètman de maladi sa a".

Lè Naaman te tande mesaj la, li te vire byen move epi al di sèvitè l yo sa : "Mwen te panse pwofèt la ta soti vin pale avè m. Mwen te kwè li ta pral priye Bondye epi touche maleng mwen yo, epi se konsa mwen ta geri anba lèp la. Anplis de sa, li vle pou m lave kòm nan larivyè Jouden an pandan ke nan peyi m gen anpil rivyè pi bon pase sa. Kòm si m paka benyen ladan yo pou m jwenn gerizon ?"

Lè li te prepare li pou l tounen nan peyi Siri, youn nan sèvitè l yo te di : "Mèt, si pwofèt la voye w al fè yon bagay difisil, èske w pap fè li ? se pandan, li mande pou w fè yon bagay ki tou senp. Pou kisa w pa eseye li?

Se konsa, Naaman te desann nan rivyè jouden an epi li jete kò l sèt fwa, jan pwofèt la te mande l la. Apre setyèm fwa a, Naaman te wè kò l netwaye nèt.

Naaman rele avèk jwa: "Mwen geri!".

Se konsa, li te retounen lakay Elize avèk sèvitè l yo epi li di : "Kounye a mwen konnen ke nan tout mond lan pa gen Bondye, men se pito nan peyi Izrayèl. Depi kounye a mwen pap adore yon lòt Dye, si se pa Bondye pèp Izrayèl la ki geri mwen".

AKTIVITE YO

Istwa Naaman an

Distribye liv elèv yo ak sizo.

Mande timoun yo koupe moso kastèt yo lakay epi kole yo dapre lòd istwa biblik la. Di yo pou yo kole y oak ti riban adezif transparan. Lè kastèt la fini, l'ap rete sou fòm yon "T".

Vire paj kastèt yo epi y'ap jwenn yon mesaj espesyal.

Lòt opsyon an se separe bous oswa anvlòp bay chak elèv pou yo pode moso kastèt la lakay yo, epi pou yo ranje li avèk zanmi l yo ak fanmi l yo.

Wa a di...

Rasanble elèv ou yo devan w epi di yo konsa: *Annal jwe nan "Wa a di". Si mwen di : "Wa a di : se pou nou touche nen nou", nou dwe touche li. Men, si mwen sèlman di : "Touche nen nou", san m pa di "Wa a di", epi nou fè li, nou dwe al chita.*

Repete jwèt la plizyè fwa (vole, kouri, chante, elatriye.). Jouskaske memwa timoun yo pèdi epi al chita.

Esplike yo ke lè yo akonpli règ jwèt yo, yo se moun obeyisan. Nan menm fason an,

Bondye vle pou nou toujou obeyi Pawòl li ak koumandman li yo, jan Naaman te fè l la.

MEMORIZASYON

Ekri mo vèsè biblik yo epi sere yo nan sal la. Endike timoun yo pou yo chèche yo. An mezi y'ap jwenn yo, fè yo ranje tèks la epi repete li ansanm byen fò. Ba yo tan pou yo jwe jwèt yo pi renmen an kòm yon prim.

POU FINI

Rasanble elèv ou yo epi di yo konsa: *Nan mwa sa a nou te tande istwa biblik sou pouvwa ak grandè Bondye. Li tèlman gen fòs, li kapab fè nenpòt bagay. Li te kreye mond lan, li te konfonn lang moun ki t'ap viv nan gwo kay lavil Babèl la, epi geri Naaman anba lèp la.*

Bondye vle moutre pouvwa li nan lavi w tou epi li vle pou w mete konfyans ou nan li ak tout kè ou.

Kondi yo nan yon priyè, epi mande pou moun ki gen bezwen espesyal yo. Ankouraje yo vin asiste nan pwochen klas la, kote yo pral etidye sou yon lame envizib.

nòt

Leson 30
Lame Envizib Bondye A

Baz biblik: 2 Wa 6:8-23.

Objektif leson an: Se pou timoun primè yo konnen ke Bondye toujou la avèk yo.

Vèsè pou aprann: *"Seyè nou an gen pouvwa, li gen anpil fòs. Konesans li pa gen limit"*. (Sòm 147: 5)

PREPARE W POU W ANSEYE!

Timoun primè yo konsyan ke nan mond lan gen moun ki pa byen trete lòt moun. Yo konnen ke y'ap komèt enjistis kont yo, epi gen sitiyasyon ki depase yo k'ap pètibe yo. Pa mwayen leson sa a yo pral asire yo ke Bondye gen kontwòl sou tout bagay ki egziste, menm si kèk fwa gen doulè ak enjistis.

Ede yo konprann ke Bondye pran swen mou ki mete konfyans yon an li. Lè kretyen an mete konfyans li nan Bondye li kapab santi swen ak pwoteksyon, menm lè lòt moun yo pa enterese avèk li. Sa pa vle di ke kwayan an pa janm fè eksperyans ak dekourajman, men lafwa pral ede li nan moman difisil sa a yo. Malgre pafwa difisil disène prezans Bondye a, nou santi nou konsole lè nou vin konnen ke li toujou la avèk nou.

KÒMANTÈ BIBLIK

Izrayelyen yo ak moun peyi Siri yo te toujou ap pete goumen nan fwontyè yo a. Moun peyi Siri yo te konn atake izrayelyen yo ak kout zèklè epi pre sa yo kouri. Se panda, moun peyi Izrayèl y opa t rete de bwa kwaze. Pa mwayen pwofèt Elize, Bondye te ede pèp li a lè l t'ap ba l enfòmasyon sou sa lame lènmi te gen plan pou l fè. Wa peyi Siri a te sispèk gen yon espyon nan lame li a ki t'ap pote enfòmasyon bay wa Izrayèl la, men youn nan sèvitè l yo te reponn: *"Pèsonn, mon wa, men se Elize pwofèt ki nan peyi izrayèl la, k'ap fè wa peyi Izrayèl la konnen tout sa ou di, ata sa ou di anndan chanm ou"* (v. 12).

Wa peyi Siri a te byen fache, li te voye anpil twoup al arete pwofèt la ki te abite nan lavil Dotan. Lè Elize te wè lame peyi Siri a fè wonn li, Elize pa t pè ditou lè l t'ap demoutre konfyans li nan gwo pouvwa Bondye a. Sèvitè l la Geyazi, li te enkyete anpil epi pè, jijan sa pase lè nou mete konfyans nou nan lòm epi non nan Bondye.

Nan pasaj biblik la nou wè ke Elize pa t priye pou Bondye te sove li. Li te konnen ke li pa t bezwen mande l li, paske Bondye te gen kontwòl sitiyasyon an. Li te pito priye, pou l te ouvri je sèvitè l la pou li te kapab wè sa ki te avèk yo a te plis pase sa ki te leve kont yo a. Mirak la te pase touswit epi, lè je espirityèl li yo te ouvri, li te gade montay la te plen ak kavalye epi cha dife tout alantou yo.

Pandan li t'ap gade avèk anpi pè epi dekonfyans, li te sanble pa t wè okenn espwa. Men lè l te wè tout bagay ak je lafwa, viktwa a te asire. Jounen jodi a mond lan afime ke fòk ou "wè pou w kwè".

DEVLOPMAN LESON AN

Itilize kèk nan aktivite sa a yo pou w ankouje patisipasyon elèv ou yo epi santre atansyon yo nan aprantisaj biblik la.

Mesaj envizib

Depi avan klas la prepare mesaj sa a pou chak elèv ou yo. Ekri ak yon kreyon blan nan yon fèy blan (kreyon koulè) : "Mwen renmen w epi mwen toujou la avèk ou ! ---Bondye".

Remèt elèv ou yo fèy la ak mesaj la vizib ak yon fet oswa makè.

Di yo: *Gen kèk fwa nou konn santi nou poukont noue pi nou panse ke lènmi nou yo pi fò pase nou. Men bagay yo pa toujou jan li sanble ye a. Itilize makè yo pou pentire fèy la epi n'ap jwenn yon mesaj sekrè.*

Pèmèt elèv ou yo reyalize aktivite a epi li mesaj yo dekouvri a.

Esplike yo que nou kapab konfye nan Bondye menm si sitiyasyon yo ta difisil anpil. Nan istwa biblik jodi a nou pral aprann sou yon moun ki te mete konfyans li nan Bondye nan mitan yon danje terib.

ISTWA BIBLIK

Lame envizib Bondye a

Wa peyi Siri a te nan yon gè ak wa peyi Izrayèl la. Limenm ak tout ofisyèl li yo te moute yon plan sekrè pou batay la. Wa a te di : "Nou pral kache nan zòn sa a epi, lè izrayelyen yo ap vini, n'ap tou atake yo".

Malgre plan yo te fèt an sekrè, Bondye te gentan konnen yo epi anonse pwofèt Elize.

Konsa Elize te anonse sa bay wa peyi Izrayèl la: "Fè atansyon paske moun peyi Siri yo planifye yon pyèj kont nou!"

Pwofèt la te di wa a ki kote egzat siriyen yo te fè plan pou atake. Epi li te nan reyalite vre!

De tanzantan, Elize te avize wa a, epi konsa lame peyi zrayèl la te prepare li. Yon jou Wa Siri a rele byen fò ankòlè : Pou kisa wa Izrayèl la toujou konnen ki kote nou pral atake ? Asireman gen yon espyon nan mitan nou!"

Ebyen li te rasanble tout ofisyèl li yo epi mande yo :

---Kimoun nan mitan nou la ki anfavè wa Izrayèl la ? Kilès ki espyon an ?

Youn nan ofisyèl li yo reponn : ---Pèsonn nan mitan nou pa espyon non. Se pwofèt Elize ki toujou ap di wa Izrayèl la tout sa w di an sekrè.

---Wa a te bay lòd li di : --Nou ale epi chèche kote nonm sa a ye !

Mwen pral voye anpil gason pou arete li.

Apre yon ti moman yo te vin di wa a ke Elize t'ap viv nan lavil Dotan, konsa li te voye cha, cheval ak yon gwo lame. Li te genyan lannwit lè yo te rive nan zòn sa a.

Nan demen maten, sèvitv Elize a te leve byen bonè epi li te wè lame lènmi a te gentan antoure tout lavil la.

Li te mande Elize : ---Kisa nou pral fè kounye a ?

Profèt la te reponn li : ---Ou pa bezwen pè---. Sa k'avèk nou an pi fò pase sa k'avèk yo a.

Sèvitè Elize a pa t ka konprann sa mèt li a t'ap di a. Sèl bagay li te wè se te lame moun Siri yo ki te antoure vil la epi tou prèt pou atake yo.

Elize te priye, li di : "Bondye, m'ap mande w pou w ouvri je li pou l ka wè". Konsa, Bondye te ouvri je sèvitè a, li menm ki te voye je l nan kolin yo, ant Siriyen yo ak Dotan, te gen yon bon kantite solda moute sou cheval ak cha dife.

Lè lènmi yo te avanse kont Elize, li te priye Bondye li di : "M'ap mande w pou w fè yo tout avèg".

Menm kote a Bondye te fè tout solda Siriyen yo rete avèg, jan Elize te mande l sa. Apre sa, pwofèt la te pwoche bò kote yo epi li di yo: "Sa a se pa ni chemen an ni lavil ke n'ap chèche a. Nou swiv mwen epi m'ap mennen nou kote nonm n'ap chèche a".

Solda yo te avèg epi konfonn, konsa yo te swiv Elize rive jous nan vil Samari. Yo te vin tounen prizonye pèp Izrayèl paske Elize te arete yo!

Wa peyi Izrayèl la te mande : ---Elize, èske m dwe touye yo ?

---Pwofèt la te reponn : ---Non, pa touye yo! Ou ta touye yon prizonye lagè? Ba yo manje ak dlo. Konsa yo va jwen ti fòs epi yo va kapab retounen kote wa yo ye.

Wa peyi Izrayèl la te prepare yon gwo bankèt pou siriyen yo epi, lè yo te fin manje ak bwè, li te voye yo retounen nan peyi yo.

Apre jou sa lame peyi Siri a pa janm retounen vin atake pèp Izrayèl la ankò.

AKTIVITE YO

Yon lame envizib

Distribye liv elèv yo. Mande pou timoun yo koupe imaj la, pandan y'ap swiv liy ki kontinye a, pou yo ka rache imaj Elize a ak sèvitè l la. Apre sa, double imaj sa sou liy pwentiye yo epi kole baz la pou li ka rete kanpe.

Bay tan pou elèv ou yo koupe sèn nan pandan y'ap swiv li pèpandikilè k'ap kontinye a. Apre sa, double youn nan sa triyang yo vire pa dèyè ak yon lòt pa devan, pou pati pa lame a ka rete kanpe.

Ankouraje yo itilize travay ki fini yo a ki déjà fini pou rakonte istwa biblik la ke yo te aprann jodi a.

Bondye pwoteje nou atravè...

Fè yon lis fason ke Bondye pwoteje nou ansanm ak elèv ou yo.

Ekri yo sou tablo a oswa nan yon papye brisòl (pa egzanp: Bondye pwoteje nou pa mwayen paran nou yo, pwofesè yo, dokte ak lopital yo, frè ak sè legliz yo, kòd wout yo, lè l'ap ban nou manje ak rad, pa mwayen lapriyè lòt kretyen yo, elatriye.).

MEMORIZASYON

Mande timoun primè yo pou yo ouvri Bib yo nan Sòm 147 :5. Ba yo opòtinite pou tifi yo li avan, apre sa tigason yo, apre sa ki gen soulye nwa yo, epi konsa, kontinye site chak gwoup. Chèche lòt fason ki pi bèl pou fè lekti a ki pral ede yo repase vèsè pou aprann nan.

POU FINI

Chante yon chan louwanj pou di Bondye mèsi pou lanmou ak pwoteksyon li.

Pèmèt pou timoun primè yo bay bi briyè yo, epi se pou yo priye youn pou lòt.

Pa bliye vizite oswa rele sa yo ki pa t asiste klas la oswa ki malad.

Leson 31
Bondye Pasyan Epi Konn Padone

Baz biblik: Liv Jonas la.

Objektif leson an: Se pou timoun primè yo konnen ke Bondye gen pasyans epi padone nou.

Vèsè pou aprann: *"Seyè nou an gen pouvwa, li gen anpil fòs. Konesans li pa gen limit".* (Sòm 147: 5)

PREPARE W POU W ANSEYE!

Anpil moun gen yon lide ki pa kòrèk osijè de Bondye. Yo kwè ke se yon moun ki di anpil ak sevè ki la pou pini moun ki dezobeyi yo. Se pandan, lè n wv istwa Jonas la nou aprann ke se pa vre. Lanati avèk lanmou Bondye a pa gen parèy. Li gen pasyans, konpreyansyon epi konn padone, epi li prè pou l leve ak restore sa yo ki tonbe.

Timoun primè yo ap aprann rekonèt erè yo epi repanti pou move aksyon yo. Mete aksan sou dezobeyisans Jonas la, konsekans li yo ak reyaksyon Bondye sou sa. Pa mwayen istwa sa a ede yo konprann ke, si yo twonpe, Bondye touprèt pou padone yo epi ba yo yon nouvo opòtinite.

KÒMANTÈ BIBLIK

Jonas. Pou dekrive liv Jonas la nou ta kapab itilize Sòm 103:8, ki di : Seyè a gen kè sansib, li gen bon kè ; li pa fè kòlè fasil, li pap janm sispann renmen nou.

Pou nou konprann istwa sa a nou bezwen wè li nan objektif Bondye. Istwa sa a mete aksan sou karaktè Bondye, ak dezi li pou tout moun repanti epi chanje fason y'ap viv la. Li moutre ke sèvitè Bondye y opa kapab sèlman dezobeyi yon lòd Seyè a, san yo pa resevwa yon apèl pou yo fè atansyon. Lòt pati a fè nou konnen ke Bondye kenbe pawòl li, pasyan, gen kè sansib epi konn padone. Malgre dezobeyisans ak rebelyon Jonas, Bondye te ensiste jouskaske li te repanti epi pote mesaj Seyè a nan lavil Niniv.

Nou wè ke Jonas te resevwa padon Bondye a avèk plezi e konsolasyon, men li pa t vle pou pèp Niniv la te resevwa li. Sa moutre nou karaktè lòm. Anpil fwa nou fè bagay yo ak patipri, men Bondye pa fè sa.

Li vle pou mesaj la rive tout kote nan mond lan, epi li prèt pou l padone ak restore lavi chak moun.

Moun lavil Niniv avèk wa te kwè nan Bondye, epi pwoklame yon jèn nasyonal. Depi nan moun jouk nan bèt yo, tout te dwe rele Bondye jis epi ki konn padone a. Bondye te tande rèl li epi yo te padone yo.

Bondye kenbe pawòl li epi gen bon kè, li pa refize yon kè ki imilye l devan li.

DEVLOPMAN LESON AN

Itilize kèk nan aktivite sa yo pou anrichi etid leson jodi a.

Entwodiksyon

Li pwobab pou pi fò nan elèv ou yo déjà konnen istwa Jonas la. Se poutèt sa, nan leson sa a mete aksan sou padon ak pasyans Bondye, olye w santre li sou gwo pwason an.

Demoutre, an espesyal, ke gwo pwason an se te yon mwayen ke Bondye te itilize pou Jonas pa t mouri nwaye, men sa ki verite a se ke Bondye te pran pasyans epi padone Jonas pou dezobeyisans li, lè li te bali yon dezyèm opòtinite.

Pasyans

Aktivite sa a pral ede w pwouve pasyans elèv ou yo lè w'ap eseye ekri yon fraz san komèt okenn erè.

Distribye kreyon ak fèy. Mande yo itilize yon fraz konplèt san sèvi ak gòm pou efase. Si yo komèt yon erè, yo dwe retounen al ekri fraz la depi nan koumansman ankò. Ankouraje yo travay avèk pasyans epi atansyon pou yo kapab ekri fraz la san y opa twonpe yo.

Timoun primè yo, byen souvan, yo itilize gòm pou efase nan devwa lekòl yo. Nan etap sa y'ap devlope ak pèfeksyone entelijans yo pou ekriti a, se pou sa pi fò nan yo vle fè li san erè. Egzèsis sa a pral ede w eseye nivo pasyans ak tolerans yo fas ak fistrasyon.

Fraz yo dwe ekri a se: *Bondye gen pasyans epi konn padone.*

Bay senk minit pou yo reyalize aktivite a. Apre sa di yo konsa: *Kisa sa vle di gen pasyans?* Koute repons yo epi konplete enfòmasyon an. Esplike yo ke anpil fwa li difisil pou nou pran pasyans, men Bondye toujou pasyan epi touprèt pou l padone nou lè nou fè erè.

Jonas nan lanmè a

Pou aktivite sa a distribye plastilin oswa mas pou bay mòd. Mande elè ou yo pou yo elabore yon imaj Jonas ak yon lòt pou pwason an. Pandan y'ap fè li, mande yo pou yo rakonte tout sa yo konnen sou istwa biblik la. Koumanse nan enfòmasyon sa a, rakonte istwa jodi a pandan y'ap mete aksan sou padon ak pasyans Bondye.

ISTWA BIBLIK

Bondye padone

Yon jou Bondye di Jonas, "Ale nan gwo Niniv la. Mwen wè moun ki ladan l yo ap fè sa ki mal, epi mwen fatige ak konpòtman yo. Ou dwe ale epi di yo tounen vin jwenn Bondye pou peche yo kapab padone".

Men, Jonas pa t vle obeyi Bondye. Se konsa, li pran kouri pou l al kache nan vil Tasis, yon zòn ki te sou bò opoze ak lavil Niniv. Jonas te ale nan lavil Jope, kote li jwenn yon batiman pou ale nan peyi Tasis. Apre li fin peye tikè a, li te ale abò epi li te prepare li pou kouri lwen Seyè a pi vit posib.

Pandan Jonas t'ap vwayaje a, Bondye te voye yon van fò ak yon tanpèt terib. Van an te tèlman fò ke li te sanble ke kannòt la t'ap fann nan mitan. Tout maren ak pasaje yo te enkyete anpil, epi yo chak t'ap rele nan pye bondye yo pou pwoteje yo.

Pou yo te fè kannòt la vin pi lejè, yo te voye mwatye nan sa yo te pote nan lanmè a.

Ki kote Jonas te ye lè tout bagay sa yo t'ap pase a? Dòmi!

Finalman, kòmandan bato a te jwenn Jonas epi li te mande, "Ki jan w fè ap dòmi trankil konsa? Leve non, lapriyè Bondye ou la! Pètèt li menm, lè li wè sa k'ap pase a li ta pwoteje nou pou n pa mouri".

Maren yo te di: "An nou wè si nou kapab jwenn koupab ki lakòz tanpèt terib sa a".

Lè yo te aprann ke se Jonas ki te koupab la, yo di li:

---Di nou, ki moun ki responsab tout bagay sa a yo te rive nou? Ki moun ou ye? Kisa ou fè? Ki kote ou soti? Nan ki peyi ou soti?

Jonas te reponn : Mwen menm mwen se ebre epi mwen gen krentif pou Seyè a, Bondye ki nan syèl la, ki te fè lanmè a ansanm ak tè a.

Lè yo te tande sa, yo te pè, epi yo te mande li:

---Kisa ou fè pou tanpèt terib sa eseye detwi nou? Kisa nou dwe fè pou lanmè a kalme anvè nou?

---Jonas te reponn : ---Pran mwen epi jete m nan lanmè a. Se sèlman konsa li kapab kalme. Mwen konnen ke se lakòz mwenmenm malè terib sa te vini sou nou.

Maren yo pa t vle jete Jonas nan lanmè a, men sitiyasyon an te vin pi mal de tanzantan. Finalman, yo jete Jonas epi lanmè a te vin kalme.

Lè maren ak pasaje yo te wè tanpèt la sispann, yo reyalize gwo pouvwa Bondye a epi yo fè lwanj li.

Pandan tan sa, Bondye te fè yon gwo pwason vin vale Jonas.

Jonas te pase twa jou twa nwit nan vant bèt la. Se la li te priye Bondye, epi li te pwomèt li pa ta janm dezobeyi. Anplis de sa, li te mande padon paske l te kouri epi li te pwomèt li ta fè volonte li, ale nan lavil Niniv jan l te bay lòd la.

Bondye tande lapriyè Jonas la epi padone li pou dezobeyisans li a. Apre sa, li bay pwason an lòd pou l'al voye Jonas atè. Jonas te kontan gen yon lòt opòtinite pou l te obeyi Bondye.

Lè sa a, Bondye pale ak Jonas yon dezyèm fwa, li di: "Ale nan gwo vil Niniv la epi preche mesaj mwen te ba ou a".

Fwa sa a, Jonas te obeyi! Li te ale nan Niniv epi te di moun yo ke Bondye t'ap detwi lavil la nan 40 jou. Lè yo fin tande mesaj la, abitan yo nan lavil Niniv te kwè nan Bondye, epi wa a voye mesaj sa a bay tout kò akolit li yo: " Tout moun kriye devan Bondye. Sispann fè sa ki mal ak vyolan.

Pètèt konsa Bondye ka deside pa detwi nou. Pètèt l'a pran pitye pou nou epi nou p'ap janm mouri".

Lè Bondye te wè ke moun lavil Niniv yo te repanti, li te gen pitye pou yo, li pa t detwi yo.

Lè Jonas te reyalize ke Bondye te padone pèp la olye pou l te detwi yo, li te fache anpil: "Bondye, mwen te gentan konnen sa ta pral pase! Se pou sa mwen te kouri a. Mwen te konnen ou gen konpasyon, pasyans epi konn padone, epi ou pa ta detwi ni pi move lènmi nou yo. Kounye a, li ta pi bon pou w' te touye m ! "

Lè sa a, Bondye di l, "èske w gen dwa pou ou fache konsa? Ou sèlman panse pou ou, men nan lavil Niniv gen plis pase 120 mil moun.

Ou pa kwè mwen dwe enkyete m pou yon gwo vil konsa? "

Bondye te vle pou Jonas aprann yon leson impòtan. Bondye pasyan, konn padone epi gen bon kè. Li renmen tout moun, nenpòt moun li te ye a oswa sa yo te fè.

Lè yon moun tounen vin jwenn Bondye epi kite peche l, Bondye padone li ak kè kontan. Ala yon bèl bagay se Bondye nou an!

AKTIVITE YO

Jonas aprann yon leson

Distribye liv pou elèv yo konfeksyone ti liv la yo te sigjere nan aktivite sa a. Ede yo swiv enstriksyon ki nan Leson 31 an pou ranpli pwojè a.

Lè fini, chwazi plizyè timoun pou pase devan, epi, lè y'ap sèvi avèk ti liv yo, se pou yo rakonte sa yo te aprann nan istwa biblik la.

MEMORIZASYON

Prepare desen yon gwo pwason depi davans epi la menm ekri vèsè pou aprann nan ak gwo lèt. Fè timoun yo chita sou fòm yon sèk pou li vèsè a plizyè fwa.

Lè sa a, bay youn pwason an epi di yo ke yo dwe bay kamarad ki sou bò dwat yo ali. Lè ou di "STOP", moun ki gen pwason an dwe resite vèsè a. Kontinye jwèt la jouskaske tout moun patisipe.

POU FINI

Si Sentespri a gide ou fè li, bay elèv ou yo opòtinite pou yo konfese peche yo epi mande Bondye padon. Si sa posib, mande chak moun si Bondye deja padone move aksyon yo te fè yo. Eksplike ke sa a se yon desizyon pèsonèl, epi prezante mesaj padon Bondye a.

Priye ak moun ki deside pou mande Bondye padon, epi tou mande Bondye pou lòt moun yo tou.

Sonje li enpòtan pou w kontinye al ankouraje nouvo elèv yo, se konsa chèche kenbe kontak ak yo pandan semèn nan.

Leson 32
Bondye Gen Plis Pouvwa Pase Founèz Dife A

Baz biblik: Danyèl 3:1-30.
Objektif leson an: Se pou timoun primè yo aprann fè sa ki dwat epi konfye yo nan Bondye.
Vèsè pou aprann: *"Seyè nou an gen pouvwa, li gen anpil fòs. Konesans li pa gen limit".* (Sòm 147: 5)

PREPARE W POU W ANSEYE!

Dapre Sinclair Ferguson, "gen lafwa siyifi konfye nan Bondye ak nan Pawòl li. Lafwa pa vle di nou konnen oswa konprann ki objektif espesifik li pou lavi nou. Sa vle di nou prèt pou swiv li nenpòt jan sa ye".

Konfyans la se yon prensip kretyen ki enpòtan. Nou dwe konfye nou nan Bondye lè nou te deside swiv li. Anpil fwa, nou pale ak timoun primè yo konfyans. Sepandan, leson inite sa a konsantre sou fè egzèsis sou konfyans yo nan Bondye. Rekonèt pouvwa Bondye ap enspire konfyans nan elèv ou yo, epi l'ap ede yo konprann ke yo menm yo pa pou kont yo nan moman difisil yo.

Sepandan, li enpòtan pou timoun primè yo aprann toujou mete konfyans yo nan Bondye, se pa sèlman lè li sèvi ak pouvwa li pou pwoteje yo. Fèm konfyans lan ak kontinye menm "nan mitan founèz dife a".

KÒMANTÈ BIBLIK

Danyèl 3:1-30. Tèm prensipal liv Danyèl la se otorite Bondye a sou tout wayòm sou latè yo. Jèn ebre yo te konnen Bondye te gen kontwòl tout bagay epi li te kapab delivre yo.

Nan konkliyzon istwa sa a, wa te konfese lafwa li nan yon sèl Bondye vivan an, limenm ki te gen anpil pouvwa pou sove moun k'ap sèvi l yo founèz dife terib la.

Istwa sa a moutre batay ki te genyen nan palè a ant wa a ak jèn ebre yo. Kòm nou konnen byen, Nebikadneza fè yon estati lò pou tout pèp la te adore. Li te konsidere tèt li kòm wa pi pisan ak fò nan mond lan, epi moun ki pa aksepte rann tèt yo nan adorasyon devan estati a pandan yo sonnen klewòn an, y'ap lage l nan founèz dife a.

Kèk kaldeyen te pwofite opòtinite a pou yo akize move entansyon jwif yo, epi prezante yon plent devan wa a. Lè yo te tande li, wa te santi li ofanse, epi byen vit li te voye chèche Ananyas, Misayèl ak Azarya. Yo te prezante devan wa, ap bay temwayaj sou konfyans yo nan sèl vrè Bondye a. Nebikadneza te vle ba yo opòtinite pou yo te fè fòmasyon pou yo ankò, men yo te di li pa t nesesè. Yo te gentan pran desizyon yo epi, menm si Bondye pa vin delivre nou anba lanmò a, pa gen anyen k'ap fè yo chanje lide. Wa Nebikadneza te tèlman fache li te voye chofe founèz la sèt fwa pi plis ke jan li ta dwe ye a. Founèz la te tèlman cho, sa fè ke lè y'al jete mesye ladan l, moun ki t'al lage yo a yo te mouri ak chalè dife a.

Wa a te sezi anpil lè l te wè jèn ti mesye ebre yo t'ap mache nan dife a, epi sa ki te fè l plis sezi tou se lè l te wè yon katriyèm moun avèk yo nan founèz la. Bondye te onore fidelite sèvitè li yo epi te libere yo ak men pisan li. Tèks la di ke, men cheve nan tèt yo pa t boule; rad sou yo pa t gen anyen, "menm sant lafimen dife a yo pa t genyen".

Nebikadneza te louwe Bondye jèn ebre yo, epi bay yon dekrè : se pou tout pèp, nasyon oswa lang ki te blasfème kont Bondye ebre yo mouri dekapite.

Menm jan Bondye te delivre sèvitè l yo ki te mete konfyans yo nan li, li kapab libere nou anba advèsè nou yo tou avèk danje si nou kenbe pawòl nou ak obeyisan.

DEVLOPMAN LESON AN

Chwazi kèk nan aktivite sa yo pou motive elèv ou yo aprann verite biblik jodi a.

Kat jewografik babilonyen yo

Pou aktivite sa a ou pral bezwen: yon bòl pou w melanje engredyan yo, yo kiyè a, konte gout, 2 gwo kiyè sèl, yon gwo kiyè farin frans, ¾ tas dlo, 3 gout lwil doliv, ti chodyè ki pa twò fon ak yon kreyon.

Di elèv ou: *Istwa nou rakont jodi a te pase sa plizyè ane de sa nan peyi Babilòn. Jodi a nou pral aprann fè kat tankou sa yo te konn itilize nan tout lavil la nan tan lontan yo.*

Li enstriksyon yo byen fò pou elèv ou yo swiv yo. Si gwoup ou a gwo anpil, divize an gwoup de twa oswa kat timoun pou w fasilite travay la.

Enstriksyon: Premyèman, mele sèl la ak farin frans lan. Apre sa a, ajoute dlo a tikras pa tikras, pandan y'ap melanje l ak kiyè a. Ajoute lwil doliv la ak konte gout la, mele yo ansanm epi vide mas la nan mòd la. Peze melanj lan jouskaske li rete byen plat. Kounye a pandan y'ap itilize kreyon, fè desen mòn yo, larivyè yo, lavil Babilòn nan, palè wa a, elatriye.

Dife, dife!

Fè aktivite sa a ak anpil prekosyon pou w evite aksidan. Limen yon balèn epi mete pwent yon fèy sou flanm nan pou l boule li.

Pandan papye a ap boule, etèn li ansanm ak balèn nan. Pale ak elèv ou yo de karakteristik dife ak sa li ka fè eleman yo.

Di yo konsa: *Dife a danje anpil. Menm jan li boule papye a, li kapab boule tout sa li jwenn sou wout li: pye bwa, gwo kay, moun, elatriye. Se pandan gen yon moun ki gen plis pouvwa pase dife a. Èske nou konn kimoun? Wi! Bondye! Epi nan istwa jodi a nou pral aprann kouman li te pwoteje sèvitè li yo nan yon founèz dife tou limen.*

ISTWA BIBLIK

Delivre nan founèz dife a

Wa lavil Babilòn nan te yon nonm awogan. Li te rele Nebikadneza. Li te byen ògeye pou tout gwo pwogrè li te rive reyalize, li te renmen pou lòt moun te panse li te gwo koze.

Yon jou, wa Nebikadneza a te gen yon lide tounèf. Li te bay sèvitè l yo lòd pou yo fè yon gwo estati kouvri ak lò.

Apre sa, li mete l 'nan yon plas kote tout moun ka wè li, epi li voye yon mesaje nan tout pwovens yo pou anonse: "Vini nan inogirasyon bèl estati an lò a".

Pandan dedikasyon an, mesaje wa a di byen fò: "Lè nou tande son mizik la, tout moun dwe bese tèt yo epi mete ajenou devan estati lò wa Nebikadneza te fè a. Moun ki pa tonbe ajenou pou adore estati a, yo pral jete yo imedyatman nan yon gwo founèz dife tou limen".

Nan tan sa a yo li te trè danjere dezobeyi lòd yon wa, se konsa lè mizik la te koumanse tout tonbe ajenou, yo adore estati lò a.

Tout moun te fè li, sèlman twa mesye juif yo ki te rele Ananyas, Misayèl ak Azarya, ki te adore yon sèl vrè Dye a.

Lè sa a, kèk nan moun k'ap sèvi wa a yo, wè ke twa jwif yo te rete kanpe, pandan tout lòt moun te mete ajenou, yo te kouri al di wa sa.

Sèvitè yo te di : "Monwa, viv pou tout tan".

"Nou konnen ou te pase yon lwa pou ke lè nou koute son mizik enstriman yo, tout moun dwe mete ajenou pou adore imaj an lò ou la.

Epi w te avèti ke moun ki dezobeyi ta dwe voye jete nan gwo founèz tou limen an.

Sepandan, kèk jwif pa t pote atansyon ak lòd ou yo.

Yo gen pozisyon enpòtan nan wayòm ou an, men yo pa adore dye ou yo epi yo pa bese tèt devan imaj an lò ou la".

Wa Nèbikadneza te move, epi mande pou yo mennen Ananyas, Misayèl ak Azarya devan l.

---Byen fache wa a te pran pale li di : Jèn ebre yo, èske se vre nou pa vle sèvi ni dye mwen yo oswa mete ajenou devan estati lò mwen te mande yo bati a? Kounye a, lè nou tande son enstriman mizik yo nou dwe tonbe ajenou poun adore estati m nan. Si nou refize, yo pral jete nou nan gwo founèz dife tou limen an.

---Jèn ebre yo te reponn li : Wa Nèbikadneza, si yo jete nou nan gwo founèz tou limen an, Bondye n'ap sèvi a gen pouvwa pou vin delivre nou, epi menm si li pa sove nou anba men ou. Epi byenke li pa ta vin sove nou, nou vle w konnen ke nou p'ap adore dye pa ou yo oswa mete ajenou devan estati an lò ou te fè a.

Wa Nebikadneza te vin pi fache toujou epi li te rele sèvitè li yo byen fò :

---Chofe founèz la sèt fwa plis pase jan lit a dwe ye! Apre sa, mare Ananyas, Misayèl ak Azarya epi jete yo la.

Gwo founèz dife a te tèlman cho flanm dife a touye sòlda ki t'al jete twa zanmi yo nan founèz la.

Wa Nebikadneza AK sèvitè li yo t'ap swiv AK anpil atansyon SA ki te gen pou pase mesye yo. Toudenkou, wa te leve byen sezi epi li te mande:

---Èske se pa t twa gason nou te mare voye jete nan dife a?

Wi, domestik yo te reponn li.

Wa a di : ---Gade! Byen sezi ---. Mwen wè kat moun k'ap mache nan mitan dife a.

Anplis de sa, yo pa mare epi sanble gen yon katriyèm moun, epi katriyèm nonm sa a sanble yon pitit bondye yo.

Nebikadneza pwoche bò gwo fou a epi li rele:

"Chadrak, Mechak Abèdnego (non yo te ba jèn ebre yo nan peyi Babilòn), sèvitè Bondye ki ano nan syèl la, nou soti la!"

Twa jenn gason yo te soti nan dife a pandan yo tout t'ap gade yo byen sezi. Dife a pa t fè yo anyen, menm yon branch cheve nan tèt y opa t boule. Menm sant lafimen dife a y opa t genyen !

Nebikadneza te rekonèt ke Bondye Chadrak, Mechak ak Abèdnego a te gen plis pouvwa pase lòt dye li te konn adore yo epi li te Fv yon nouvo deklarasyon.

"Lwanj pou Bondye Chadrak, Mechak ak

Abèdnego, limenm ki te voye zanj li vin delivre sèvitè l yo! Yo te mete konfyans yo nan li epi dezobeyi lòd wa a, yo te vle mouri olye pou yo te adore yon lòt dye. Se poutèt sa, mwen bay lòd pou ke si yon moun de nenpòt lòt nasyon pale kont Bondye mesye sa a yo, yo pral koupe fè plizyè moso, epi se pou lakay li detwi, paske pa gen okenn Bondye ka ki sove konsa".

Nebikadneza te fè yon bagay anplis. Li te bay jèn ebre yo lòt travay tounèf pi enpòtan pase say o te gen avan yo. Li Te konnen ke li Te kapab mete konfyans li Nan mesye SA yo ki brav ki t'ap sèvi yon Bondye ki gen tout pouvwa.

AKTIVITE YO

Gen konfyans ak obeyi

Distribye liv elèv yo. Mande timoun primè yo pou yo koupe nan liy k'ap kontinye a pou w dekole riban enstriksyon yo.

Lè sa a, pliye fèy la sou liy lan pwentiye yo pou kouvri imaj la. Mande kèk volontè pou yo li byen fò pawòl ki nan triyang yo.

Ouvri yo epi repase istwa biblik la lè y'ap itilize enstriksyon yo.

Apre sa, bay tan pou koupe imaj zanj lan ki nan do riban enstriksyon an epi kole l nan mitan founèz tou limen an, ansanm ak jèn ebre yo.

Ankouraje yo sèvi ak travay fini yo a pou yo rakonte fanmi yo sa yo te aprann nan klas la.

MEMORIZASYON

Sèvi ak fèy liv elèv yo pou repase vèsè biblik inite sa a. Si tan pèmèt, envite paran yo vin tande timoun yo k'ap di vèsè a pa kè. Sa ap ankouraje timoun primè yo kontinye patisip ak aprann nan klas la.

POU FINI

Kòm se dènye klas inite a, fè yon revizyon tou kout sou leson avan yo. Demoutre enpòtans ki genyen nan konnen ke Bondye nou an gen tout pouvwa epi touprèt pou l ede pitit li yo. Ankouraje timoun prime yo pou y'al rakonte gwo verite sa a bay zanmi yo epi envite yo patisipe nan klas edikasyon kretyen yo.

Pou fini, lapriyè pou youn lòt.

Di yo ke pwochen init a rele "Jezi moutre nou priye".

nòt

Ane 2 **Entwodiksyon – Inite VIII**

JEZI MOUTRE NOU PRIYE

Baz biblik: Lik 6:12-16; 11:1-4; Jan 17:6-26; Matye 26:36-46.

Tèks inite a: *"M'ap rele ou, Bondye, paske ou reponn mwen, o Bondye; tanpri, panche zòrèy ou bò kote m, koute sa m'ap di ou."* (Sòm 17: 6)

OBJEKTIF INITE A

Inite sa a pral ede timoun primè yo:

- ❖ Rekonèt ke Jezi moutre nou priye, lè li ban nou egzanp ak enstriksyon espesifik yo.
- ❖ Priye pou yo ak pou lòt moun.
- ❖ Devlope abitid lapriyè a.
- ❖ Kwè ke lapriyè se mwayen ke Bondye bay pou nou kominike ak li.
- ❖ Konnen ke Bondye reponn lapriyè pitit li yo.

LESON INITE A

Leson 33: Jezi Priye Avan Li Deside
Leson 34: Jezi Moutre Disip Li Yo Priye
Leson 35: Jezi Priye Pou Lòt Moun
Leson 36: Jezi Priye Lè Li Tris

POU KISA TIMOUN KI NAN PRIMÈ YO BEZWEN ANSÈYMAN INITE SA A

Li enpòtan pou timoun primè yo aprann yo priy. Yo dwe konnen ke yo ka mande pou Bondye ede yo lè y'ap pran desizyon yo oswa lè yo gen pou yo chwazi ant byen ak mal.

Elèv ou bezwen moun ki pou tande yo, swa zanmi yo, paran yo oswa lòt fanmi. Li enpòtan pou yo konnen ke Bondye vle koute yo lè yo priye. Pa gen pwoblèm pou lye a oswa sikonstans yo, Bondye pa janm okipe pou l rete tande nou.

Pandan inite sa a yo pral aprann kèk aspè enpòtan nan lapriyè ak ansèyman debaz nou wè nan Papa nou an.

Nan laj sa a enkyte pou lòt moun enpòtan anpil pou yo. Se konsa, timoun primè yo dwe konnen yo ka eksprime lanmou ak enkyetid yo pou lòt moun.

Leson sa yo pral moutre yo fè fas ak laperèz oubyen ak enkyetid yo avèk èd lapriyè, epi eksprime remèsiman ak renmen pou Seyè a lè yo pale ak li.

Leson 33
Jezi Priye Avan Li Deside

Baz biblik: Lik 6:12-16.

Objektif leson an: Se pou timoun primè yo aprann priye avan yo pran desizyon yo.

Vèsè pou aprann: *"M'ap rele ou, Bondye, paske ou reponn mwen, o Bondye; tanpri, panche zòrèy ou bò kote m, koute sa m'ap di ou."* (Sòm 17: 6)

PREPARE W POU W ANSEYE!

Lapriyè a se gwo wòch nan lavi kretyen yo. Pa mwayen limenm, kominikasyon nou ak Bondye nouri ak pran fòs. Timoun yo dwe dvlope kapasite pou yo priye depi nan laj byen bonè. Se tris lè nou wè ke gen moun ki konsidere priye kòm menm bagay ak dekourajman, oswa tousenpleman yo pa konn kisa pou yo di Bondye.

Itilize leson sa a yo pou moutre timoun primè yo jan sa se yon bagay ki enpòtan ki se pale ak Seyè a, pandan n'ap swif egzanp Jezi, n'ap avanse devan Papa a ak anpil respè, epi jwenn nan li repons pou tout bezwen nou yo.

Pou kèk timoun primè li difisil pou yo panse ak bezwen lòt moun. Konseye yo pou yo priye mande Bondye ede yo sonje ke yo dwe pataje, olye yo egoyis; ke li enpòtan pou yo janti olye pou yo awogan; epi lè yo gen bonte, sa ap fè yo gen plis zanmi.

Timoun primè yo pral gen pou yo pran desizyon chak fwa pi plis. Poutèt sa, ankouraje yo priye epi mande Bondye direksyon pou konnen kouman pou yo aji.

KÒMANTÈ BIBLIK

Lik 6:12-16. Pasaj sa raple nou ke ministè Jezi te konstwi sou lapriyè. Evanjelis Lik te pridan anpil pou l te antre aspè enpòtan sa a nan lavi Mèt la. Jezi te batiz apre yon moman lapriyè (3 :21); lè li te antoure ak yon foul moun, apre l fin ministre yo li te soti al priye (5 :16); avan l te chwazi douz disip li yo li te pase anpil tan nan lapriyè (6 :12); lè li te moute sou mòn transfigirasyon an li t'al priye (9 :28).

Jezi te pase anpil tan nan kominyon ak Bondye avan l te chwazi disip li yo. Li te konnen ke lapriyè gen anpil enpòtans, paske apre sa se limenm ki t'apral baz legliz la. Yo ta pral responsb pou yo te pote mesaj delivrans lan nan tout mond lan. Jezi te konnen ke pase tan poukont li ak Papa li, lwen tout distraksyon mond lan, se te pi bon bagay avan pou l te pran desizyon.

Pasaj la pa di nonplis ke Jezi te eseye fè yon nwit ap priye epi li pa t kapab fè li. Li di nou ke Jezi t'ale byen lwen pou l te pase nwit la ankè ap pale ak Papa li. Se te yon moman kominyon ak Bondye, lè panse li yo te rive menm jan ak pa Papa a, epi resevwa èd li te bezwen an pou li te kapab pran desizyon kòrèk la.

DEVLOPMAN LESON AN

Chwazi kèk nan aktivite sa a yo pou w dirije elèv ou yo nan tèm etid la.

Liv priyè mwen an

Bay chak timoun yon fèy brisòl oswa moso katon ak kat fèy blan. Mande yo double papye brisòl la nan mitan epi ekri nan pati ki devan an :

"Liv lapriyè mwen an". Double fèy la nan mitan, epi mete li anndan papye a. Tape oswa kole fèy yo nan lonjè li double a pou w fè yon kaye. Bay tan pou elèv ou yo ekri non yo la a epi dekore po liv lapriyè yo a. Sere yo nan sal klas la pou itilize yo pandan inite sa.

Kilè nou kapab priye

Mande timoun yo nan ki okazyon yo menm oswa paran yo priye. Pètèt yo di yo priye lè yo legliz la, avan yo manje oswa avan yo dormi. Di yo ke li enpòtan pou yo priye nan okazyon yo, men ensiste pou moutre ke Bondye toujou tande nou, epi nou kapab priye tout kote nou ye epi toutan.

Desizyon yo

Pou aktivite sa a w'ap bezwen yon sachè bonbon siwo oswa caramel ki gen koulè diferan.

Moutre elèv ou yo karamèl yo epi mande yo pou yo chwazi koulè yo rnmen an, pou yo pote li lakay yo apre klas la. Kite yo chak pase devan epi pran karamèl yo chwazi a.

Mande yo pou yo sere li, epi mande yo sis a te difisil pou yo te chwazi koulè kòrèk la. Di yo konsa ke anpil fwa desizyon nou pran yo konn byen senp epi nou pa bezwen panse twòp. Se pandan, gen lòt desizyon ki pi enpòtan. Pandan istwa biblik sa a Bondye vle moutre nou se pou nou mande li konsèy avan nou deside.

ISTWA BIBLIK

Jezi priye avan li pran yon gwo desizyon

Jezi te panse, "Mwen bezwen èd". "Anpil moun anvi konnen Bondye, epi mwen dwe entwi kèk moun pou yo ede m fè travay sa a. Ki moun pou mwen chwazi?"

Foul moun t'ap swiv Jezi toupatou. Yo te vle tande ansèyman l yo epi konnen ki jan yo dw viv pou fè Bondye plezi. Pi devan an, kèk nan moun sa yo ta ka vin lidè pou anseye lòt moun.

Jezi te panse, "Desizyon sa a enpòtan epi gen yon sèl fason pou mwen pran l". "Mwen pral mande Papa m pou l ede m deside".

Pran desizyon an te tèlman enpòtan ke Jezi t'ale jous sou yon mòn al lapriyè.

Eske nou konnen konbyen tan li te fè ap priye ?

Tout nwit la! Pandan lòt yo t'ap dòmi, li te priye.

Pètèt li te koumanse priye a nevè nan aswè, epi fini vè minwi, li te kontinye priye. Vè dezè nan maten Jezi te kontinye priye, epi konsa li te kontinye jouska katrè nan maten. Li te mande li nan lapriyè: "Papa, kimoun sa yo mwen dwe chwazi?".

Apre sa Jezi te konnen moun li te dwe chwazi yo epi priye pou yo chak.

Li te priye pou Simon Pyè. Pyè ta gen pou l vin di tankou yon wòch epi ta preche anpil moun sou wayòm Bondye a.

Apre li te priye pou Andre, frè Pyè a.

Andre se te moun ki te mennen Pyè frè li al rekonèt Jezi. Se vre wi li ta mennen anpil lòt moun al konnen Jezi.

Lè l te priye pou Jak ak Jan, li tounen priye pou Pyè ankò. Pyè, Jak ak Jan yo te vin pi bon zanmi Jezi. Apre sa, li te priye pou Filip, Batèlmi, Matye ak Toma.

Pami douz apot yo te gen yon lòt Jak, yon lòt Simon, se konsa Jezi te priye pou yo.

Epitou, li te priye pou de mesye yo te rele Jida. Youn t'ap yon disip fidèl, men lòt la yon jou tapral trayi Jezi epi lage li nan men lènmi l yo.

Nan demen maten, pètèt Jezi te desann sot sou montay la pou al chèche mesye yo ke Bondye te gentan chwazi pou li pou travay espesyal sa a.

AKTIVITE YO

Priye avan ou deside

Pou aktivite sa a w'ap bezwen agraf pou papye ak sizo.

Mande timoun yo pou yo ouvri liv yo nan leson 33 epi koupe twa ti sèk yo jan yo ye a.

Li enstriksyon yo ansanm, epi eksplike yo an detay chak etap pou yo fè aktivite atizana yo. Apre yo fin koupe sèk la, yo dwe mete sèk ki gen tit la nan pati ki anlè a, sèk ki gen mo yo nan mitan epi sèk ki gen imaj yo anba, epi konekte yo nan mitan ak agraf papye a. Asire w ke yo tout swiv enstriksyon yo pou sèk yo ka vire avèk fasilite.

Pandan y'ap travay, di yo: *Jezi te priye avan li pran yon desizyon enpòtan. Bondye vle pou nou priye epi mande li bon konprann avan nou deside.*

Li enpòtan pou nou priye

Remèt liv lapriyè yo ke elèv ou yo te devlope nan koumansman klas la. Mande yo pou yo note tit leson an epi apre sa ekri oswa fè desen oswa ekri nenpòt desizyon enpòtan yo genyen pou yo priye pou sa. Lè sa a, pale ak yo sou enpòtans ki genyen pou pran desizyon ak bon konprann konfòm ak pawòl Bondye a.

Di yo ke yo pral sèvi ak liv priyè yo pandan klas yo epi y'ap kapab pote yo lakay yo lè yo fini inite a.

Ankouraje yo priye pandan semèn nan lè yo gen pou pran desizyon yo.

MEMORIZASYON

Ekri vèsè pou aprann nan nan yon papye brisòl, epi moutre elèv ou yo li. Moutre yo jès sa a yo pou yo akonpanye chak fraz vèsè a, pandan y'ap repase li: *Mwen va rele* (mete men w yo bò bouch ou kòm si ou t'ap rele yon moun), *paske ou reponn mwen* (fè siy lan oumenm menm), *o Bondye* (Fè siy la sou anlè); *panche zòrèy ou bò kote m* (mete men dèyè zòrèy); *koute sa m'ap di ou* (sinyale bou ou) (Sòm 17:6).

Gide elèv ou yo fè jès sa a yo chak fwa yo repete vèsè inite a.

POU FINI

Dirije timoun primè yo chante yon chan ki pale sou lapriyè. Apre sa, pèmèt pou kèk volontè fè priyè yo byen kout pou fini.

Fè yo ale ak anpil jantiyès, epi envite yo nan pwochen klas la.

Leson 34

Jezi Moutre Disip Li Yo Priye

Baz biblik: Lik 11:1-4.

Objektif leson an: Se pou timoun primè yo konnen ke Jezi te egzanp yon egzanp pou disip li yo osijè de kouman moun priye.

Vèsè pou aprann: *"M'ap rele ou, Bondye, paske ou reponn mwen, o Bondye; tanpri, panche zòrèy ou bò kote m, koute sa m'ap di ou."* (Sòm 17: 6)

PREPARE W POU W ANSEYE!

Anpil timoun primè yo koumanse ap eksperimante yon kwasans nan relasyon yo ak Bondye. Pa mwayen relasyon sa a yo pral aprann kouman yo kapab pale ak Bondye nan lapriyè.

Timoun yo apresye moun ki chita tande yo. Menm jan ke konprann ak eksperimante lapriyè nan lavi yo chak jou pral bay relasyon yo ak Bondye plis fòs. Sitou, sa pral ankouraje yo konnen ke Bondye toujou prè pou tande yo lè yo pale avèk li.

Pou timoun nan laj sa a yo li fasil pou aprann pa kè, epi pètèt kèk nan yo te déjà konnen Papa nou an. Menm si memorizasyon an se pa objektif inite sa a, sa yo ki enterese kapab fè li. Pwen santral leson sa a se ede timoun yo swiv modèl Papa nou an.

KÒMANTÈ BIBLIK

Lik 11:1-4. Disip yo te gen chans obsève Jezi pandan li t'ap priye, konsa yo te apwoche bò kote li epi mande l pou l te moutre yo priye. Pou l te reponn ak demann nan, Jezi te moutre yo yon modèl priyè ki se Papa nou.

Se pa t yon abitid pou chef prèt yo te moutre disip yo priye. Nan fason sa a, Jan Batis te moutre disip li yo priye.

Pasaj sa a konsidere lapriyè kòm yon bagay ke moun kapab aprann. Jezi te moutre disip li yo ke lè y'ap pale ak Bondye yo te dwe adrese li kòm Papa, nan itilize pawòl senp ak sense. Si nou ta kapab divize lapriyè Papa nou an fè plizyè moso, nou ta kapab di ke nan premye a objektif lapriyè a se bay Bondye onè ak glwa. Toudenkou demann pou bezwen chak jou yo vini, lè nou kite chak jou nan men Bondye.

Padon an se pati prensipal nan lapriyè a.

Nou dwe chèche padon Bondye epi tou nou padone moun ki fè nou kichòy. Padon an baze li sou gras Bondye a epi, kòm li te padone nou, noumenm tou nou dwe padone.

Nan dènye pati model lapriyè a nou mande Bondye pou l

Tape Lapriyè Seyè a sou tablo a oswa nan delivre nou anba tantasyon ak eprèv yo ki vini sou wout lavi nou. Seyè a te pwomèt nou ke li pap kote nou jwenn tantasyon ki twò gwo pou nou sipòte. Apot Pòl rapl nou sa nan lèt li te ekri kretyen lavil Korent yo, lè li te di kretyen nan rejyon sa a ke pa gen tantasyon ki ta vini sou wout lòm ki pa imen, men Bondye kenbe pawòl li, paske devan tantasyon an l'ap bannou kote pou nou soti.

DEVLOPMAN LESON AN

Chwazi kèk nan aktivite sa a yo pou w fasilite aprantisaj verite biblik la pou elèv yo.

Liv lapriyè mwen an

Mande pou yon volontè distribye liv lapriyè yo. Ede yo ekri, nan dezyèm paj la, kèk modèl priyè pou di mèsi pou manje yo. Pèmèt yo ajoute kèk desen.

Di yo ken an fen mwa a yo pral gen yon koleksyon model lapriyè. Liv sa a pral sèvi yo chak fwa yo bezwen pale ak Bondye.

Desizyon Jezi te pran yo

Jwèt sa a pral ede yo repase non disip yo ke Jezi te chwazi apre li te fin pase tout nwit la ap priye. Nan leson pase a yo te site non disip yo, men sa se pa t pwen santral leson an. Timoun yo renmen kalite enfòmasyon sa a, epi asireman yo pral jwi aktivite sa a.

Ekri no 12 apot yo sou tablo a. Apre sa, ekri non yo chak nan yon ti papye epi mete yo nan yon sachè. Esplike yo ke chak timoun dwe pran youn nan non yo, men li pa dwe moutre pèsònn li (si gen plis pase 12 elèv, mande volontè yo pran yon non; si gen pi piti pase 12 elèv, kèk nan yo dwe pran de ti papye).

Mande pou yon timoun pase devan epi pale de disip ki nan ti papye la san di non li. Lòt yo dwe devine non li pandan y'ap poze kesyon, pa egzanp : Konbye lèt non w genyen ? Avèk ki lèt non w koumanse?, elatriye.

Telefòn Bondye a

Pou aktivite sa w'ap bezwen yon telefòn ki pa sèvi oswa yon telefòn jwèt. Si gwoup ou a gen anpil moun, w'ap bezwen de ou twa bwat telefòn.

Mande elèv ou yo: *Èske nou konn pale ak kèk zanmi nan telefòn ? Kite yo reponn, epi apre sa di yo : Lè y'ap pale ak zanmi yo, yo* pa bezwen itilize pawòl espesyal ni difisil, yo sèlman pale nòmal epi nou kapab di sa nou vle. Bondye vle vin pi bon zanmi nou. Nou ka pale avè l ak konfyans, lè n'ap itilize pawòl senp. Bondye konn tout bagay de nou epi li vle pou nou pale avèk li, menm jan nou fè sa ak zanmi nou yo.

Mande yo vire fas yo pou yo fè yon ti priyè nan telefòn. Fè yo sonje ke Bondye toujou tande lapriyè yo epi li pa janm okipe. Li toujou gen tan pou l tande pitit li yo.

ISTWA BIBLIK

Ekri Papa nou an sou tablo a oswa nan yon papye brisòl pou itilize li pandan w'ap rakonte istwa biblik la.

Lapriyè Jezi a

Lè Jezi te konn ap priye, disip li yo te konn koute ak obsève ak anpil atansyon. Yon jou, pandan li te fin priye konsa, youn nan disip li yo te di l konsa : "Mèt, moutre nou priye. Jan Batis la te moutre disip li yo priye. Tanpri moutre nou priye jan ou fè l la".

Jezi te di yo :

Lè n'ap priye, di konsa: *Papa nou ki nan syèl yo, se pou yo toujou respekte non ou. Vin etabli gouvènman w. Se pou volonte ou fèt, sou tè a tankou nan syèl la. Pen nou bezwen chak jou a, ban nou li jodi a. Padone nou pou sa nou fè ki mal. Menm jan nou padone moun ki fè nou mal. Epi pa kite nou tonbe nan tantasyon, men delivre nou ak sa ki mal ; paske tout otorite se pou ou, tout pouvwa ak tout louwanj, depi tout tan ak pou tout tan. Amèn* (Matye 6:9-13).

Lè Jezi te moutre disip li yo lapriyè sa a li pa t vle di ke nou ted we itilize menm pawòl yo lè n'ap priye. Se te yon egzanp pou nou te konnen kijan pou nou pale ak Bondye. Anpil kote yo rekonèt lapriyè sa sou non "Papa nou".

Nou kapab di Papa nou kòm yon pati nan priyè nou yo, men li nesesè pou n itilize pwòp pawòl pa nou pou nou pale ak Bondye.

AKTIVITE YO

Ti bwat lapriyè mwen an

Distribye liv elèv yo. Mande timoun yo koupe men lapriyè ki nan seksyon ki pou koupe a epi ekri non li sou liy la.

Apre sa, Ba yo tan pou yo koupe lè y'ap swiv liy k'ap kontinye nan leson 34 la. Moutre yo kouman yo kapab double fèy la sou liy pwentiye yo pou yo fòme ti bwat lapriyè a. Ede yo kole men lapriyè yo nan espas ki make yo. Apre se pou yo kole seksyon k'ap fòme bwat la.

Esplike yo ke bwat sa pral sèvi yo pou yo mete demann de priyè yo. Anplis de sa, yo kapab envite fanmi ak zanmi yo pou yo ajoute lòt demann pou w priye pou yo.

Papa nou an

Timoun primè yo ap abitye ak lapriyè sa a, epi li enpòtan pou yo aprann li pa kè. Mete yon tan apa pou w esplike yo siyifikasyon li epi asire w pou yo konprann li byen.

Pale avèk yo sou sa chak fraz vle di. Kite yo eksprime lide yo epi konplete enfòmasyon yo lè sa nesesè.

Papa nou: Lè nou al devan Bondye nan fason sa a, nou vle di li reprezante yon papa ki gen lanmou ak bon konprann. Li moutre nou ke nou fè pati fanmi Bondye a.

Se pou yo respekte non ou: Moutre respè ak lonè pou Bondye. Sa vle di tou non Bondye san tach.

Vin etabli gouvènman w: Rekonèt ke chemen Bondye yo se pi bon opsyon.

Premye fraz sa a yo eksprime lonè ak adorasyon pou Bondye. Lè fini tou gen lòt fason pou nou fè referans ak Bondye epi pou adore li, pa egzanp: Bondye mèveye, gen pouvwa, bon, elatriye.

Pen nou bezwen chak jou a, ban nou li jodia: Lè nou mete pawòl sa yo kòm egzanp, Jezi te vle pou nou konnen ke se Bondye ki bay tout sa nou bezwen pou viv chak jou. Si nou nan bezwen, nou kapab mande èd Bondye. Li te pomèt bay èd pou bezwen nou yo.

Pati lapriyè sa a enpòtan anpil:

Padone nou pou sa nou fè ki mal, menm jan nou padone moun ki fè nou mal: Lè nou fè yon bagay ki pa fè Bondye plezi nou dwe mande li padon. Se sèl fason nou kapab itilize pou nou retounen vin jwenn li. Bondye toujou padone nou lè nou mande l sa ak yon kè ki sensè. Nan menm fason sa a, nou dwe padone moun ki fè nou sa ki mal.

MEMORIZASYON

Repase tèks ki pou memorize a lè w'ap itilize jès yo te aprann nan leson pase a. Mande pou yon volontè pase devan epi dirije elèv yo pandan y'ap resite vèsè a de fwa.

Distribye kat klèb vèsè mwa a yo pou ke timoun primè yo pote yo lakay yo epi repase yo pandan semèn nan.

POU FINI

Remèt tout travay elèv ou yo te fè, epi fòme yon sèk pou priye.

Ekri demann priyè yon an yon papye brisòl, epi priye pou yo.

Mete yon fen pandan n'ap chante yon chan ki pale de lapriyè, epi ankouraje yo asiste nan pwochen klas la.

Lesson 35

Jezi Priye Pou Lòt Moun

Baz biblik: Jan 17:6-26.

Objektif leson an: Se pou timoun primè yo swiv egzanp Jezi yo epi priye pou lòt moun.

Vèsè pou aprann: *"M'ap rele ou, Bondye, paske ou reponn mwen, o Bondye; tanpri, panche zòrèy ou bò kote m, koute sa m'ap di ou."* (Sòm 17: 6)

PREPARE W POU W ANSEYE!

Timoun primè yo vin pi enterese avèk moun ki alantou yo pi plis chak jou. Se moman espesyal la pou yo aprann panse ak bezwen lòt moun epi priye pou yo.

Timoun yo gen anpil entelijans, jan yo te demoutre sa nan aprantisaj vèsè biblik la.

Sa pral ede yo sonje priye pou moun parèy yo. Moutre ye itilize entelijans yo pou yo devlope yon ministè efikas nan lapriyè.

Egzanp ou nan lapriyè pral enpòtan anpil pou timoun yo. Mete lòt moun nan priyè w'ap fè yo kòm yon pati nan klas ou a. Anplis de sa, fv elèv ou yo konnen ke ou priye pou yo pandan semèn nan, epi ankouraje yo priye youn pou lòt.

KÒMANTÈ BIBLIK

Jan 17:6-26. Yo rekonèt lapriyè sa a kòm "lapriyè Jezi pou legliz li". Se lapriyè ki parèt pi long ke Jezi te fè nan Bib la. Li koumanse priye pou limenm, epi apre li priye pou disip li yo epi, lè fini, pou moun ki ta kwè nan li pa mwayen mesaj disip li yo. Pliske nou ladan l tou, poutèt sa nou kapab di ke Jezi te priye pou nou.

Lapriyè sa a moutre relasyon entim ki te genyen ant Jezi ak Papa li, epi se te pwen fò nan ministè Jezi sou tè a.

Menm si li te gen konsyans ke lakwa t'ap tann li, nan lapriyè l li eksprime esperans ak kè kontan olye li te dezespere. Jezi te je li fiske sou demen, epi li te konnen ke disip li yo ta pral pote mesaj delivrans lan ak anpil ankourajman, bay tout lavi yo paske yo renmen li. Li te konnen tou anpil moun ta pral kwè pa mwayen temwayaj apot yo; poutèt sa li te priye pou Bondye te pwoteje yo nan mond sa a.

Lapriyè sa a gen twa demann espesyal ladan l: Pwoteksyon pou kwayan yo, inite nan mitan yo ak sanntifikasyon yo.

Jezi te priye pou douz disip li yo tou, sa l te chwazi yo pou te reprezante li sou latè. Mesye sa a yo, apre yo te fin kite tout bagay pou yo swiv Jezi, yo te toupre pou yo bay lavi yo pou li. Epi, menm si yo te konnen ke yo ta pral fè fas ak opozisyon ak danje lè y'ap pote mesaj delivrans lan, Jezi te mande Papa a pou pwoteje yon an tout mal.

Li te priye pou inite nan mitan disip li yo tou.

Li te konnen yo ta pral fè fas ak divizyon epi lènmi an ta pral tante cetwi yo, men li te gen konfyans ke Bondye te ka pwoteje yo nan tout sa ki mal.

DEVLOPMAN LESON AN

Chwazi kèk nan aktivite sa a yo pou w moutre elèv ou yo istwa biblik la.

Men lapriyè yo

Bay chak timoun yo fèy, moutre yo kouman pou yo double li pou yo ba l fòm yon kat. Endike yo pou yo fè desen men yo akote dwèt yo ansanm nan pati devan fèy la, se kòm si yo te mete men nan men pou priye.

Apre sa, yo kapab pentire ak dekore li.

Di yo pou yo itilize fèy sa a pou yo ekri yon moun yo konnen epi ki gen bezwen lapriyè.

Kite yo ekri pwòp mo pa yo oswa dikte yo yon ti fraz tou kout. Di yo ale ak kat yo a, men se poy yo sonje bay moun yo te chwazi a li.

De moun pou lapriyè

Depi davans, fè yon imaj ki gen plizyè fòm nan yon papye brisòl. W'ap bezwen de nan chak fòm, ak imaj sifi pou tout elèv ou yo. Koupe imaj yo, epi mete yo nan yon panye. Mande pou chak timoun pran youn. Apre sa, di yo chèche yon moun ki gen menm imaj ak sa yo pran.

Lè yo tout fin jwenn moun pa yo a, mande yo pou yo rete ansanm, paske yo pral kamarad nan lapriyè pou inite sa a. Chak timoun dwe ekri demann lapriyè yo nan imaj la, epi apre sa, bay kamarad yo a li, pou li kapab pote l lakay li epi pou l kapab sonje priye pou demann sa pandan semèn nan.

Liv lapriyè mwen an

Distribye liv laprie yo, epi bay tan pou elvv ou yo fè yon lis moun ke y'ap priye pou yo. Pa bliye mete pastè legliz la ak misyonè yo. Mande yo pou yo ekri kòm tit: "Mwen dwe priye pou..., epi se pou yo dekore fèy la fason yo renmen l lan".

ISTWA BIBLIK

Li pasaj sa a yo ki nan Jan 17, epi esplike timoun primè yo pou yo fè pati lapriyè Bondye te fè devan Bondye yon ti avan l te mouri. Si ou vle, mande yo ouvri Bib yo epi swiv lekti a ak je yo, oswa si ou genyen moun ki byen konn li nan klas ou a, ba yo yon pati pou yo li byen fò.

Jezi priye pou lòt moun

O Papa, moun ou te mete apa pou mwen yo, se pou ou yo te ye, epi ou te ban mwen yo, mwen fè yo konnen kimoun ou ye, epi yo kenbe pawòl ou...yo kwè ke se ou ki te voye mwen vre.

M'ap priye w pou yo. Mwen pap priye w pou moun nan mond lan, men se pou moun ou ban mwen yo, pwoteje yo nan non ou, pou yo ka vin fè yon sèl, menm jan ak nou. Lè mwen te avèk yo nan mond lan, mwen te pwoteje yo nan non ou.

Mwen pa mande w pou w retire yo nan mond lan, men se pito pou w pwoteje yo nan mond lan. Yo pa pou mond lan, menm jan mwen menm mwen pa pou mond lan. Sanntifye yo nan verite w la; pawòl ou se verite. Menm jan ou te voye mwen nan mond lan, se konsa tou mwen voye yo nan mond lan...

Mwen pa sèlman priye w pou sa yo, men tou pou sa yo ki gn pou kwè nan mwen pa mwayen pawòl yo, pou yo tout ka fè yon sèl ; kòm oumenm, o Papa, nan mwen, epi mwen menm nan oumenm...

Bon Papa, mond lan pa konnen ou, men mwen konnen w, epi yo konnen se oumenm ki te voye mwen. Epi mwen te fè yo konnen non ou, epi m'ap toujou fè yo konnen sa menm, pou ke avèk lanmou ou te renmen m nan, kapab nan yo, epi mwen menm nan yo menm (Jan 17:6-26).

AKTIVITE YO

Ann sonje lapriyè Jezi a

Mande pou de timoun reprezante Toma ak Matye. Yo dwe li dyalòg sa a ki ilistre sa ki genyen nan leson jodi a. Oubyen si ou vle ou kapab itilize poupe pou aktivite sa a.

Toma: Jezi te di nou anpil bagay nou dwe panse ak yo kounye a.

Matye: Mwen te aprann anpil bagay nan men Jezi. Anverite mwen vle rakonte lòt moun tout sa Jezi te moutre mwen yo.

Toma: Mwen menm tou, men mwen santi lapèrèz paske mwen pa konnen kijan pou m fè li oswa kisa pou m di.

Matye: Ou pa sonje lapriyè li te fè pou nou apre manje fèt delivrans lan ? Li te priye pou nou ! Li te mande Bondye pou chak disip li yo. Li te kontan paske nou te kwè li se te Pitit Bondye a ! Èske se pa yon mèvèy ?

Toma: Wi, men lè li te fin priye li te di nou ke li ta dwe ale, menm si noumenm nou pa konnen ki kote li ta prale. Mwen te toujou santi mwen gen sekirite lè li te tou pre a. Li te toujou pran swen epi pwoteje nou.

Matye: Pèsonn nan nou pa t konnen sa ki ta pral pase apre, men pètèt li te pi bon konsa. Nou pa ta janm kwè yo ta kloure li sou kwa. Men, ala bon sa bon lè li te mande Papa a pou l te pwoteje nou! Lè n'ap vwayaje, anseye oswa preche nou konnen nou pa poukont nou paske Bondye la avèk nou.

Toma: Wi, mwen panse ak lapriyè sa byen souvan. Mwen kontan anpil paske Jezi te priye pou noua van l te ale.

Matye: Menm si nou tout nou pral nan plizyè zòn ki diferan, Mèt la te priye pou nou te rete ini nan lafwa nou nan li.

Toma: Nou gen yon gwo travay pou nou fè.

Matye: Wi se vre.

Toma: Mwen kontan anpil paske Jezi te priye pou nou ak moun ki gen pou kwè nan li yo lè nou preche yo bon nouvèl la.

Matye: Mwen konnen. Jezi te priye pou tout kretyen yo, menm pou sa yo ki pa t janm ko wè li ak de je yo.

Toma: Jezi te renmen nou anpil epi li te priye Papa a pou l pwoteje nou. Poutèt sa mwen vle rakonte tout moun osijè de lanmou sa li te ban nou.

Matye: Toma, ou gentan koumanse, paske w'ap viv jan Jezi te moutre nou an epi ou vle anseye lòt yo sou wayòm Bondye a.

Toma: Mèsi, Matye.

Pou kimoun sa a yo Jezi te priye?

Mande timoun yo koupe ti bann ak men lapriyè a nan seksyon ki la pou koupe a epi apre sa chèche leson 35 nan menm liv la.

Ba yo tan pou yo ekri non yo nan sèk blan an, epi di yo: *Sa fè yon ti tan depi nou sot li nan Jan 17 lapriyè Jezi te fè pou lò moun. Konfòm ak sa nou te aprann, kole yon men lapriyè nan sèk ki reprezante moun Jezi te priye pou yo a.*

Montre yo ranpli fraz ki manke a. Lè sa a, eksplike yo ke Jezi te priye pou tèt li anpremye; apre, pou disip li yo; epi li konkli pa priye pou tout moun atravè mond lan ki ta vin kretyen.

Apre sa, di yo: *Jan 17:20 di, "Men, mwen pa priye pou sa yo sèlman, men pou tout moun ki va mete konfyans yo nan mwen lè y'a tande mesaj la*".

Ki moun nou kwè ke Jezi te mete nan lapriyè sa a? Kite yo reponn, epi fè yo konnen ke Jezi te priye pou tout moun ki te kwè nan li kòm Sovè ak Seyè lavi yo.

Mwen pral priye pou frè parèy mwen

Kite liv la ouvri nan fèy ki gen aktivite pou inite ki genyen nan leson 35 lan. Ankouraje yo sèvi ak fèy sa a pou yo priye pou lòt moun pandan semèn nan. Fè yo sonje ke Jezi te priye pou disip li yo epi pou tout kwayan yo. Moutre yo kouman yo sèvi ak kare priyè sa. Se pou yo ekri non moun yo pral leve nan lapriyè yo a. Si yo gen difikilte pou yo chwazi moun, sijere yo ke yo ka pran fanmi, zanmi, fanmi pastè a, chèf, misyonè, elatriye.

Ankouraje yo priye chak jou pou moun ki nan lis yo a epi mande yo fè desen yon etwal nan kare ki koresponn ak dat yo priye a.

MEMORIZASYON

Itilize yon poupe pou w repase vèsè biblik la. Fè poupe a pale ak timoun yo, nan fason sa a pou yo kapab korije erè poupe a komèt. Pa egzanp, poupe ta kapab di : "Mwen pa sonje vèsè a, èske nou ka ede m ?"

Lòt opsyon ki genyen an se ke ou kapab di vèsè a mal pou timoun primè yo ka korije li. Lè poupe a anfen di vèsè a san erè, envite elèv ou yo repete li ansanm avèk li.

POU FINI

Pale sou si li pi bon pou yon moun fè yon lapriyè long oswa kout. Di yo konsa: *En leson jodi a nou te aprann ke Jezi te fè yon lapriyè long, men kèk fwa li te konn fè lapriyè kout. Èske nou kwè ke Jezi tande nou pi byen lv nou fè yon lapriyè long?*

Mande pou de volontè kondwi nou nan lapriyè avan nou separe.

nòt

Leson 36
Jezi Priye Lè Li Tris

Baz biblik: Matye 26:36-46.

Objektif leson an: Se pou timoun primè yo aprann priye lè yo tris oswa enkyete.

Vèsè pou aprann: *"M'ap rele ou, Bondye, paske ou reponn mwen, o Bondye; tanpri, panche zòrèy ou bò kote m, koute sa m'ap di ou."* (Sòm 17: 6)

PREPARE W POU W ANSEYE!

Kòm timoun yo panse byen souvan ke Jezi pa t konn gen pwoblèm, pètèt leson sa kapab siprann yo. Lè yo wè ke Jezi kèk fwa te konn santi li tris akoz de sikonstans yo, sa ap konsole yo lè yo vin konnen ke Jezi konprann kijan nou santi nou lè sa ki rive nou yo pa ale byen. Apre tout bagay, li te fv eksperyans ak menm santiman avèk nou: tristès, enkyetid ak chagren.

Timoun primè yo ap fè fas chak fwa ak laperèz. Yo déjà pase etap nan kay la ki te ti mond pa yo epi paran yo te moun prensipal yo. Menm timoun ki pi piti yo fè fas ak sitiyasyon ki depase yo epi fè yo tris.

Timoun primè yo pè fè fas ak nouvo sitiyasyon, pou yo fè yo malonèt, pèdi, rete poukont yo, fè erè. Konsa, kòm pwofesè ou gen opòtinite pou w moutre yo ke yo dwe remèt tout enkyetid yo bay Bondye, menm jan Jezi te fè l.

Pandan w 'ap anseye sou lanmou ak pwoteksyon Bondye, w'ap ba yo sekirite yo bezwen pou yo fè fas ak sitiyasyon difisil yo.

Avèk leson sa a elèv ou yo pral konprann tou ke kèk fwa Bondye pa lage nou nan difikilte yo, men li pito ban nou fòs pou nou fè fas ak yo. Pandan n'ap aprann soumèt nou anba volonte Bondye, timoun primè yo pral konprann ke Bondye vle sa ki bon pou yo.

KÒMANTÈ BIBLIK

Leson sa sou lapriyè Jezi nan jaden Jetsemani an moutre nou jan li se moun epi Bondye. Chemen ki mennen nan lanmò se kote nou tout gen pou pase. Jezi te pase nan chemen sa epi, se nan Jetsemani li te rann li kont ke fen misyon tèrès li t'ap pran fen. Pitit Bondye a pa t yon fantom kache ke sikonstans yo pa t afekte. Okontrè li se Bondye nan lachè, limenm ki te eksperimante gwo doulè ak doulè imen yo. Pandan li te konnen sa ki t'ap tann li nan sware sa a, Jezi te santi nesesite pou l ranmase fòs pa mwayen lapriyè. Se poutèt sa, li te kite wit nan disip li yo deyò jaden an, li te antre avèk Pyè, Jak avèk Jan.

Koze lakwa a te koumanse fè Jezi tris. Mak te ekri sou sa ak anpil klète : "Epi li te di yo : Nanm mwen atriste jouska lanmò; rete la epi veye" (Mak 14:34). Lapriyè Jezi a moutre krent li kòm lòm, menm jan ak lanmou li pou Bondye epi soumisyon li anba volonte Bondye. Kòm lòm, li te vle chape kite lakwa dezesperasyon Papa a ke sa ta lakòz, men, kòm Pitit Bondye, li te konnen ke li te dwe akonpli plan Sali a pou limanite.

Konbyen fwa noumenm nou chèche fason pou nou kouri lwen volonte Bondye pou nou swiv pwòp dezi nou! Leson sa a fè nou sonje ke Bondye rele nou vin pran fòs nan lapriyè epi akonpli volonte li, ki san tach ak san repwòch.

DEVLOPMAN LESON AN

Itilize kèk nan aktivite sa a yo pou anrichi devlopman leson an.

Entwodiksyon

Se pou kreyatif lè w'ap rakonte istwa sa, pandan w'ap mete aksan sou doulè a ak sitiyasyon difisil ke Jezi te fè fas. Mande yo kisa yo fè lè yo tris. Apre sa esplike yo ke yo kabab kouri rele Bondye nan lapriyè, menm jan Jezi te fè li.

Fè konnen ke Jezi te sensè ak Bondye epi li pa t kache l sa li te santi, konsa tou lè nou priye nou dwe gen konfyans ke Bondye pa sèlman tande men tou li konprann.

Liv lapriyè mwen an

Distribye liv yo bay elèv ou yo. Mande yo pou yo ekri sit ki nan Sòm 120:1 epi fè yon desen pou ilistre li.

Di yo ke lapriyè se mwayen ke nou itilize pou nou pale ak Bondye de tristès ak afliksyon nou yo.

Repase lapriyè yo te ekri pandan inite a, epi bay tan pou yo fini desen an oswa konplete enfòmasyon ki manke a. Sonje ke Jodi a yo dwe pote liv yo lakay yo.

Tris oswa enkyete?

Mande timoun yo di kèk eksperyans kote yo te santi yo tris oswa enkyete. Koute yo ak anpil atansyon, epi mande yo: *Èske nou panse kèk fwa Jezi te tris oswa enkyete?*

Baze w sou repons timoun yo, di yo ke byenke Jezi te Pitit Bondye a, li te santi menm bagay la kòm nou: pè, doulè, enkyetid, elatriye.

Nan istwa jodi a nou pral tande ki jan li te fè yon jou li te tris anpil.

ISTWA BIBLIK

Jezi mennen disip li yo yon kote ki trè espesyal ak trankil, li rele jaden Jetsemani. Lè yo rive, li te di, "Chita la.

Mwen pral priye. Pyè, Jak ak Jan, tanpri vin avè m". Pandan yo t'ap mache konsa, Jezi te koumanse enkyete li epi tris. Konsa li te di pi bon zanmi l yo : "nanm mwen atriste mwen santi ke mwen pral mouri. Rete la epi priye avèk mwen".

Apre sa, li te ale pi lwen pou l al priye. Gen moun ki mare figi yo lè yo tris, gen lòt ki kriye, epi gen lòt ki pa vle pale ak pèsonn. Lè Jezi te tris, èske nou konnen kisa li te fè? Li te bese tèt li atè epi li priye : "Bon Papa mwen, si sa posib, pa kite m soufri. Men, si li pa posib, se pou volonte w fèt".

Jezi te konnen ke pita li ta pral soufri anpil. Li pa t vle sa, men li te konnen ke sa a se te pi bon fason pou l te sove mond lan anba peche yo. Konsa li te priye: "Papa ou mèt fè volonte w. Fè sa k'ap bon pou tout moun".

Lè li te fin priye konsa, li te retounen kote twa zanmi l yo te ye a. Kisa nou panse? Èske yo t'ap veye ak priye jan Jezi te mande yo a? Non, yo t'ap dòmi.

Jezi te mande yo : Kòm si, nou pa t kapab rete san dòmi pandan inèdtan?". "Priye pou nou pa tonbe nan tantasyon".

Jezi te kite disip li yo, epi yon lòt fwa li t'ale pi lwen pou l priye. Apre li fin mete ajenou, li di : "Bon Papa mwen, si li pa posib pou w fè soufrans sa pase lwen mwen, se pou volonte w fèt".

Lè Jezi te retounen kot disip li yo te ye a, li te jwenn yo ap dòmi ankò. Menm si yo te eseye rete je klè, dòmi an te rive venk yo kanmenm. Jezi te kite y'ap dòmi epi li t'al priye Papa a, jan li te fè avan.

Lè li te retounen ankò li te jwenn y'ap dòmi toujou, li te di yo konsa : "Nou mèt dòmi epi repoze. Talè soufrans lan pral koumanse".

Anfen li te manifeste : "Nou leve, annale. Menm nonm ki va remèt mwen bay lènmi m yo ap vini".

AKTIVITE YO

Se pou volonte w fèt!

Apre w fin distribye liv y oba yo, mande timoun yo pou yo rache fèy la. Apre sa, fè yo double l moute sou liy pwentiye a pou sonje sa Jezi te fè lè li te tris.

Apre, se pou yo vire paj la epi konplete espas ki vid yo la pou repase vèsè biblik la.

Ann moutre timoun yo priye
Kisa lapriyè ye?

- Lapriyè se yon fason Bondye te chwazi pou l kominike avèk nou.
- Priye vle di pale ak Bondye avèk libète, ak tout kè nou.
- Priye se rakonte Bondye pè noua k enkyetid nou yo.
- Priye se pale avèk li sou pwoblèm nou yo, bezwen ak kesyon yo, de rèv ak kè kontan nou yo tou.

Konsèp enpòtan sou lapriyè ke timoun yo dwe aprann:

- Mwen kapab priye nenpòt moman, lajounen oswa lanwit.
- Mwen kapab priye nenpòt kote.
- Bondye toujou tande lapriyè nou yo.
- Bondye konnen feblès ak fòs nou yo. Li konnen sa ki fè kè nou kontan ak tris.
- Bondye konnen lavi nou ak pa tout moun k'ap viv sou tout latè.
- Bondye genyen yon plan ak yon rezon pou l reponn lapriyè nou yo konfòm ak volonte li.

MEMORIZASYON

Prepare yon konkou pou elèv ou yo moutre kapasite yo pou y'aprann epi di vèsè a konplèt. Chèche prim ki senp pou w ankouraje yo kontinye aprann pawòl Bondye a.

Opsyon: Mande direktè edikasyon kretyen an oswa pastè a pou l pèmèt klas ou a patisipe nan sèvis la pou yo resite vèsè biblik yo te aprann nan.

POU FINI

Priye pou yo chak, pandan w'ap mande Bondye pou fanmi yo, etid yo, lasante yo epi sitou, pou kwasans espirityèl yo.

Priye tou pou sa ki malad yo oswa ki pa t asiste nan klas la.

Pataje tout travay yo te fè yo pandan inite a, epi raple yo ke nan pwochen klas la yo pral koumanse etid la sou Bib la.

Ane 2   Entwodiksyon - Inite IX

BIB LA

Baz biblik: Jeremi 36; Lik 4:16-44; 2 Istwa 34; Travay 16:1-5; 2 Timote 1:1-7; 2:1-6, 16-18; 3:10-17; 4:13-22.

Tèks inite a: *"Pawòl ou se yon chandèl ki fè m wè kote m'ap mete pye mwen, se yon limyè k'ap klere chemen mwen."* (Sòm 119:105).

OBJEKTIF INITE A

Inite sa a pral ede timoun primè yo:

- ❖ Renmen ak respekte Bib la paske se pawòl Bondye a.
- ❖ Dekouvir ki kote Bib la te fèt ak pasaj li atravè tout epòk yo.
- ❖ Devlope eksperyans pou lokalize Ansyen ak Nouvo Testaman yo, Levanjil yo, Sòm yo, Jenèz ak Revelasyon.
- ❖ Rann yo kont ke Bondye chanje lavi nou lè nou etidye Pawòl li.

LESON INITE A

Leson 37: Bib La Se Liv Espesyal Bondye A
Leson 38: Bib La Pale Nou Jezi
Leson 39: Bib La Ede Nou Fè Sa Ki Dwat
Leson 40: Bib La Anseye Nou Chak Jou

POU KISA TIMOUN KI NAN PRIMÈ YO BEZWEN ANSÈYMAN INITE SA A

Li pwobab pou anpil nan elvv ou yo déjà gen yon konesans davans sou Bib la ; pètèt jouskaske yo konnen kèk vèsè pa kè. Se pandan, leson sa ap ba yo opòtinite pou yo konnen pi plis nan etid bèl liv sa a. Yo pral aprann lokalize ansyen ak Nouvo Testaman yo, menm jan ak kèk liv nan Bib la.

Pa mwayen leson sa a yo yo pral konnen etap nan Bib la ki gen pou wè ak epòk yo epi tan jounen jodi a. Lè fini tou yo pral konprannke, pa mwayen Pawòl li, Bondye revele nou lanmou li ak moutre nou kouman pou nou viv kòrèkteman.

Premye leson an ki baze sou istwa fason ke Bondye revele Jeremi Pawòl li, li anseye yo ke Bib la se "Pawòl Bondye".

Nan dezyèm leson an yo pral aprann ke Bib la devwale lanmou Bondye pou moun; epi nan de dènye yo, yo pral etidye ke Bondye vle chanje lavi pa mwayen Pawòl li.

Ede elèv ou yo dekouvri verite espirityèl yo ke nou jwenn nan Bib la. Pandan y'ap koute istwa biblik yo, timoun primv yo pral aprann plis osijè de Bondye.

Leson 37
Bib La Se Liv Espesyal Bondye A

Baz biblik: Jeremi 36.

Objektif leson an: Se pou timoun primè yo konnen ke Bib la espesyal paske li gen mesaj Pawòl Bondye a pou nou.

Vèsè pou aprann: *"Pawòl ou se yon chandèl ki fè m wè kote m'ap mete pye mwen, se yon limyè k'ap klere chemen mwen."* (Sòm 119:105).

PREPARE W POU W ANSEYE!

Etap san an devlopman elèv ou yo enpòtan anpil pou yo kapab abitye ak istwa biblik yo avèk mesaj Bondye a.

Pi fò nan timoun primè yo konn li, konsa ou kapab ankouraje yo anrichi memwa yo avèk Pawòl Bondye a.

Atravè leson jodia elèv ou yo pral aprann ke Bondye te enspire Bib la pou nou kapab konnen volonte li. Li enpòtan pou yo konprann ke Bondye pale avèk nou pa mwayen istwa biblik yo epi ban nou règ pou nou viv kòrèkteman.

KÒMANTÈ BIBLIK

Jeremi 36. Lè Jeremi te tou jèn, Bondye te rele li pou l vin pwofèt li. Li te renmen Bondye, li te tande epi obeyi li ak tout kè l pou plis pase 40 lane. Li te di pèp la sa Bondye te vle yo fè, epi tou kisa konsekans yo ta ye (bon avèk move) nan zak y'ap komèt, ki ka menm koute yo lavi yo.

Yon jou Bondye te mande Jeremi pou l te ekri tout mesaj li te bay pèp li a pandan moman ministè li.

Byen vi pwofesi Bondye pou pèp Izrayèl la ta akonpli, kote li te di yo ta pral mennen yo al nan esklavaj ; epi menm nan moman sa a Bondye te vle pou yo repanti. Li te gen konfyans que lè moun yo tande Pawòl li, yo ta ralanti sou tout move bagay y'ap fè yo epi mande li padon.

Pou fè konnen mesaj Seyè a, Jeremi te soufri move tretman ak pèsekisyon. Anpil fwa li te oblije kache pou l te pwoteje tèt li de atak yo. Pèp la pa t vle kite peche yo, epi yo te fè tèt di ak apèl Seyè a. Se pandan, leson sa fè nou sonje ke Pawòl Bondye a pa ka rete anba silans ; l'ap toujou pisan ak efikas. Kòm pwofesè ou genyen yon ministè ki enpòtan anpil : transmèt mesaj lanmou ak esperans lan ke Bondye genyen pou limanite bay elèv ou yo.

DEVLOPMAN LESON AN

Chwazi kèk nan aktivite sa yo pou w reyalize ke elèv ou yo genyen yon aprantisaj plis efikas.

Bib la

Mete Bib ou a yon kote ki vizib, epi di konsa: *Bib la se Pawòl Bondye, men sa pa vle di se limenm ki te ekri li. Sa l te fè se te enspire anpil moun ki gen lafwa pou te ekri sa l te vle pèp li a konnen. Nan Bib la nou jwenn règ ki pou dirije lavi nou, istwa mirak ak gerizon yo, moun vanyan epi ranpli lafwa, ak plan delivrans Bondye a pou nou.*

Mande yo konbyen nan yo ki te li Bib la pandan semèn nan epi ki pasaj yo konnen. Rete tande repons yo, epi esplike yo ke nan inite sa a yo pral aprann plis sou Pawòl Bondye a.

Pègamen yo

Esplike elèv ou yo ke pègamen yo se dokiman yo te konn itilize nan tan lontan pou moun ekri. Anpil fwa yo te fèt ak po bèt, epi sa te fè yo te di anpil epi dire.

Pandan semèn nan prepare kèk fèy an blan nan fason sa a: Fè yon ti mouye li ak dlo sitwon, mete l sèch nan solèy pou l ka fè pli epi sanble ak yon vye fèy ansyen.

Apre sa pase yon ti dife alimèt nan arebò yo.

Pote fèy sa yo nan klas la, epi bay chak moun nan gwoup ou yo youn. Mande yo pou yo ekri vèsè biblik la ladan l epi dekore li. Di yo pou yo koupe imaj ki koresponn ak leson sa a (mond lan) epi kole l kote ki make nan fèy la. Ankouraje yo asiste ak anpil atansyon pou yo konplete pwojè w la.

Fèy asistans

Anrejistre asistans elèv ou yo pandan Inite sa lè w ap itilize fèy asistans nan Lesión 36 nan liv elèv yo. Di yo ke Bib la divize an de pati, Ansyen ak Nouvo Testaman. Nan inite sa a, yo pral etidye toude sesyon yo. Nan sesyon ki Pou rekoupe a, fè yo rekoupe sesyon ki koresponn ak leson sa (mond lan) epi kole li nan plas ki make nan fèy la. Ankouraje yo asiste souvan pou konplete pwojè w la.

ISTWA BIBLIK

Bondye bay Jeremi yon mesaj

Jwif yo te rele byen fache kon Jeremi: "Kite nou trankil!". "Nou pral fè sa nou wè ki sanble pi bon. Nou pa bezwen konsèy ou yo".

Jeremi se te pwofèt Bondye. Sa vle di li te yon moun espesyal ke Bondye te bay mesaj pou anonse moun.

Pèp jwif la pa t vle koute mesaj Bondye te voye pou yo a pa mwayen pwofèt la.

Se pandan, Jeremi te konnen ke li te dwe obeyi Bondye epi kontinye pwoklame mesaj li yo.

Jeremi te mande: "pou kisa nou adore fo dye sa a yo?".

"Si nou kontinye dezobeyi Bondye, lame lènmi an ap vin goumen avèk noue pi mennen nou ale yon kote byen lwen kote yo pral sèvi avèk nou kòm esklav. Kite move konpòtman nou an epi mande Bondye padon!"

Se pandan, pèp la ak wa Jojakim te refize koute avètisman pwofèt la, epi yo te kontinye ap dezobeyi Bondye.

Apre kat ane Jojakim te fè kòm wa, Bondye te di Jeremi konsa : "Mwen vel pou w ekri tout mesaj mwen te ba ou yo, Pètèt lè yo tande koze pinisyon mwen pral voye kont yo a, yo ka sispann dezobeyi mwen. Si yo fè l konsa, m'ap padone tout peche yo".

Bondye pa t gen anvi pini pèp li a. Li te renmen yo epi te vle pou yo te tande avètisman li yo epi obeyi li.

Ekri tout mesaj yo se te yon travay difisil, konsa pwofèt la te mande zanmi li Bawouk ede li. Bawouk te chèche po bèt, paske nan tan biblik yo, yo te itilize po bèt olye fèy papye.

Jeremi te di: "Bawouk, vini", "ekri tout mesaj mwen pral dikte w yo". Pou plis yon ane Jeremi te dikte tout mesaj Bondye yo bay Bawouk pou li ekri yo nan po bèt yo. Èske nou konnen kisa yon pègamen ye? Se yon woulo papye ke moun yo te konn itilize pou yo ekri, menm jan avèk nou kounye a k'ap itilize kaye nòt oswa livrè. Finalman, Jeremi ak Bawouk te fini ak travay yo a.

Jeremi te di Bawouk konsa : "Ou konnen yo pa vle kite m antre nan tanp lan", "konsa ou dwe fè l oumenm. Ale nan kay Bondye a epi li tout sa mwen te dikte w yo pou pèp la".

Bawouk te obeyi, epi li t'ale nan kay Bondye a pou l li sa ki te nan woulo a.

Miche, youn nan ofisyèl wa a, li te tande sa Bawouk t'ap di, li te kouri al rakonte sa bay lòt ofisyèl yo.

Miche te di : "Mwen fèk sot tande yon mesaj Bondye bay pwofèt Jeremi". Bondye di ke nou pral tonbe anba pinisyon si nou kontinye ap dezobeyi koumandman li yo".

Lè yo te tande sa, yo te voye di Bawouk pou l te pote pègamen an pou yo li l.

Konsa Bawouk te li l pou yo. Lè li te fin li, ofisyèl yo te gade youn lòt, epi byen pè yo di : "Wa a sipoze konn bagay sa. Men oumenm ak tout Jeremi dwe al kache oswa wa a pral touye nou".

Se konsa ofisyèl yo t'al devan wa a pou rakonte l sa ki te pase a. Youn nan ofisyèl yo ki te rele Jeoudi te li l pou wa ak tout lòt chef yo ki te avèk li.

Kòm se te nan livè epi te gen anpil fredi, wa a te chita toupre dife a pou l te chofe.

Lè Jeoudi te li twa oswa kat seksyon nan pègamen an, wa a te koupe li ak yon jilèt epi voye l nan dife. Sa te fèt jouskaske tout woulo a boule. Kèk nan ofisyèl yo te priye li an gras pou l pa t boule li, men wa pa t okipe yo.

Apre sa, li te bay lòd pou yo arete Bawouk ak Jeremi, men ofisyèl ki t'al chèche yo a pa t jwenn yo paske Bondye te sere yo pou l te pwoteje lavi yo.

Bondye te pale ak Jeremi ankò epi li di: "Chèche lòt pègamen epi retounen ekri tout sa mwen te dikte w yo. Anplis de sa, ajoute mesaj tou nèf sa yo pou wa Jojakim ak pèp la. Di yo mwen pral retire tè yo nan men yo paske yo pa koute Pawòl mwen yo. Anplis de sa, okenn manm nan fanmi wa Jojakim pa t retounen vin gouvène nan peyi Izrayèl".

Jeremi ak Bawouk te obeyi Bondye epi retounen ekri tout mesaj yo. Nou menm nou kapab li yo nan Bib nou an. MEsaj sa a yo fè nou sonje ke Bondye renmen noue pi li vle pou nou obeyisan ak Pawòl li.

AKTIVITE YO

Fetich

Pou aktivite sa a w'ap bezwen sizo, lakòl, kreyon ak yon moso twal oswa lèn pou chak timoun.

Distribye liv elèv yo epi gide yo pou yo fè fetich yo pandan y'ap swiv enstriksyon yo.

Esplike yo sa fetich vle di pandan w'ap di yo: *Fetich la se yo ti bwat ki gen vèsè biblik yo. Ebre yo te konn itilize yo nan fontenn yo oswa nan ponyèt yo, tankou yon rapèl ki dirab sou kòmandman yo ak pwomès Pawòl Bondye yo.*

Pwojè inite a

Youn nan objektif inite sa a se pou elèv ou yo abtye ak liv yo ki nan Bib la epi konnen kèk nan divizyon li yo. Poutèt sa nou konseye w sèvi ak aktivite sa a pou w reyalize rèv sa a.

W'ap bezwen: Dis bwat katon ki gen menm gwosè (pa egzanp, bwat sapat), 66 kat (10 x 4 cm.), 99 fouchèt plastik, tè oswa sab, papye koulè ak kreyon.

Avan klas la koumanse vlope chak bwat ak yon koulè diferan. Ekri yon divizyon Bib la nan chak (Pantatek, Istwa, Pwezi, Gwo pwofèt yo, Ti pwofèt yo, Levanjil yo, Istwa, Epit Pòl yo, Epit jeneral yo, Pwofesi). Apre sa, mete mwatye tè oswa sab nan chak bwat yo. Ekri non chak liv nan Bib nan yon bwat.

Mete fouchèt yo kat yo avèk non liv Ansyen Testaman yo.

Mande elèv ou yo pou yo mete yo nan bwat ki koresponn yo.

Nan premye klas sa, oryante yo ranje kat yo nan bwat kòrèk la.

Kòm pwogrè nan devlopman inite a, yo dwe fè sa san èd. Semèn pwochen yo pral ajoute liv Nouvo Testaman yo nan jwèt la.

MEMORIZASYON

Distribye kat klèb vèsè mwa a ki koresponn ak inite a, epi li vèsè biblik la ansanm. Apre sa, bay opòtinite pou tifi yo li, apre sa ti gason yo, apre sa, sa ki gen 8 lane yo, elatriye. Raple yo ke kat yo pral sèvi pou yo repase vèsè inite a pandan semèn nan.

POU FINI

Se pou nou di Bondye mèsi nan lapriyè paske li te ban nou Pawòl li pou nou aprann de li. Chante plizyè chan diferan nan Bib la, epi envite timoun yo nan pwochen klas la. Pa bliye di yo ke li enpòtan pou yo vini ak Bib yo.

nòt

Leson 38
Bib La Pale Nan Jezi

Baz biblik: Lik 4:16-44.

Objektif leson an: Se pou timoun primè yo konnen ke Bib la anseye sou Jezi Pitit Bondye a.

Vèsè pou aprann: *"Pawòl ou se yon chandèl ki fè m wè kote m'ap mete pye mwen, se yon limyè k'ap klere chemen mwen."* (Sòm 119:105)

PREPARE W POU W ANSEYE!

Anpil timoun primè panse ke Bob la se yon koleksyon istwa; gen lòt ki konnen ke pawòl la gen règ ak koumandman ; gen kèk ki konn tande Bib la pale de Bondye ak Jezi.

Enfòmasyon sa enpòtan pou yo, men sa ki pi enpòtan an se koumanse rekonèt ke Bib la se yon liv kip a gen parèy, li diferan de tout lòt liv istwa oswa manyèl ak règ. Liv sa pale de lanmou Bondye epi bay repons kòrèk ak anpil nan kesyon yo.

Mesaj ki nan Bib la pa gen parèy epi li disponib pou tout moun.

Leson sa a pral ede yo konprann ke Jezi se pa t yon gran mèt ki t'ap viv nan tan lontan. Li se Pitit Bondye a, pa mwaye de anpil istwa biblik yo, yo kapab aprann osijè de gwo mirak li te reyalize.

Gide elèv ou yo pandan y'ap aprann, pou y opa sèlman li ak memorize pasaj biblik yo, men se pou yo renmen li, respekte li epi, sitou, obeyi li.

KÒMANTÈ BIBLIK

Lik 4:16-44. Yona ne apre li te fin batize, Jezi te retounen nan Nazarèt, pèp kote li te grandi a, epi li t'al nan sinagòg la, jan li te konn abitye fè sa nan jou repo a. Nan Ansyen Testaman, ale nan sinagòg te enpòtan anpil pou fanmi jwif yo. Sèvis yo nan sinagòg la te divize fè twa pati : Lapriyè, lekti lalwa ak pwofèt yo, avèk esplikasyon Pawòl la.

Sa a se ta yon sèvis espesyal. Se te moman ek kote prensipal pou Jezi te koumanse ministè li. Nan sinagò yo te toujou gen predikatè, epi yo te gen koutim mande pou kèk pwofesè li ak esplike Pawòl la, apre sa te gen yon moman pou poze kesyon ak fè deba.

Mesaj Jezi nan sinagòg Nazarèt la te youn nan anpil epizòd nan sa ke Jezi te moutre klèman ke li se akonplisman pwofesi Ansyen Testaman an. Li te li Ezayi 61 :1-2 epi siprann tout moun ki te la lè li te di : "Jodi a Pawòl sa a akonpli nan mitan nou" (Lik 4 :21).

Pasaj Ekriti a te klè. Jezi se te Sovè ke pèp jwif yo t'ap tann pandan plizyè santèn de lane. Se pandan, moun yo te refize mesaj sa a.

Bib la deklare nou plizyè fwa ke Jezi se Pitit Bondye a epi gen yon plan pou l sove limanite. Se pandan, jan sa te pase nan Nazarèt la, chak moun gen opsyon pou refize li oswa aksepte li.

DEVLOPMAN LESON AN

Itilize kèk nan aktivite sa a yo pou w anrichi devlopman leson Jodi a.

Pote Bib ou a

Di elèv ki te pote Bib yo nan klas la pou semèn nan mèsi, epi mande yo pou yo ouvri l nan premye paj la. Esplike yo ke Bib la divize an de gwo pati : Ansyen Testaman ak Nouvo Testaman.

Pèmèt yo lokalize ki kote yon Testaman fini ak kote yon lòt koumanse. Refè egzèsis sa plizyè fwa, jouskaske timoun yo jwenn kote divizyon yo ye ak fasilite. Mande yo ki liv ki premye liv nan Ansyen Testaman ak ki liv ki dènye a. Ede yo pou yo abitye ak divizyon yo epi liv yo ki nan Bib la pandan y'ap etidye leson sa yo.

Fèy asistans lan

Distribye liv elèv yo epi mande timoun yo pou yo chèche imaj ki pou koupe a nan seksyon ki koresponn ak jou sa a (liv yo). Apre yo fin koupe l, yo dwe kole li nan espas ki kòrèk la. Ankouraje yo pou yo pa pèdi menm yon klas pou yo ka konplete fèy asistans yo a.

Mwen konnen dis aspè de Jezi

Pou aktivite sa a w'ap bezwen yon boul an plastik.

Mande elèv ou yo pou chita sou fòm yon sèk, epi di yo konsa: *Istwa biblik jodi a pale nou de Jezi. Annal wè byen vit ke nou kapab di dis aspè ke nou konnen de Jezi.*

Koumanse jwèt la lè w'ap di: *Mwen konnen ke Jezi renmen nou tout.* Apre sa, remèt youn nan yo boul la pou l di yon bagay ki diferan, epi apre sa pou l bay lòt kamarad li a boul la. Kontinye jwèt la jouskaske 10 oswa plis timoun patisipe.

ISTWA BIBLIK
Jezi nan sinagòg la

Tout moun t'ap di : "Gade kimoun ki retounen nan vil la !". Jezi t'al Nazarèt, al vizite kote li te grandi a.

Jezi te ale nan sinagòg la epi chèche yon kote li chita.

Kèk moun t'ap mande: "Sa se pa Jezi pitit Jozèf, bòs chapant lan ?"

Yon moun te reponn : "Wi se li menm". Manman l ap kontan anpil lè li wè l. Mwen ta renmen tande l'ap fè lekti yo. Yo te di mwen ke li te anseye nan kèk sinagòg nan Galile epi se yon gran pwofesè". Konsa yo te mande Jezi pou l te pase devan pou fè lekti yo. Moun ki te la yo te anvi tande li, epi yo t'ap swiv anpil pandan Jezi t'ap ouvri woulo a epi koumanse ap li.

Lespri Seyè a sou mwen, poutèt sa li wen mwen pou m pote bon nouvèl la bay pòv yo, li voye m vin geri moun ki gen kè blese yo ; vin libere moun ki nan prizon yo, epi fv avèg yo wè ; vin mete an libète moun ki anba tray yo ; pou preche yon lane de gras nan Seyè a".

Moun yo te konnen posyon ekriti sa ke Jezi t'ap li a. Plizyè lane te déjà pase depi pwofèt Ezayi te ekri pawòl sa a yo, pandan li t'ap anonse akonplisman yon pwomès. Pasaj sa a fè referans ak Sovè mond lan, moun Bondye te pwomèt li t'ap voye a.

Jezi te fèmen woulo a epi li : "Jodi a Ekriti sa a nou sot tande la li akonpli".

Moun yo t'ap di : "Kisa ?". "Èske sa l'ap di nou la a se vre?"

Youn t'ap poze lòt kesyon: "Èske sa a se pa ti gason Jozèf la?".

Jezi te eseye esplike plis bagay sou Pawòl Bondye a ak sa li te di osijè de Sovè a, men yo pa t vle tande li.

Pito, tout moun ki te nan sinagòg yo te fache kont Jezi. Konsa yo te mete li deyò epi mennen li sou yon tèt mòn pou yo voye l anba. Se pandan, Jezi te pase nan mitan yo a epi l'ale nan lavil Kapènawòm. La a li te fè anpil mirak, li te fv anpil gerizon epi anseye anpil sou lanmou Bondye a. Jezi te moutre moun yo klèman ke li se Sovè a Bondye te pwomèt la.

Moun ki rete nan lavil Kapènawòm yo t'ap di Jezi : "rete la avèk nou, pa ale kite nou !".

Men Jezi te reponn yo : "Mwen dwe ale. Li nesesè pou m ale bay lòt bon nouvèl la sou wayòm Bondye a. Se pou sa yo te voye mwen".

Se konsa Jezi t'ale nan anpil lòt ti vil, li te geri malad yo epi anseye mesaj lanmou Bondye a nan lòt sinagòg yo.

Menm si sa te tris pou Jezi lè yo te mete l deyò nan pwòp teritwa pa li a, nan lòt zòn yo anpil moun te kwv nan Pawòl li.

Bib la pale nou de Jezi

Mande pou yon volontè ede w distribye liv elèv yo. Mande timoun primè yo pou yo gade imaj yo epi nimewote yo selon lòd istwa biblik la. Pandan y'ap travay, di yo ke istwa yo te aprann nan y'ap jwenn li nan Levanjil selon Lik.

Apre sa, mande yo: *Èske Lik se nan Ansyen Testaman oswa nan Nouvo Testaman?* Koute repons yo. Si ou wè ke jouskaprezan gen anpil ki konfonn, mande yo pou yo ouvri Bib yo epi lokalize Levanjil selon Lik la.

Annal jwe!

Vire paj la epi li ansanm enstriksyon yo pou jwèt sa. Esplike yo ke yo dwe chèche yon lòt moun pou fè de epi koupe materyèl ki nan seksyon ki pou koupe a pou yo koumanse jwèt la. Kontwole yo pandan y'ap fè aktivite a, epi ede sa a yo ki gen difikilte pou reponn kesyon biblik yo.

Pwojè inite a

Bay tan pou elèv ou yo ranje kat Ansyen Testaman yo nan bwat ki kòresponn nan yo. Apre sa, distribye kat Nouvo Testaman yo epi gide yo pou yo ranje yo nan lòd kòrèk la. Asire w ke tout elèv ou yo patisipe nan aktivite sa a pou yo ka aprann divizyon yo ki nan Bib la.

Lè yo fini, se pou nou sere kat ak bwat yo avèk tout sab pou nou itilize nan pwochen klas la.

MEMORIZASYON

Ekri pawòl sa a yo ki nan Filipyen 4 :19 nan plizyè kat diferan. Kole yo ak adezif nan yon miral oswa nan tablo a, yon fason ou kapab retire yo epi retounen kole yo ankò. Se pou nou li vèsè a plizyè fwa, epi mande elèv ou yo pou yo repete li. Chanje kat yo plas pou elèv ou yo retounen mete yo nan plas yo. Repete aktivite sa plizyè fwa epi fè yo di vèsè a chak fwa kat yo nan lòd.

POU FINI

Priye pou elèv ou yo, epi di Bondye mèsi paske li te pèmèt nou rekonèt Jezi pa mwayen Pawòl li. Raple yo pou yo priye pandan semèn nan epi pote Bib yo nan pwochen klas la.

Leson 39

Bib La Ede Nou Fè Sa Ki Dwat

Baz biblik: 2 Istwa 34.

Objektif leson an: Se pou timoun primè yo konnen Bondye sèvi ak Pawòl li pou l moutre pitit li yo fè sa ki dwat.

Vèsè pou aprann: *"Pawòl ou se yon chandèl ki fè m wè kote m'ap mete pye mwen, se yon limyè k'ap klere chemen mwen."* (Sòm 119:105)

PREPARE W POU W ANSEYE!

Elèv ou koumanse konprann ke Bib la se yon liv espesyal paske se Pawòl Bondye. Timoun primè yo konpran plis bagay nan Bib la pase sa nou panse. Yo pa doute sou ansèyman li, ni konpare li ak idyoloji oswa filozofi menm jan anpil granmoun fè li. Moman w'ap bay pou w ministre yo ak rakonte yo istwa biblik yo pral gen anpil valè pou fòmasyon espirityèl yo. Sonje ke non sèlman ou pral pataje konesans ba yo, men tou ou pral devlope yon sansiblite espirityèl ak anvi aprann plis osijè de wayòm Bondye a.

Inite sa a santre li sou repons lòm lè l tande mesaj Pawòl Bondye a. Pwofite leson sa a pou w moutre elèv ou yo ke Bib la se pa sèlman yon liv pou moun li ; nou dwe kwè nan li epi pratike sa ki ladan l.

KÒMANTÈ BIBLIK

Wa Jozyas t'ap netwaye nasyon an, pandan li t'ap retire tout lotèl payen ki te konn sèvi zidòl yo; anplis de sa, li te koumanse yon preparasyon pou restore tanp Bondye a. Pandan travay rekonstriksyon an, chèf prèt Ilkija jwenn liv lalwa a, kote yo te kapab li osijè de kontra Bondye te fè ak pèp li a. Pètèt woulo sa te gen pantatek la oswa sèlman liv Detewonòm nan.

Lè chafan, eskrib la, li te li liv la devan wa, mesye sa te twouble lè l te tande lalwa Bondye a. Lè yo rann yo kont de jistis ak kaptivite ki ta vini sou yo, Jozyas te mande lidè espirityèl pèp la pou yo te konsilte Bondye sou mesaj liv la. Bondye te santi l kontan anpil lè l te wè preokipasyon wa a pou peche pèp li, li te pèmèt li pap pini pèp la pandan gouvènman Jozyas.

Olye pou yo retounen al sere liv kontra a, Jozyas te rasanble tout pèp la nan yon reyinyon nan tan jerizalèm nan pou yo li Pawòl Bondye a davan tout moun. Wa te vle pou pèp li a te viv konfòm ak koumandman Bondye yo. Lè yo tande mesaj yo ki te nan liv la, pèp Izrayèl la te renouvle angajman fidelite yo ak Bondye.

Kòm remèsiman devan Bondye, wa Jozyas te ogmante fòs li pou l te kontinye netwaye peyi a de tout vye zidòl. Anplis de sa, li te konsakre pèp la, lidè yo ak gouvènman l lan devan Bondye. Pandan li t'ap viv, wa sa te gide tout moun nan obeyisans devan Seyè a.

DEVLOPMAN LESON AN

Chwazi kèk nan aktivite yo sigjere yo pou fasilite pwosesis aprantisaj elèv ou yo.

Ki kote Bib la ye?

Avan elèv ou yo rive nan sal la, sere Bib ou a yon kote ou konnen li pap fasil pou yo jwenn li. Apre w fin di timoun yo byenvini, di yo ou bezwen jwenn Bib ou a, epi mande yo pou yo ede w chèche li. Lè yo jwenn li, mande yo kijan yo te santi yo pandan yo t'ap chèche l la. Di yo ke istwa jodi a pale de yon wa ki te jwenn Pawòl Bondye a ak fason sa te chanje direksyon lavi li ak peyi li t'ap gouvènen an.

Fèy asistans lan

Vini avèk liv elèv yo ak sizo. Mande pou timoun primè yo koupe imaj ki koresponn ak jou sa a epi kole l nan espas ki kòrèk la. Itilize fèy asistans ln pou yo repase as yo te aprann nan leson pase yo.

Bib mwen an

Repase divizyon Bib la avèk timoun yo. Mande pou yo lokalize Ansyen Testaman ak Nouvo Testaman. Apre sa, mande yo pou yo jwenn kèk liv (pa egzanp: Jenèz, Matye, Revelasyon ak Sòm). Apre sa, di yo pou yo chèche 2 Istwa, paske se la istwa pou jodi a ye.

ISTWA BIBLIK

Jozyas jwenn pawòl Bondye a

Jozyas te koumanse gouvènen nan peyi Izrayèl lè li te gen 8 lane. Papa l avèk granpapa li te konn fè sa ki mal nan je Bondye, se yo menm ki te konstwi zidòl an bwa ak fo dye ki te fèt ak lòt kalite materyèl ankò, epi mete yo nan tanp Bondye a.

Granpapa Jozyas te touye kèk nan pitit li

yo pou ofri sakrifis bay zidòl li te konn adore yo.

Lè Jozyas te gen 16 lane li te deside swiv ak obeyi Bondye. Li pa t vle fè sa ki mal menm jan ak ansyen zansèt li yo, men se pito sèvi yon sèl vrè Bondye a.

Ka lane pita, li te retire lotèl kote yo te konn adore fo zidòl yo epi detwi tout imaj yo jouskaske yo fè yo tounen pousyè.

Anplis de sa, Li te mande pou mesaje yo te bay mesaj sa a nan tout pwovens yo : "Depi kounye a pou ale pou pi devan, pèsonn nan wayòm sa a pap adore zidòl. Nou pral obeyi sèl Bondye vivan an, ki se Bondye pèp Izrayèl la".

Men travay Jozyas la pa t ko fini. Li te konnen ke tanp Bondye a te kraze, konsa li te pase yon nonm ki te rele Chafan lòd pou l te repare li. Li te mande l chèche pi bon konstriktè ak bòs chapant yo pou yo restore tan plan, epi konsa li ta kapab vin bèl jan li te ye avan.

Yon bon kantite moun te travay anpil, nan reparasyon ak aranjman kay Bondye a.

Toudenkou, prèt Ilkija te wè yon bagay nan mitan dekonm yo.

Li te di "Kisa sa ye?", pandan l t'ap leve yon woulo epi souke li pou pousyè te soti ladan l.

Ilkija pa t ka kwè sa li te gen nan men l lan. Se te liv lalwa Bondye a ! Se te nan pègamen sa a lalwa Bondye te bay Moyiz yo te ye sa fè depi byen lontan. Lwa sa yo te moutre pèp la kouman Bondye te vle pou yo mache devan li.

Ilkija te di Chafan: "Gade sa mwen jwenn", pandan l t'ap moutre li pègamen an. Lè li te rekonèt se te liv lalwa Bondye a, Chafan te di konsa: "Nou dwe al moutre wa Jozyas li touswit!"

Lè li te pran nouvèl la, wa a te eksite anpil epi mande Chafan pou l te li liv la pou li. Pègamen sa te di ke Bondye te vle pou pèp la te renmen li, obeyi ak sèvi li avèk fidelite.

Lè Jozyas te tande pawòl sa a yo, Jozyas te vin tris anpil, li te konnen ke tout moun nan peyi Izrayèl te dezobeyi Bondye.

Wa a te dechire rad sou li kòm yon siyal tristès epi li te di Chafan konsa : "Bondye fache kont nou paske nou pa koute pawòl li ni obeyi koumandman li yo".

Li te di Ilkija ak lòt ki t'ap priye epi konsilte yo kisa ki ta pral pase nan wayòm nan.

Ilkija ak konpayèl li yo te ale pale ak pwofèt Ilda, yon fanm ki te renmen ak obeyi Bondye. Seyè a te moutre l kisa pou l te di mesaje wa Jozyas: Bondye pa renmen lè moun pa koute li ni obeyi pawòl li yo. Se poutèt sa, li te deside voye yon pinisyon sou pèp Izrayèl la. Men kounye a li te wè kè Jozyas epi li konnen ke wa sa a deside obeyi ak renmen li. Bondye vle pou tout moun koute l, obeyi ak renmen li".

Nan fason sa a, wa Jozyas te voye rasanble tout pèp la pou l te li pawòl Bondye a pou yo.

Apre sa, li te pwomèt : "Mwen pral fè tout sa Bondye vle pou m fè".

Epi pèp la te pwomèt tou: "Nou pral obeyi ak renmen li".

Pèp Izrayèl la te swiv Bondye epi obeyi li pandan tout tan Jozyas te gouvènen kòm wa.

Bib la ede nou konnen sa ki dwat

Ouvri liv elèv yo nan leson 39.

Mande timoun yo koupe imaj la ak tout fòm li, epi double li sou liy pwertiye yo. Apre sa yo dwe koupe ti liy piti yo ki nan seksyon 1 ak 5 la.

Esplike yo kouman yo kapab konekte imaj la pou yo koumanse seksyon 1 an anndan seksyon 5 lan. Repase istwa biblik la, pandan w'ap fè dyalòg sou kijan etid Bib la fè nou diferan.

Pwojè inite a

Bay tan pou elèv ou yo ke repase divizyon liv nan Bib yo pandan y'ap itilize kat ak bwat yo avèk sab. Divize yo an gwoup de 2 oswa 3 pou yo kapab itilize materyèl la, pandan lòt yo ap fini travay nan liv elèv yo oswa chante kèk chan.

MEMORIZASYON

Mande pou ti moun yo chita sou fòm yon sèk. Remèt liv la bay youn nan yo, li menm li va bay moun ki bò kote l la li youn apre lòt. Lè w di ESTOP, moun ki gen Bib la dwe di vèsè a. Pèmèt ke gwoup la ede timoun ki gen difikilte yo pou yo memorize li.

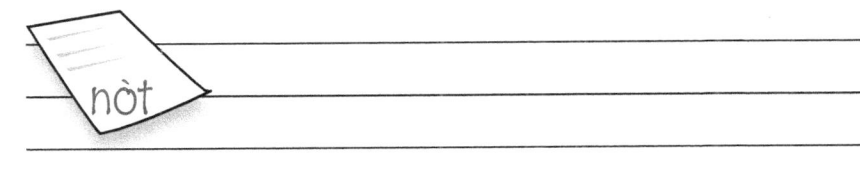

Leson 40
Bib La Anseye Nou Chak Jou

Baz biblik: Travay 16:1-5; 2 Timote 1:1-7; 2:1-6; 16-18; 3:10-17; 4:13-22.

Objektif leson an: Se pou timoun primè yo konnen ke Bib la anseye nou viv byen.

Vèsè pou aprann: *"Pawòl ou se yon chandèl ki fè m wè kote m'ap mete pye mwen, se yon limyè k'ap klere chemen mwen."* (Sòm 119:105)

PREPARE W POU W ANSEYE!

Bib la se yon liv pratik ki gide nou pou nou viv konfòm ak volonte Bondye. Nan inite sa a timoun primè yo pral aprann ke mesaj nan Bib la se pou yo, epi sa ape de yo fè diferans ant byen ak mal.

Nan inite sa timoun yo aprann konsèp biblik prensipal yo, yo menm ki va ede yo konprann ke Bib la se yon liv ke yo kapab jwenn ladan l tout kalite repons yo bezwen. Lè fini yo te aprann lokalize byen fasil liv ki ladan l yo. Pwofite dènye klas sa a pou w kreye nan timoun primè yo enpòtans fè lekti genyen, etidye ak renmen pawòl Bondye a.

KÒMANTÈ BIBLIK

Travay 16:1-5; 2 Timote 1:1-7; 2:1-6, 16-18; 3:10-17; 4:13-22. Timote se yon jèn ki t'ap viv nan lavil List, man l te yon jwif epi papa l te moun peyi lagrès. Manman l te rele Ewounise epi grann lit e rele Loyida, yo te vin konvèti kòm kretyen pandan ministè Pòl. Timote te akonpanye Pòl nan anpil vwayaj misyonè; li te ale avèk li lè l t'ale lavil Jerizalèm epi tou li te akonpanye li ale lavil Wòm.

Yo rekonèt de lèt Timote yo kòm "epit pastoral yo". Menm si se te lèt pèsopnèl Pòl te ekri, yo te demoutre yon lanmou pwofon ak swen pastoral.

Pòl te nan prizon nan lavil Wòm lè li te ekri zanmi epi kolaboratè li dezyèm lèt la, ki te nan lavil Efèz. Yo te rive vin bon zanmi epi, apre Pòl te fin mouri, Timote te rete kòm lidè prensipal legliz lavil Efèz la.

Nan dezyèm lèt la, Pòl te mande Timote pou l te rete fidèl ak apèl li a epi remèsye li pou lapriyè li yo. Li te di li ke lafwa li te asire l chemen ki pou mennen l bò kote Jezikris. Anplis de sa, li te ankouraje l travay nan ministè a, li te konfime li ke Bondye te enspire Ekriti yo epi sa a yo ta ede li nan lavi l chak jou.

Pa mwayen epit sa a yo, Pòl raple nou ke sous tout bon konprann ak entelijans rete nan pawòl Bondye.

DEVLOPMAN LESON AN

Itilize kèk nan aktivite sa a yo kòm materyèl ranfò pou w moutre elèv ou yo istwa biblik la.

Fèy asistans

Bay tan pou elèv ou yo koupe ak kole dènye imaj nan fèy asistans ou a. Pandan y'ap gade imaj yo, se pou yo repase sa yo te aprann nan istwa biblik la epi, si sa posib, bay moun ki te toujou la pandan dewoulman tout inite a.

Rapèl

Pandan semèn nan fè desen nan yon papye brisòl imaj Bib ouvri yo. Fè yon bon kantite pou tout elèv ou yo. Kontwole pou gwosè yo kapab adekwa pou timoun yo kapab ekri vèsè pou aprann nan anndan li. Chèche kreyon oswa make ki gen plizyè koulè pou yo dekore yo epi pote yo lakay yo kòm yon souvni sou tèm inite a.

ISTWA BIBLIK

Fè fotokopi istwa biblik la epi sere l nan yon anvlòp, kòm si se te yon lèt. Ouvri l devan elèv ou yo epi di yo konsa yo pral li yon lèt ki enpòtan anpil ke apot Pòl te ekri zanmi li Timote.

Lèt Timote a

Pòl te nan prizon pandan li t'ap tann jijman li nan lavil Wòm. "Krim li" se te pale ak lòt yo de Jezi. Pou konplike sitiyasyon an tout zanmi l yo te vire do ba li nan moman tan livè a te prèske rive. Men Pòl pa t dekouraje, li te ekri zanmi l Timote yon lèt.

Byeneme Timote:

Mwen santi m kontan pou amitye w la epi mwen priye pou ou chak jou. Ou tankou pitit mwen epi mwen kontan lèm vin aprann ke ou se yon bon kretyen, menm jan ak manmanw avèk grann ou.

Pran kouraj epi swiv direksyon Bondye.

Mwen konnen ke tan difisil yo gen pou vini, men sonje ke atlèt yo kouri karyè yo, san y opa gade sou difikilta yo.

Gen anpil bagay mal ki te rive mwen pandan m t'ap preche a, men Bondye te delivre m nan tout. Moun k'ap sèvi Bondye yo epi ki obeyi li ap rankontre anpil pwoblèm. Li pwobab pou yo jwenn pèsekisyon, menm jan avèk mwen, men mwen nan prizon! Se pandan, se yon bon bagay sèvi Jezi ye.

Fè atansyon, paske anpil moun pral preche move ansèyman pi yo pral twonpe anpil moun, men piga ou twouble. Kontinye kwè nan sa w konnen ki dwat. Sonje ke ou kapab konte sou Pawòl la paske Bondye te enspire l lè li gide moun ki t'ap ekri yo.

Pa bliye ke Pawòl la moutre nou fè sa ki dwat, li egzòte nou lè nou twonpe tèt noue pi moutre sa ki volonte Bondye pou nou. Lè w etidye Pawòl la sa ap pèmèt ou prepare pou travay Bondye genyen pou ou a.

M'ap tann vizit ou ak anpil kontantman.

Lè w'ap vini, tanpri, pote chandray mwen te kite lakay Kap la pou mwen. Pote liv mwen yo tou, espesyalman pègamen yo.

Mwen kontinye ap tann jou mwen pral jije a. Premye fwa nan premye prezantasyon m nan mwen pa t jwenn pèsonn ki pou ede m. Tout moun te kite m poukont mwen. Mwen mande Bondye pou l pa pini yo pou sa. Men le Seyè Jezi te bò kote m, li t'ap banm fòs ak kè poze.

Mwen konnen ke Seyè a pral libere mwen de tout mal epi pwoteje mwen jouskaske li Mennen m nan wayòm syèl la.

Salye tout zanmi m yo pou mwen. Fè prese pou w ka gentan vini avan livè a koumanse. Tout frè ak sè pa bò isit voye salye w.

Bondye beni w !
Sensèman,
Pòl

Bib la ede nou konnen sa nou dwe fè

Distribye liv elèv yo epi li enstriksyon yo byen fò pou timoun primè yo reyalize aktivite yo bay la. Ankouraje yo reflechi epi pran desizyon ki gen bon konprann ladan l ak limyè pawòl Bondye a.

Vire paj la epi epi koupe imaj yo ki nan tibann desen yo ; apre sa ranpli espas ki vid nan vèsè biblik la.

Pwojè inite a

Fè yon ti konkou pou ranfòse aprantisaj divizyon liv yo ki nan Bib la. Fòme plizyè ekip epi bay opòtinite pou yo itilize kat yo ak bwat katon sab yo. Ekip ki va ranje liv ki nan Bib la yo pi vit la se limen ki genyen, depi nan Jenèz jouska Revelasyon.

MEMORIZASYON

Kòm sa se dènye leson inite a, prepare kèk prim pou sa a yo ki te aprann vèsè a pa kè. Bay kat sou fòm Bib oswa separatè liv avèk vèsè ekri ladan yo. Bay opòtinite ak tout sa yo ki vle di vèsè a pa kè.

POU FINI

Fè yon revizyon tou kout avèk klas la sou leson yo te aprann yo nan inite sa. Mande yo ki istwa yo te pi renmen. Mete aksan sou valè enpòtans Bib la genyen pou tout kretyen yo. Envite yo li l epi etidye li, men, sitou, obeyi ak renmen li. Si sa posib, envite paran yo vin wè travay pitit yo te fè. Egzòte yo mete nan timoun primè yo respv ak lanmou pou pawòl Bondye a.

Priye avan nou lage epi di Seyè a mèsi pou benediksyon sa ki se genyen Bib la kòm gid lavi nou.

nòt

Ane 2   **Entwodiksyon – Inite X**

POUVWA JEZI A

Baz biblik: Matye 20:29-34; Mak 10:46-52; Lik 5:17-26; Matye 4:1-11; Lik 19:1-10.

Tèks inite a: *"Si yon moun ap viv nan Kris la, li vin yon lòt moun, bagay lontan yo disparèt, se lòt bagay nèf ki pran plas yo kounye a."* (2 Korentyen 5:17).

OBJEKTIF INITE A

Inite sa a pral ede timoun primè yo:

- ❖ Konprann ke Jezi, Pitit Bondye a, kapab chanje lavi sa yo ki pwoche bò kote li ak konnen li.
- ❖ Konnen ke prezans Jezi make yon gwo diferans nan moun.
- ❖ Aprann kenbe tèt ak tantasyon.
- ❖ Konfye nan pouvwa ak èd Jezi a.

LESON INITE A

    Leson 41:   Jezi Geri De Avèg
    Leson 42:   Jezi Demoutre Ke Li Se Pitit Bondye A
    Leson 43:   Jezi Nenk Tantasyon An
    Leson 44:   Jezi Vizite Zache

POU KISA TIMOUN KI NAN PRIMÈ YO BEZWEN ANSÈYMAN INITE SA A

Nan etid seri leson sa a yo, elèv ou yo pral aprann ke Jezi te transfòme lavi anpil moun pandan ministè li sou tè a. Epi tou li kapab fè anpil mirak, paske li se Pitit Bondye a, epi pa gen pèsonn ki gen menm pouwa ak li.

Jezi gen pouvwa pou l geri yon kò ki malad, padone peche ak transfòme yon nanm ki atriste an yon lòt ki chaje esperans ak lajwa.

Etap devlopman sa a pou elèv ou yo enpòtan anpil pou fòmasyon espirityèl yo. Laj sa a adopte model konpòtman epi tante imite moun yo konsidere "espesyal yo". Pou rezon sa a, pwofite tout opòtinite w jwenn pou moutre yo ke Jezi se sèl modèl ke yo dwe swiv. Ede yo konprann ke yo bezwen fè yon rankont pvsonèl ak Jezi epi mache men nan men ak Seyè a.

Leson 41
Jezi Geri De Avèg

Baz biblik: Matye 20:29-34; Mak 10:46-52.

Objektif leson an: Se pou timoun primè yo devlope santiman konpasyon pandan y'ap swiv egzanp Jezi a.

Vèsè pou aprann: "Si yon moun ap viv nan Kris la, li vin yon lòt moun, bagay lontan yo disparèt, se lòt bagay nèf ki pran plas yo kounye a." (2 Korentyen 5:17)

PREPARE W POU W ANSEYE!

Timoun primè yo ap viv nan yon mond kote, pou anpil moun, konpasyon an se yon bagay ki pa gen twòp vale. Èd y'ap bay yo baze sou kondisyon: yo ede sèlman si y'ap resevwa yon bagay nan men menm moun sa a. Pou bagay sa a yo li enpòtan pou ke, avèk istwa sa a, yo aprann ke Jezi te yon nonm ki te gen bon kè ki te konn ede moun san enterè.

Si nou moutre yo reponn ak bezwen lòt yo avèk konpasyon, y'ap grandi ak yon bèl objektif nan lavi kretyen yo ak lanmou pou frè parèy yo.

KÒMANTÈ BIBLIK

Matye 20:29-34; Mak 10:46-52. Al salir Jesús de Jericó, se dirigió a Jerusalén paLè Jezi te soti nan lavil Jeriko, li te pran direksyon lavil Jerizalèm pou l te akonpli objektif ki te fè li vini nan mond sa a : bay lavi li pou l sove mond lan anba kondanasyon pou tout tan.

Pandan l te sou wout la, li te gen yon gwo foul moun ki te akonpanye li, toudenkou li tande yon vwa ki t'ap rele sekou byen fò.

De mesye avèg t'ap eseye apwoche bò kote foul moun yo pou ta rive kot Mèt la. Liv Mak la santre atansyon li sou youn nan yo, Batime.

Lè Batime te tande Jezi t'ap pase pi pre, li te koumanse rele byen fò : "Jezi, Pitit David la, gen pitye pou mwen !"

Se te pou yon premye fwa yo te rele Jezi an piblik "Pitit David". Nonm pòv sa a te rele Jezi nan non li reyèlman devan tout moun: yon man nan branch fanmi wa a. Anplis, li te bay kle Gran antre a oswa antre triyonfal la. Jwif yo te konsidere David kòm yon moun Bondye te chwazi, epi yo te konnen ke se youn nan branch fanmi li yo ki t'ap vini kòm Sovè a.

Konsa Jezi te mande moun yo mennen Batime ba li. Seyè a te di nom nan pou fè yon pa anplis nan lafwa epi kwè nan gwo pouvwa li a. Menm kote a Jezi te fè yon mirak, Batime te wè nan tou de je li.

Jezi te mache anpil epi li te konnen ki soufrans ki t'ap tann li, men li pa t sispann moutre konpasyon pou moun ki nan bezwen yo. Poutèt sa, avèk lanmou li te geri tou de avèg yo. Jezi se egzanp ki pi klè pou moutre ke konpasyon an se pa yon opsyon, se pito yon estil lavi.

DEVLOPMAN LESON AN

Chwazi kèk nan aktivite sa yo pou ranfòse aprantisaj biblik la pou elèv ou yo.

Yon chan fènwa

Si sal ou a gen fenèt, avan klas la bare yo ak papye jounal oswa dra pou limyè pa antre. Ranje tout chèz yo kole nan mi an, epi mete yon kat ak non chak elèv nan chak chèz. Retire tout bagay ki ka fè timoun yo frape, epi resevwa yo nan pòt la. Di yo ke pou aktivite yo pral reyalize yo, li nesesè pou limyè yo etenn, poutèt sa w'ap bezwen koperasyon ak konpreyansyon yo.

Fè yo antre nan sal la epi rete debou. Answit, kondwi yo nan yon tan adorasyon. Apre sa mande yo pou yo chèche chèz ki gen non pa yo a pou yo chita.

Lè yo nan plas yo, limen limyè a epi mande yo kouman yo te santi yo nan mitan fènwa a. Apre w fin koute repons yo, di yo konsa ke nan klas jodi a nou pral pale de kèk mesye ki pa t kapab wè paske yo te avèg.

Idantifye objè yo

Mete plizyè bagay nan yon sakit tankou (boul, poupe, yon liv, yon bwòs, elatriye.). pou elèv ou yo idantifye yo lè yo touche yo. Mande pou plizyè volontè pase devan, se pou yo foure men nan sakit la epi eseye di ki objè y'ap touche a.

Esplike yo ke moun ki avèg yo depann anpil de touch yo pou yo idantifye nan anpil objè ki nan alantou yo. Nan istwa jodi a nou pral aprann sa kèk mesye te fè pou yo te kapab wè ankò.

ISTWA BIBLIK

Jezi ak disip li yo te mache anpil kilomèt por anseye ak geri anpil moun. Nan kisa nou panse yo te konn vwayaje soti nan yon vil pou ale nan yon lòt ? Nan oto ? (Non). Nan avyon ? (Non). Nan epòk sa a pa t ko gen tout mwayen transpò nou konnen kounye a yo, konsa moun yo te konn mache anpil soti yon kote pou ale nan yon lòt. Se sèlman moun ki te gen lajan ki te konn vwayaje nan charyo oswa cheval. Nan istwa jodi a nou pral aprann sa Jezi te fè pandan l ta prale nan chemen pou direksyon Jerizalèm.

Jezi geri de avèg

Yon jou Jezi ak disip li yo te soti lavil Jeriko pou ale lavil Jerizalèm, epi yon gwo foul moun t'ap swiv yo sou wout la. Yo tout te vle tande ansèyman Jezi a.

Yon nonm te di:---Mwen ta renmen tande sa Jezi ap di---.

Yon lòt te reponn : ---Se gwo koze pou n wè kijan moun yo kontan lè Jezi geri yo---.

Avèg Batime te mande zanmi l lan: ---Èske w te tande sa?

Zanmi l lan te reponn: ---Tande kisa?

---Sa moun yo ap di. Mwen tande gen yon moun ki di ke Jezi ap vini sou wout la. Koute... ! Men l'ap vini. Jezi ap vin la! ---Batime te kontinye pale byen eksite---Mwen te tande y'ap di Jezi konn fè mirak. Pètèt li kapab geri je nou pou nou ka wè!

Pandan foul moun yo t'ap avanse, yo tou de te leve kanpe epi koumanse rele pi plis pase jan yo te kapab:

---Jezi, Piti David la, gen pitye pou nou!

---Gen yon moun ki te di yo : ---fèmen bouch nou la. N'ap fè twòp bri la.

---Plizyè lòt moun t'ap di yo: ---Nou fè silans la non.

Men de mesye avèg yo pa t fè silans. Okontrè, vwa yo te vin parèt pi fò toujou.

---Jezi, Pitit David la, gen pitye pou mwen!

Konsa Jezi te kanpe epi li te rele de avèg yo.

---Yon nonm te di : ---Pran kouraj, men Jezi ap rele nou.

Tou de mesye yo te kouri lage manto yo atè epi avanse kot Jezi byen vit.

---Jezi te mande yo: ---Kisa nou vle m fè pou nou?

Mesye yo te santi se kòm si kè yo t'ap bat pi vit chak fwa pi plis. Yo te tèlman eksite! Paske sa yo te vle a te sou wout pou l vin tounen reyalite.

---Yo te sipriye li : ---Seyè, nou vle wè !.

Jezi te rann li kont ke mesye sa a yo te kwè nan pouvwa li, epi li te gen pitye pou yo. Konsa, li te lonje men l epi touche je yo. Nan menm moman an tou de mesye yo te kapab wè Jezi. Yo te kapab wè tout bagay ! Pye bwa yo, syèl ble a. Ala yon bèl jou!

Tou de mesye yo t'ap vole ak kè kontan, yo t'ap louwe Jezi epi yo te swiv li sou wout la.

AKTIVITE YO

Ki kote Matye ye?

Di elèv ou yo chèche liv Matye a nan Bib la epi make kote a ak separatè liv yo. Mande yo pou yo idantifye ki liv ki avan Matye ak sa ki apre a. Esplike yo ke Levanjil sa se premye liv nan Ansyen Testaman epi ki gen bèl ansèyman sou lavi ak ministè Jezi.

Prensipalman, istwa Jodi a ki nan liv sa a.

Miral konpasyon

Pou aktivite sa a w'ap bezwen fèy blan, kreyon koulè, lakòl, epi yon fèy papye brisòl oswa yon gwo fèy papye.

Ekri kòm tit nan papye brisòl la mo "KONPASYON". Mande timoun yo pou yo fè desen pou moutre kijan yo ka demoutre konpasyon yo pou frè parèy yo (nan vizite malad yo, ede moun ki nan bezwen yo, pataje manje yo, elatriye.).

Lè yo fini, moutre yo kole desen yo a sou fèy papye brisòl la. Mete bandwòl sa nan pòt klas la pou paran yo ka wè travay yo te reyalize yo.

Jezi moutre konpasyon

Distribye liv elèv yo epi mande timoun yo pou yo remake pawòl ki ekri yo. Apre sa, double fèy la sou liy pwentiye yo pou yo kapab wè sa k te pase lè de mesye avèg yo te rive bò kot Jezi.

Vire paj la epi esplike yo ke bò kote ki di "Sa avèg la te di a" yo sipoze kopye nan lòd lèt ki nan kawo wouj yo; epi bò kote pawòl ki di "Sa Jezi te fè a" yo dwe kopye lèt ki nan kawo jòn yo.

Lè yo fini aktivite a, li repons yo ansanm, epi pale sou kouman Jezi te moutre konpasyon nan istwa biblik jodi a.

MEMORIZASYON

Divize timoun yo fè twa gwoup epi ba yo yon fraz nan vèsè pou aprann nan. Swiv egzanp sa: (Gwoup 1) *Si yon moun vin fè yon sèl ak Kris la,* (Gwoup 2) *li pa menm moun nan ankò: bagay lontan yo disparèt*; (Gwoup 3) *se lòt bagay kip ran plas yo kounye a* (2 Korentyen 5: 17).

Chwak gwop dwe di fraz la lè yo dwe konplete tèks la. Repete egzèsis la de fwa, epi apre sa ankouraje yo pou yo di li ansanm.

POU FINI

Fè yon wonn ak elèv ou yo, fè yo chak fè yon lapriyè remèsiman byen kout. Mete fen, pandan w'ap louwe Bondye pou mirak gerizon li te fè pa mwayen pèp li a epi mande pou l ede yo gen konpasyon ak lanmoun pou youn lòt. Chante yon chan avan nou fini, epi envite timoun yo nan pwochen klas la.

Leson 42
Jezi Demoutre Ke Li Se Pitit Bondye A

Baz biblik: Lik 5:17-26.

Objektif leson an: Se pou timoun primè yo konprann ke Jezi gen pouvwa pou l fè mèvèy paske li se Pitit Bondye a.

Vèsè pou aprann: *"Si yon moun ap viv nan Kris la, li vin yon lòt moun, bagay lontan yo disparèt, se lòt bagay nèf ki pran plas yo kounye a."* (2 Korentyen 5:17).

PREPARE W POU W ANSEYE!

Nan tan jodi a, menmjan sa te pase nan tan biblik yo, anpil moun kwè ke Jezi se te sèlman yon mèt ak pwofèt. Se pandan li se Pitit Bondye a; prezans li ak lanmou li fè yon gwo diferans nan ansyen mond lan ak tan kounye a. Nesans li te divize istwa fè de peryòd epi transfòma lavi plizyè moun. Sèlman limenm gen pouvwa pou padone peche yo ak restore relasyon ant lòm ak Bondye. Li te sèl moun ki te fè gwo mirak ki fè moun sezi, tankou fè avèg wè epi geri moun ki paralize.

Jezi te fè ladiferans paske lavi li te reprezante koumansman redanmsyon lèzòm ak destriksyon peche a.

Nan etap sa a, timoun primè yo kite yo enpresyone yo byen fasil, epi yo gen tandans pou imite konpòtman ak mòd yo. Kèk fwa mododèl yo swiv yo se pa li ki bon an. Se pandan, ou gen opòtinite pou w anseye yo ke Jezi se modèl ki bon nèt. Nan leson sa a yo, nan soulve kalite karaktè Jezi yo, ankouraje timoun yo pou yo vin moun k'ap imite Jezi chak jou nan lavi yo.

KÒMANTÈ BIBLIK

Lik 5:17-26. Pasaj sa a ke tout moun konnen raple nou mesye sa yo ki te pode zanmi yo ki te malad bay Jezi. Men, sitou, li pale nou de lanmou ak mizèrikòd Bondye pa mwayen Jezikris.

Pandan yo t'ap evite gwo foul moun yo, yo te ouvri yon gwo twou nan fete kay la epi glise nonm malad la kote Jezi t'ap anseye a. Konsa yo te rive jwenn sa yo t'ap chèche a: Yon mirak gerizon. Men sa k te pi enteresan se ke Jezi te deklare otorite li, se pa t sèlman pou l te geri kò a, men tou pou restore nanm pa mwayen padon peche yo.

Jezi te konnen ke touswit li tan sakrifis li a t'ap rive epi zèz redanmsyon an t'ap rive nan bout li. Pa konsekan, pwofite opòtinite sa a pou w fè konnen byen klè ke Jezi pa t sèlman yon doktè, men tou misyon li sou tè sa a se te sove limanite ki te kondane ak peche.

Jezi te geri nonm nan, nonm sa te leve, pran nat li, epi soti nan kay la ap mache epi louwe Bondye. Mirak sa pa sèlman moutre nou konpasyon Jezi anvè paralyze a, me pito li ban nou yon prèv klè ke li se Sovè a.

DEVLOPMAN LESON AN

Itilize aktivite sa a yo pou w santre atansyon elèv ou yo sou tèm etid la.

Kapasite espesyal yo

Apre w fin endike timoun yo chita sou fòm yon sèk, pale sou moun sa a yo ki gen kèk nesesite espesyal.

Li pwobab pou nan klas ou a oswa kongregasyon an gen kèk moun ki paralyze. Li enpòtan pou elèv ou yo aprann respekte ak renmen tout moun menm jan, san gade sou kondisyon yo.

Fè yo konnen ke moun sa a yo limite fizikman akoz de kèk faktè ki diferan: malady, aksidan oswa pwoblèm depi nesans.

Di yo ke istwa Jodi a pale nou de yon moun ki te gen yon pwoblèm fizik. Se te yon paralyze, sa vle di, li pa t ka mache.

Se pandan, Bondye te renmen li epi te gen yon plan espesyal pou li.

Imaj ak wòch yo

Pou aktivite sa a w'ap bezwen wòch ki gen tout kalite gwosè ak dispozisyon, papye brisòl oswa moso katon, sizo, lakòl, makè koulè ak twal.

Mete tout materyèl yo sou tab la epi mande elèv ou yo chita alantou tab la san leve sou chèz yo a. Yo dwe obsève fason yo, estrikti ak gwosè wòch yo pou reyalize figi yo. Mande yo pou yo fè desen yon moun oswa bèt nan papye brisòl la. Apre sa, se pou yo itilize wòch yo pou yo fè je yo, nen an, bouch la, elatriye.

Di yo pou yo konplete travay la ak lòt materyèl, kòm cheve oswa twal pou mete cheve, moustach, elatriye. Li enpòtan pou yo reyalize tout aktivite a san yo pa leve sou chèz la ni yon sèl fwa. Pa gen pwoblèm si materyèl la ta tonbe oswa yo bezwen lòt bagay anplis; si yo bezwen èd, yo dwe leve men yo epi w'a pran ka yo an chaj.

Lè travay yo fini, kite yo sèch epi mande yo: *Kouman yo te santi yo lè y opa t ka leve nan plas kote yo te ye a?* Koute repons yo, epi di yo ke moun ki pa ka mache yo anpil fwa santi yo nève epi san fòs. Se pandan, Bondye pran swen yo paske li renmen yo. Nan istwa biblik la nou pral aprann plis bagay de sa.

Nòt: Ou kapab fè lòt aktivite ak lòt materyèl atizana apre aktivite wòch yo pou adape ak bezwen gwoup ou a.

ISTWA BIBLIK

Envite yon jèn nan legliz ou a pou vin reprezante youn nan zanmi ki te pote nonm paralyze a devan Jezi. Chèche yon sandal pou li, epi mande l pou l rakonte istwa a. Remèt materyèl etid yo depi davans epi kite timoun yo poze kesyon ak bay repons.

Jezi geri yon paralize

Moun lavil Kapènawòm yo te santi yo kontan paske Jezi te la avèk yo. Anpil te vle tande ansèyman li yo, konsa, kay kote li te ye a te plen avèk moun.

Anpil moun te rete kanpe deyò a, men yo te kapab gade nan pòt la ak fenèt yo.

Kat mesye t'ap pase bò la a epi yo te wè foul moun yo.

---Youn nan yo te mande : ---Kisa ki gen la ?

---Yon moun te reponn : ---Jezi wi ki nan kay sa.

Youn nan kat mesye yo te di :

---An, mwen konnen sa nou dwe fè. Annal chèche zanmi nou an. Mwen asire m ke Jezi kapab geri li.

---Gen youn ki te di: ---Ou gen rezon, annal chèche li vre !.

Yo tout te aksepte, konsa yo t'al chèche zanmi yo a ki pa t ka mache.

---Yo te di l konsa: ---Ou dwe al wè Jezi avèk nou.

---Paralize a te di : ---Mwen pa ka ale, mwen pa ka mache, kouman m'ap fè rive jous lòt bò a?

---N'ap pote w. Ou dwe koute ansèyman Jezi yo epi wè mirak l'ap fè yo.

---Li te byen eksite pandan l t'ap di : ---Se byen, annale non!

Chak zanmi yo te pran yon pwent nan nat zanmi yo a te kouche a epi pran wout la. Lè yo te prèske rive nan kay la, youn nan yo te di:

---Gen twòp moun devan pòt la epi nou pap janm rive kote Jezi ye a.

Kisa nou kapab fè?

---Yon lòt nan zanmi yo te di: ---Gade! Men la gen yon mach eskalye ki moute sou do kay la.

Yo tout te konnen sa yo dwe fè, konsa ak anpil pridans yo te kenbe zanmi yo a, yo moute avèk li nan mach eskalye a jouskaske yo te rive sou do kay la. Yo te koumanse retire fèy tòl yo youn pa youn pou yo te ka ouvri yon twou pou glise zanmi yo adesann. Apre sa, yo te mare nat la ak yon kòd epi glise nonm malad la desann ak anpil pridans, jouskaske yo te mete li nan mitan tout moun, devan Jezi.

Kèk moun ki te nan kay la te koumanse ap di yon bann bagay sou paralyze a.

Gen moun ki te di nan kè yo: ---Podyab gason sa a! asireman li te fè yon bagay ki te grav anpil pou l te merite pinisyon sa a.

Konsa Jezi te pwoche bò kote paralize a epi di l konsa: ---Zanmi, mwen padone peche w yo.

Lè Jezi te di pawòl sa a, anpil moun te fahe epi koumanse pale mal de Jezi.

Yo te byen fache pandan yo t'ap di: ---Kilès li panse li ye pou l padone peche ? ---Se sèlman Bondye ki kapab fè sa.

Jezi te konnen sa yo t'ap panse a, konsa li te pale ak nonm nan ankò, li di :

---Leve, pran nat ou epi ale lakay ou.

Se konsa, devan tout foul moun yo nonm nan te leve kanpe, double nat li epi pran direksyon pòt la. Pandan li t'ap mache, li t'ap rele byen fò: Glwa pou Bondye! Gade sa Jezi fè pou mwen. Li geri m!

Tout moun yo te sezi lè yo te wè nonm nan ap mache, epi yo tout te koumanse fv louwanj pou Bondye pandan yo t'ap di: ala yon gwo mèvèy nou wè jodi a!"

AKTIVITE YO

Yon twou nan do kay la!

Mande elèv ou yo ouvri liv yo a nan leson 42, epi remèt yo chak yon moso twal. Esplike yo ke yo dwe koupe ti bann nan nan pati ki anba fèy la, nat la ak imaj paralize a. Apre sa, di yo double fèy la nan mitan sou liy mwentiye a (pati ki gen koulè mawon an dwe rete deyò), epi pou l plase anndan imaj paralize a.

Ede yo foure kat twou ki make nan nat paralize a epi ak sa ki sou do kay la. Foure twal la nan twou nat la ak sa ki sou do kay la, pou fè sanble ke paralize a ap desann.

Vire paj la. Di yo pou yo fè yon liy ki ini sèk la, etwal la, kawo a ak triyang nana k moun ki kapab fè sa fraz yo di a. Pale sou bagay ke se sèlman Jezi ki kapab fè li paske li se Pitit Bondye a.

Apre sa, dechifre mesaj ki difisil la.

Vrè oubyen fo

Sèvi ak jwèt sa a pou w repase avèk elèv ou yo sa yo te aprann nan istwa a. Fè yon liy avèk chèz yo, epi mande yo pou yo chita. Apre sa, li deklarasyon sa a yo. Si fraz la se verite, yo dwe leve kanpe; si se pa vre yo dwe rete chita. Sa ki pèdi yo dwe deplase kite chèz la epi abandone jwèt la:

- Pa t gen anpil moun ki t'al wè Jezi nan lavil Kapènawòm.
- Kay la te plen ak moun
- Twa mesye te gen yon zanmi ki pa t ka mache.
- Jezi t'al lavil Kapènawòm pou l'al wè kèk manm nan fanmi li.
- Lè zanmi yo te wè yo pa t ka antre nan pòt la, yo te deside antre nan yon fenèt.
- Kat gason te fouye yon twou sou do kay la pou glise zanmi yo a desann.
- Jezi pa kapab padone peche.
- Jezi te geri paralize a.
- Nonm nan te enkyete anpil paske yo te padone peche li yo epi li te kapab mache.
- Jezi se Pitit Bondye a.

MEMORIZASYON

Mande elèv ou yo pou yo koupe kat klèb vèsè pou mwa. Apre sa, di yo pou yo divize pa de pou yo repase vèsè a. Yo chak dwe resite l devan kamarad yo pandan y'ap itilize plizyè vwa diferan. Obsève yo epi chwazi sa ki pi pèfòman yo pou pase devan epi repete tèks la, chanje vwa yo sou plizyè fòm.

POU FINI

Kondi elèv ou yon an lapriyè, pandan w'ap di Bondye mèsi paske l te voye Pitit li Jezikris pou vin sove nou anba peche nou yo.

Pandan elèv ou yo ap prepare yo pou y'ale lakay, raple yo pou yo itilize fèy aktivite yo a pou yo rakonte istwa biblik la bay fanmi yo. Ankouraje yo etidye tèks biblik la pandan semèn nan epi pa manke vini nan pwochen klas la.

nòt

Leson 43
Jezi Venk Tantasyon An

Baz biblik: Matye 4:1-11.

Objektif leson an: Se pou timoun primè yo aprann sa yo dwe fè devan tantasyon an.

Vèsè pou aprann: *"Si yon moun ap viv nan Kris la, li vin yon lòt moun, bagay lontan yo disparèt, se lòt bagay nèf ki pran plas yo kounye a."* (2 Korentyen 5:17)

PREPARE W POU W ANSEYE!

An mezi timoun primè yo ap aprann fè diferans ant byen ak mal, yo bezwen konnen fason pou yo fè fas ak tantasyon yo ki ankouraje yo fè mechanste. Yo dwe konnen kouman yo kapab reziste anvi k'ap pouse yo fè peche.

Itilize leson sa a pou w moutre yo kouman yo kapab reziste devan tantasyon pa mwayen egzanp Jezi a. Ede yo konprann ke menm si Jezi te Pitit Bondye, li te moun tou, li te santi menm santiman ak emosyon yo ke nou menm nou genyen. Esplike yo ke, menm jan avèk yo, Jezi te konn santi grangou, fredi, lapèrèz ak enkyetid. Se pandan, li te konfye nan pwomès Bondye yo epi li te kapab reziste anba tantasyon an, menm nan moman pi difisil yo.

KÒMANTÈ BIBLIK

Matye 4:1-11. Moun sa a yo ki te la lè Jezi t'ap batize a se pa yo menm sèlman ki te tande vwa ki te soti nan syèl la lè l te di: "Sa a se Pitit mwen renmen anpil la, li fè kè m kontan anpil" (Matye 3:17). Ta sanble ke satan te tande pwoklamasyon sa tou.

Poutèt sa, li te kwè ke se te moman espesyal la pou li devye plan redanmsyon Bondye a pou limanite. Pou sa, li ta tante fè Jezi tonbe nan tantasyon.

Nan Bib la nou toujou jwenn Satan kòm yon lènmi ki kanpe kont Bondye ak plan li yo. Se papa manti (Jan 8:44), travay li se fè moun ki kwè nan Bondye yo tonbe.

Nan pasaj sa a nou obsève ke pliske Satan konnen fèblès lòm, li te eseye pran avantaj ladan l. Se pandan, Jezi te moutre ke pa mwayen pawòl Bondye a nou gen otorite pou nou kenbe tèt ak dyab la epi fè l kouri devan nou.

Lènmi an te konnen ke Jezi te pase 40 jou nan dezè a san goute manje. Poutèt sa li pa t manke goumen pou zafè bezwen lòm, nan tante li pou fè l chanje wòch an pen. Pliske li pa t jwenn repons li t'ap tann nan, li te eseye pwomès Bondye yo pandan li te di l konsa pou li lage kò l anba epi Bondye ap pase zanj li yo lòd pou yo pran l pou pye l pa frape nan okenn wòch. Yon lòt fwa ankò, Jezi te site Pawòl la pou l te repouse atak malen an. Finalman, Satan te eseye tante Jezi ak pouvwa, pandan li t'ap ofri l tout wayòm nan mond lan. Se pandan, pliske Jezi te konnen pou ki objektif li te vini sou latè, li te kenbe pwomès Papa l yo byen di pou l te pote viktwa sou tantasyon yo.

Nan pasaj sa a Jezi moutre nou ke, pa mwayen pawòl Bondye a, nou kapab venk tout riz ak pyèj Satan yo.

DEVLOPMAN LESON AN

Chwazi kèk nan aktivite yo bay yo pou ranfòse aprantisaj biblik la nan elèv ou yo.

Kisa ki t'ap pase si...?

Li istwa sa a pou elèv ou yo:

Li difisil pou Mak etidye jewografi. Menm si li te eseye aprann sa madmwazèl la te di a, lè li te rive nan dat egzamen an, li te bliye tout sa li te aprann. Nan yon apremidi, Mak ak manman li te pase plizyè èdtan ap memorize non peyi ki nan kapital yo.

Jou egzamen an, Mak pa t sonje anyen nan sa l te etidye yo. Li te eseye raple l kèk ti bagay, men tan te prèske fini. Toudenkou, li te tande yon vwa anndan l ki te di l konsa:

"Pou kisa ou pa kopye egzamen Fernando a? Li gen tout repons ki bon yo".

Mande elèv ou yo pou yo sigjere final yo ta renmen pou istwa a. Eske li t'ap kòrèk pou Mak te kopye repons Fernando yo?

Di yo konsa: *Lè Mak te panse kopye egzamen Fernando a se te yon tantasyon pou li. Nan istwa biblik jodi a nou pral pale sou tantasyon yo ak kouman nou kapab venk yo.*

Riz

Pou aktivite sa a w'ap bezwen yon boutèy oswa resipyan konfiti vid, oswa de nenpòt kalite dous, epi yon koulèv jwèt (plastik oswa an desen nan yon katon), ki dwe anndan boutèy la.

Moutre elèv ou yo boutèy la epi mande yo: *Kisa nou kwè ki nan resipyan sa?* Kite yo reponn. Apre sa, mande pou yon volontè debouche boutèy la.

Apre sa di yo konsa: *Resipyan an pa genyen yon konfiti ki dous, se pito yon move koulèv. Koulèv sa a reprezante Satan, paske li kache dèyè yon bagay ki sanble bon.*

Pale ak timoun yo sou kouman nan koumansman peche yo sanble inosan, men li fè nou tonbe nan pyèj Satan.

Di yo ke nan klas jodi a yo pral aprann kouman pou yo fè fas ak tantasyon yo.

ISTWA BIBLIK

Tantasyon Jezi a

Li te manke yon ti kras tan pou Jezi te koumanse ministè li. Avan li te koumanse preche ak anseye moun yo, Jezi t'al wè Jan Batis la pou l te batize li nan larivyè Jouden an.

Apre Jezi te fin batize, li te fè fas ak yon pwoblèm ki te di anpil. Sentespri a te mennen l nan dezè a, kote li te pase 40 jou ak 40 nwit san goute manje.

Asireman, Jezi te grangou anpil epi li te fèb. Ebyen Satan te eseye tante li.

Konsa li t'apwoche bò kote l epi li di: "Si ou se Pitit Bondye a, di wòch sa yo pou yo tounen pen".

Jezi te gade wòch yo epi sa te posib sitou pou grangou li te santi a, men avèk bon konprann li te reponn: "Men sa ki ekri: moun pa kapab viv ak manje ase, yo bezwen tout pawòl ki soti nan bouch Bondye".

Jezi te refize tonbe nan tantasyon an. Se pandan, Satan te eseye tante li sou lòt fòm. Fwa sa a li te pote l ale nan pati ki pi wo nan tanp la nan lavil Jerizalèm. La a li di l konsa: "Si w se pitit Bondye, lage kòw anba, paske men sa ki ekri: L'ap voye zanj li yo pou vin pwoteje w, pou w pa frape pye w nan okenn wòch".

Se ta yon fason mèveye pou ministè Jezi a ta koumanse! Tan plan te plen. Asireman lidè relijye yo t'ap rekonèt li kòm Pitit Bondye a si zanj yo ta vin delivre li. Men, pliske sa a pa t plan Bondye, "Jezi te di li: Men sa ki ekri tou: Ou pa dwe eseye sonde Mèt la, Bondye ou".

Konsa, Jezi te itilize lòt vèsè nan Ansyen Testaman pou l pote laviktwa sou tantasyon an.

Men Santan pa t bay legen, li te tounen tante Jezi ankò. Li te mennen l sou yon mòn byen wo pou l te kapab wè tout wayòm nan mond lan avèk richès yo, epi di li: "Mwen pral ba ou tout richès sa a yo, si w mete ajenou devanm pou adore m".

Sa te parèt tèlman senp! Jezi te konnen ke ministè li sou latè pa t'ap fasil. Moun yo t'ap tann pou ke Sovè yo te pwomèt la se ta yon gran lidè. Yo te anvi gen yon wa, epi Satan t'ap pwomèt li pou ta fè li vin wa. Moun yo pa ta chita tande pitit bòs chapant Nazarèt la, men si Jezi te vin rive wa, tout moun t'ap koute li, epi tout bagay t'ap vin pi fasil.

"Ebyen Jezi te di li: Retire kòw sou mwen, Satan, men sa ki ekri: se Bondye sèlman pou w adore, epi se li sèl pou w sèvi".

Lènmi an te itilize pi gwo tantasyon li yo lè Jezi te santi l pi fèb la. Men pou yon twazyèm fwa Jezi te itilize yon vèsè pou l te detwi demon an. Satan te konnen Jezi te kraze li, lè li wè li pat kapab avèk li, li te vire do l lale.

Jezi te rete nan dezè a, poukont li, fatige epi grangou, li te pase eprèv la pandan li t'ap reziste ak tantasyon lènmi an. Toudenkou, anpil zanj te soti nan syèl la pou ale kote li te ye a, epi sèvi l ak akonpanye li.

AKTIVITE YO

Kijan w rekonèt tantasyon an?

Ouvri liv elèv yo nan leson 43. Mande timoun yo ki imaj ki moute nan lespri yo lè yon moun pale de tantatè a. Pètèt anpil nan yo panse ke lènmi an se yon pèsonaj ki abiye an wouj, ak kòn epi yon ke byn long. Esplike yo ke sa a se fason ke anpil atis ak karikatouris reprezante Satan. Anpil fè desen satan tankou yon pèsonaj ki janti, pandan tan sa a gen lòt ki fè desen li pou fè pè.

An reyalite, sa yo dwe konnen an se ke Satan se lènmi Bondye; poutèt sa, li se lènmi nou tou. Sèlman sa li vle se pou moun yo dezobeyi Bondye epi ale lwen Jezikris. Li tante nou sou fason diferan pou l fè nou tonbe. Kèk fwa li pase pa mwayen yon zanmi pou l fè nou fè yon bagay ki mal; gen lòt, se pa mwayen imaj nan televizyon.

Mande yo pou yo fè yon wonn akote tout tantasyon yo jwenn nan paj la, epi pale sou sa yo dwe fè. Asire w ke elèv ou yo konprann ke se pa yon bagay ki mal lè moun nan jwenn tantasyon, paske menm Jezi te fè fas ak tantasyon. Tantasyon an vin chanje an peche si nou bay legen epi fè sa ki mal la.

Zouti pou pote viktwa sou tantasyon an

Apre sa, nan pwochen aktivite a mande yo pou yo koupe seksyon ki pou koupe a se 8 rektang oswa kat pou aktivite sa (Bib la, timoun nan k'ap kouri, blad yo, elatriye.). Double fèy la sou liy pwentiye yo epi kole de bò yo pou fòme yon sakit oswa yon ti bous. Obsève kat yo epi chwazi sa yo ki reprezante zouti yo k'ap ede nou pote laviktwa sou tantasyon an.

Li sitiyasyon sa yo, epi mande elèv ou yo Pou yo chwazi zouti ke yo dwe itilize pou yo defann tèt yo kont tantasyon.

1) Ou gen anpil anvi pou w manje dous oswa delis, men ou pa gen lajan pou w achte li. Pa gen moun k'ap gade w epi ou santi w tante pou w pran l san peye. Kisa w ta fè? (Egzanp: sonje ke Bib la di "Pa vòlò" [Egzòd 20 :5]; priye epi mande Bondye direksyon).

2) Ou fache anpil paske yon timoun frape w epi ou santi w tante pou w tire revanj sou li. Kisa w ta fè?

3) Ou te fè yon bagay ki mal epi ou konnen ke manman w pral fache. Si w bay yon ti manti, pètèt yo pap kapab rann yo kont si se te fot ou. Kisa w ta fè?

4) Yon zanmi te ofri w yon sigarèt. Ou pa vle pou l panse w pa brav, konsa ou santi w tante pou w aksepte li. Kisa w ta fè? Fini aktivite a pandan n'ap li ansanm Ebre?

Concluyan esta actividad leyendo juntos Hebreos 2:18.

MEMORIZASYON

Trase yon liy atè a, oswa mete yon kòd, ki pral: "Liy memwa". Fè yon wonn ak elèv ou yo. Mande pou youn nan yo kanpe deyò, vire do bay lòt yo. Ba yo yon kès oswa lòt enstriman mizik, epi di yo pou l fè l sonnen san gade kamarad li yo.

Lòt yo dwe mache nan won nan, lè y'ap pase nan liy memwa a. Lè timoun nan sispann souke kès la, yo tout dwe sispann. Sa ki rete sou liy lan oswa fas ak liy lan, lid we di vèsè a pa kè. Kontinye jwèt la jouskaske pi fò elèv yo di vèsè biblik la.

POU FINI

Ransanble pou di Bondye mèsi pou klas jodi a. Priye tou pou elèv ou yo, mande Bondye pou l ba yo fòs ak bon konprann pou kenbe tèt ak tantasyon yo.

Ankouraje yo asiste pwoche klas la, epi rele oswa vizite sa yo ki pa t nan klas la.

nòt

Leson 44
Jezi Vizite Zache

Baz biblik: Lik 19:1-10.

Objektif leson an: Se pou timoun primè yo konprann ke kè moun yo chanje lè yo deside swiv Jezi.

Vèsè pou aprann: *"Si yon moun ap viv nan Kris la, li vin yon lòt moun, bagay lontan yo disparèt, se lòt bagay nèf ki pran plas yo kounye a."* (2 Korentyen 5:17)

PREPARE W POU W ANSEYE!

Istwa Zache a ilistre trè byen vèsè pou memorize nan inite sa a. Li moutre byen klè ke lè Jezi rive nan lavi yon moun li transfòme li epi fè l vin yon lòt moun. Pa mwayen istwa sa a, elèv ou pral konprann ke Jezi fè diferans nan lavi moun.

Tout timoun ta renmen santi moun renmen yo.

Nan istwa jodi a lè Jezi kanpe pou l pale ak Zache, nou wè lanmou Bondye an naksyon. Li chèche nou, san gade nan ki eta nou ye. Pa mwayen istwa sa a elèv ou yo pral fè eksperyans ak lanmou ak akèy Jezi. Lè yo konprann epi aksepte, fason yo ak konpòtman yo pral chanje, jan sa te pase ak Zache a, epi yo pral koumanse reflete lanmou Bondye nan lavi yo.

KÒMANTÈ BIBLIK

Lik 19:1-10. Zache se te jwif, epi li t'ap viv nan lavil Jeriko. Vil sa a se te yon gwo vil kote yo te konn fè kòmès anpil epi la a moun k'ap touche lajan taks yo te kapab fè anpil pwogrè. Mesye sa a yo te fè lavi yo ap touche lajan taks pou gouvènman women an, pou moun sa yo ki te ajoute komisyon yo, paske yo te gen libète pou yo touche kèk pousantaj kòm lajan travay yo.

Aktivite biznis sa a yo te konn reyalize nan gwo vil sa ki te reprezante yon sous tantasyon ; poutèt sa yo te konn touche gwo komisyon epi anganyan moun yo.

Zache te sanble anpil richès nan anganyan kliyan li yo. Sanble, nonm ki gen lanbisyon sa a te tande kèk bagay de Jezi ki te fè l santi yon gwo nesesite pou l rekonèt li.

Sentespri Bondye a t'ap travay nan lavi Zache epi, menm si se te yon sitwayen ki te rete nan lavil Jeriko, wè Jezi te pi enpòtan pou li olye li te pran pòz san peche. Nonm kout sa te eseye ouvri fouf moun yo pou l te antre, men, kòm li pa t kapab, li te deside moute sou yon pye bwa pou l te kapab wè Jezi pandan l t'ap pase.

Jezi, ki te konnen ke Zache te gen yon nesesite espirityèl ki te depase li, li Li te kanbe anba pye bwa sikomò a epi li leve tèt li gade anlè. Konsa li te rele Zache epi anonse l ke li t'apral lakay li.

Rankont Zache ak Mèt la te chanje lavi li konplètman. Li te kite fè lanbi ak fè koutay, epi li te vin tounen yon moun ki gen konpasyon pou epi renmen bay. Istwa nou an ede nou konprann ke Jezi make ladiferans nan lavi moun yo, paske se pa sèlman li te padone pase a, li pito chanje prezan toue pi li beni noua k yon fiti ki plen ak espwa.

DEVLOPMAN LESON AN

Chwazi kèk nan aktivite yo bay yo pou w ede elèv ou yo konprann verite biblik leson an pi byen.

Figi jewometri

Fè kèk desen depi davans epi koupe yo (Paralelogram, kare, sèk, oval, elatriye.).fè yo ak plizyè koulè. Mete nan tèt ou ke chak elèv pral itilize wit pou pi piti.

Ou pral bezwen fèy blan tou oswa ti moso papye brisòl, lakòl, sizo ak kreyon koulè.

Remèt timounn yo materyèl yo, epi mande yo pou yo itilize figi yo pou yo fè desen yon pye bwa ak yon figi moun. Ede yo idantifye fòm jewometrik ki ta sèvi pou fè chouk bwa a ak kò li. Apre sa, mande pou yo pentire fèy la, pandan y'ap itilize kreyon koulè yo.

Di yo ke nan istwa jodi a yo pral pale de yon nonm ki te moute yon pye bwa pou l te wè yon ki te moun enpòtan anpil.

ISTWA BIBLIK

Nou konseye w vini ak yon jèn nan legliz ou a pou reprezante Zache. Mande li pou l li patai ki gen pou wè ak pèsonaj la, pandan w'ap rakonte istwa a.

Zache rekonèt Jezi

Zache di: "En, de, twa...gade yon bann kòb mwen ranmase jodi a!. Li t'ap konte lajan taks li te ranmase nan men pèp la.

"Mwen kwè ke m te fè yon bon travay. Mwen renmen touche lajan taks paske mwen kapab mande kantite lajan mwen vle. M'ap bay women yo pa yo a epi rès la pou mwen. Lè moun yo pleyen, mwen sèlman di yo taks la moute. Mwen renmen travay sa !"

Pèp la te konnen ke Zache t'ap fè koutay sou yo lè l t'ap plede touche plis lajan nan men yo pase sa yo ta dwe peye, poutèt sa pèsonn pa t vle wè li.

Panda Zache t'ap sere lajan li yo yon kote ki byen asire, li te tande yon gwo eskandal nan lari Jeriko. Li te panse li di: "Asireman gen kèk moun enpòtan k'ap pase nan zòn bò isit la", pandan li t'ap eseye koute sa yo t'ap di.

Gen yon moun ki te di: Fè rapid! Men Jezi ap pase nan zòn nan. Annal wè li!".

Lè Zache te tande sa, li kouri soti epi fè yon sèl ak foul moun yo ki t'ap mache dèyè Jezi. Li te tèlman gen anvi pou l te rekonèt li!

Se pandan, te tèlman gen moun Zache pa t kapab pwoche bò kote Jezi, kòm li te kout anpil, li pa t kapab wè anyen. Li te eseye vole anlè pou l te ka wè pi byen, men malgre konsa li pa t kapab.

Zache te fè yon ti reflechi epi li di: "Mwen dwe jwenn yon fason pou m wè Jezi". Ok, mwen konn sa m'ap fè! "Mwen pral moute sou pye bwa sa, epi pandan la a m'ap kapab wè tout bagay".

Zache te kouri pran devan al moute yon pye bwa sikomò bò wout la kote Jezi ta pral pase a.

Menm si te gan anpil moun ki te antoure Jezi, li te konnen ke zache t'ap kontwole li depi sou pye bwa. Konsa, lè l te rive la li te kanpe.

---Moun yo t'ap mande: ---Pou kisa Jezi kanpe a?

---Jezi di : ---Zache, desann la paske mwen vle vizite lakay ou avèk fanmi ou.

---Yon mesye mande: ---Se pa nonm koken sa k'ap ranmase lajan taks yo?

---Yo te reponn li, ---wi se, Zache, trayizan k'ap travay pou women yo. Nou tout la nou konnen li anganyan nou pou l ka rete ak plis lajan pou li.

Youn t'ap mande lòt : ---Pou kisa Jezi vle al lakay nonm sa a?

Jezi te konnen kijan Zache te ye. Li t'ap aprann ke Zache te konn pran lajan anplis sou vwazen li yo epi fè koken ak vwazen l yo pou li pran lajan yo. Se pandan, Jezi te renmen li epi vle pou l te diferan. Li pa t akize li ni di l li se yon nonm terib. Okontrè, li te sèvi ak li avèk lanmou epi jantiyès.

Pou premye fwa nan anpil tan, Zache te santi l wont pou sa l te fè yo. Li te regret dèske li te anganyan moun yo epi sèvi ak yo mal.

Konye a li te vle sèvi Jezi epi fè tout bagay byen. Konsa li te leve kanpe, epi li di: "Jezi, mwen vle swiv ou. Mwen regret pou tout mal mwen te fè. Mwen pral bay Pòv yo mwatye nan riches mwen posede, epi moun mwen te anganyan yo, m'ap remèt yo kat fwa plis de sa m te vòlè sou yo a.

Jezi te kontan anpil epi li di: "Sali a antre nan kay sa jodi a ak nan fanmi ou. Se pou sa mwen te vini nan mond lan, pou vin chèche ak sove sa yo ki te pèdi".

AKTIVITE YO

Zache rekonèt Jezi

Distribye liv elèv yo, epi mande timoun yo koupe ti bann ak imaj Zache ki pou koupe a. Esplike yo se pou yo ini de ti bann yo ansanm, mete yo sou espas ki make ak lèt yo A epi B. Apre sa, kole imaj zache a sou ti bann nan, yon fason pou sentiwon li rete nan menm wotè ak lèt yo. Ede yo fè twou yon an liy nwa pye bwa a, epi mete de pwent bann yo. Di yo pou yo souke imaj Zache a anwo desann pou moutre kouman li te moute pye bwa a epi desann.

Mwen kapab chanje!

Mande elèv ou yo pou yo ouvri liv la nan dezyèm paj leson 44 la epi obsève ilistrasyon yo. Mande yo: *Kisa yo panse Zache ap fè?* (Remèt moun yo lajan yo). Esplike yo ke Zache te eseye repare domaj li te fè lè l te anganyan moun yo.

Apre sa, santre atansyon yo nan dezyèm ilistrasyon an. Mande yo pou yo bay opinyon yo sou kisa k'ap pase nan sèn sa a (timoun nan te pran yon bagay nan boutik la epi li ran li kont ke li te mal fè; li te mande padon epi li t'al remèt li).

Pèmèt elèv ou yo pentire imaj yo epi pale sou sa k'ap pase nan lavi moun yo lè yo konnen Jezi.

MEMORIZASYON

Prepare yon ekspozisyon ak travay elèv ou yo te reyalize pandan semèn nan. Mande pou yo chak di vèsè biblik la pa kè kòm patisipasyon espesyal. Yo kapab chante yon chan oswa dramatize istwa a.

Pou paran yo se pral enteresan lè yo wè sa pitit yo ap fè nan klas la, epi li pral ankouraje pou kontinye mennen li.

POU FINI

Di yo mèsi pou asistans yo pandan kat semèn sa yo, epi di yo ke nan pwochen klas la yo pral koumanse etidye yon inite tou nèf sou yon fanmi byen espesyal.

Ankouraje yo envite zanmi yo epi mete prensip biblik yo te aprann nan leson yo an pratik.

YON FANMI BONDYE TE CHWAZI

Baz biblik: Jenèz 12:1-7; 13; 15:1-5; 17:1-5, 15; 18:1-12; 21:1-7.

Tèks inite a: *"Se Seyè a, Bondye nou an, n'ap sèvi. N'ap koute tout sa li di nou fè."* (Jozye 24:24).

OBJEKTIF INITE A

Inite sa a pral ede timoun primè yo:

- ❖ Aprenn ke pitit Bondye yo dwe renmen li epi mete konfyans yo nan li.
- ❖ Byen sèvi ak lòt moun.
- ❖ Toujou konfye nan Bondye.
- ❖ Konnen ke Bondye ede nou pran desizyon.
- ❖ Respekte epi bay moun ki nan fanmi yo valè.

LESON INITE A

Leson 45: Bondye Rele Abraram
Leson 46: Abraram Kite Lot Chwazi Anpremye
Leson 47: Abraram Kwè Nan Bondye
Leson 48: Yon Madanm Pou Izarak
Leson 49: Izarak, Patizan Lapè

POU KISA TIMOUN KI NAN PRIMÈ YO BEZWEN ANSÈYMAN INITE SA A

Inite sa a pale de plizyè aspè enpòtan sou devlopman sosyal ak espirityèl elèv ou yo (pa egzanp: Konsiderasyon anvè lòt moun, viv nan lapè ak tout moun, renmen, konfye epi rete fidèl ak Bondye).

Inite sa a pral ede timoun primè yo konprann relasyon ki egziste ant Bondye avèk moun ke li te chwazi yo. Tout istwa sa a yo santre sou enpòtans fanmi epi kouman Bondye itilize li pou beni lòt moun.

Pou elèv ou yo, sant aktivite li yo ak afektasyon li yo vire toutolon fanmi an. Pou sa li enpòtan pou moutre yo prensip biblik ki pou ranfòse enpòtans renmen ak respekte manm fanmi yo genyen. Yo pral konnen tou ke Bondye te chwazi kèk fanmi fidèl pou sèvi li nan lèv li a.

Leson 45
Bondye Rele Abraram

Baz biblik: Jenèz 12:1-7.

Objektif leson an: Se pou timoun primè yo konnen ke Bondye rele epi chwazi moun fidèl ki pou sèvi li.

Tèks inite a: *"Se Seyè a, Bondye nou an, n'ap sèvi. N'ap koute tout sa li di nou fè."* (Jozye 24:24)

PREPARE W POU W ANSEYE!

Nan leson sa a timoun primè yo pral aprann de verite biblik fondamantal: premye a, Bondye akonpli pwomès li yo; epi dezyèm nan, li deside beni fanmi nou yo.

Elèv ou yo dwe santi yo fè pati gwoup ou a, se pou kapab idantifye yo avèk li epi santi yo enpòtan ladan l.

Bondye te kreye fanmi an pou l te gwoup sa, pou timoun yo kapab grandi, pwoteje epi dirije ak bon konprann. Se pandan, anpil fanmi yo pèdi valè enpòtan yo epi yo detounen objektif prensipal la.

Timoun primè yo dwe konnen ke Bondye enterese ak fanmi yo epi li vle beni yo. Pandan l'ap sèvi ak lavi Abraram e fanmi li kòm egzanp, moutre yo ke Bondye vle pou fanmi yo sèvi ak obeyi li. Konsa li kapab itilize l pou beni lòt moun epi fè pwopaje levanjil la.

KÒMANTÈ BIBLIK

Jenèz 12:1-7. Li enpòtan pou obsève kantite istwa fanmi ki enpòtan nou jwenn nan Jenèz. Se pandan nou pa dwe siprann, paske youn nan objektif liv sa a se ede pèp Bondye a konnen ki kote li soti. Depi nan koumansman ak Adan epi Èv, apre sa Noye ak fanmi li, jous nou rive nan Abraram, nou wè egznp de fdelite ak pwovizyon Bondye.

Apèl Bondye te fè Abraram nan pat yon kou siprann. Temwayaj Etyèn nan, Travay 7:2-4, di ke Bondye te rele Abraram depi lè li t'ap viv nan Mezopotami, depi avan papa l te mouri.

Pètèt Tare, papa Abraram se te premye moun ki te resevwa apèl Bondye pou l te kite Ou kaldeyen yo.

Tare ak fanmi li, Abraram, Sara ak Lot, yo te deside kite kote yo t'ap viv la epi yo te vwayaje nan dezè a. Apre lanmò Tare, Abraram, madanm li ak nive li yo t'al viv nan tè Kanaran.

Sou tan Abraram te gen yon koutim, fanmi yo te renmen viv tou pre youn lòt. You tout te konn travay ansanm epi ede youn lòt. Sa ki te nòmal la se pou tout fanmi ki gen anpil moun viv nan menm kay.

Poutèt sa li te difisil pou yon te deside abite lwen sekirite a, lanmou ak kolaborasyon ke paran li yo te ofri li.

Se pandan, Abraram te obeyi apèl Bondye a epi fv yon pa anplis nan lafwa, konnen ke Bondye t'ap avèk li nenpòt kote li ta ye.

DEVLOPMAN LESON AN

Chwazi kèk nan aktivite yo bay yo pou santre atansyon timoun primè yo sou tèm etid la.

Kay la

Pou aktivite sa a, w'ap bezwen yon gwo fèy papye oswa kat papye brisòl ki kole ansanm, penti akrilik, kann, baton, palmis ak fèy, ti papye ak zèb.

Trase yon liy orizontal toutotou fèy la epi kole l nan mi an. Apre sa, divize klas la fè de ekip. Youn dwe pentire pati anlè fèy la pou l sanble ak syèl la, epi lòt la ap pentire pati anba a pou l sanble ak latè.

Mande pou yo fè desen tikay tou senp ki gen gwosè diferan epi dekore tèt yo, mi yo, pòt yo, elatriye..., pandan y'ap itilize materyèl yo. Konplete miral la ak flè, pye bwa, nyaj, solèy la, elatriye.

Pandan y'ap travay, pale de enpòtans fanmi genyen. Ankouraje yo rakonte kèk eksperyans familyal.

Apre sa, di yo ke nan klas jodi a nou pral pale de yon fanmi byen espesyal ke Bondye te chwazi.

Una gran mudanza

Mennen timoun yo deyò sal klas la pou yon moman. Pase yon ti tan ap jwe, pandan yon granmoun volontè ape de w gaye tout chèz yo nan yon bout nan sal la. Apre sa se pou nou retounen epi di yo konsa: *Gen yon moun ki gaye chèz nou yo! Nou dwe al pran yo pou nou rnje yo kote yo te ye a ankò!*

Lè sal klas la fin prepare, bay rekreyasyon, epi di yo konsa: *Soti yon kote pou al viv yon lòt kote se yon bagay difisil. Noumenm nou fatige sèlman paske nou te deplase chèz yo pou mete*

134

yo yon lòt kote, men Bondye te mande Abraram pou l te al viv nan yon peyi byen lwen Annal aprann plis de sa nan istwa jodi a.

ISTWA BIBLIK

Abraram obeyi Bondye

Zanmi ak paran Abraram yo te santi yo tris anpil lè li te di yo li ta pral viv yon lòt kote.

---Abraram te esplike: ---Bondye dim se pou m'ale. Li vle pou n'al viv nan yon lòt peyi, pliske se konsa, fòk m'ale kite nou.

---Youn nnan zanmi l yo te mande li : --- Èske w konn sa w'ap di a Abraram ?. Se yon gwo danje wi pou ou lè w soti nan lavil la. Déjà nou pap tou prew ankò pou nou pwoteje w ak fanmi ou. Pou kisa ou vle fè sa ? Yout paran w yo ap viv la!

----Nou pa bezwen enkyete nou. M'ap obeyi volonte Bondye. Li te di mwen ke pa mwayen fanmi mwen li va beni tout rès fanmi ki sou latè.

---Yo te mande li: ---Men kijan sa ka fè posib? Ou twò granmoun pou w gen pitit. Ou prèske gen 75 lane! Oumenm ak madanm ou Sara pa t janm ka gen pitit. Ebyen, kouman Bondye pral beni mond lan pa mwayen fanmi ou? Bon ou pa menm gen fanmi menm! Abraram te gade yo li ri, epi li di: ---Mwen konnen li difisil pou moun kwè sa, men mwen konfye nan Bondye. Mwen pa konnen kijan li pral akonpli pwomès li, men mwen konnen li pral fè l.

---Lot di li:---Ou gen rezon, tonton Abraram. Èske mwen kapab ale avèk ou ?

--- Abraram te reponn li:---Mwen pa konnen ki kote Seyè va mennen nou, men nou swete w byenvini si w vle ale avèk nou.

Zanmi ak paran Abraram yo te ede li ranje tout bagay li yo pou l pran depa. Yo te plen gwo panye yo ak manje; apre sa yo te double rad yo ak anpil atansyon epi mete yon nan sak; epi lè yo fini yo te mete tout bagay yo sou bourik ak chamo.

Finalman, jou pou l te pati a te rive. Abraram, Sara ak Lot te di paran ak zanmi yo orevwa, epi yo te koumanse vwayaj long sa pou akonpli volonte Bondye.

Apre plizyè semèn ap vwayaje, yo te rive nan peyi yo rele Kanaran. Bondye te pale ak Abraram pi plis yon lòt fwa ankò.

Bondye te di l konsa: "Tè sa a pral pou ou ak branch fanmi w yo".

Abraram te kwè nan pwomès Bondye a epi li te bati yon lotèl, pou adore epi di li mèsi paske li te mennen l nan yon tè tou nèf san okenn malè nan vwayaj la.

AKTIVITE YO

Ouvri liv elèv yo nan leson 45. Mande timoun yo ekri non yo sou siy nan. Chèche sizo ba yo pou yo koupe imaj kay la sou fòm li. Apre sa, ede yo koupe fenèt ak pòt yo, jan liy nwa yo endike l la. Moutre yo kijan pou yo double li nan liy pwentiye yo pou yo ka ouvri fenèt ak pòt yo.

Ba yo tan pou yo fè desen fanmi yo nan kawo make yo epi dekore travay yo a. Lè yo fini mande yo double fèy la nan mwatye epi kole li pou fini ak aktivite a.

MEMORIZASYON

Ekri vèsè a nan yon papye brisòl oswa nan tablo a, epi repete li de fwa ansanm ak elèv ou yo.

Apre, mande yo fè yon wonn epi pou yon volontè antre vin kanpe nan mitan wonn nan, sèvi ak yon moucwa pou mare je timoun nan epi ba li yon boul ki moun. Li dwe voye li sou lòt timoun yo. Sa ki resevwa kout boul la dwe resite vèsè pou aprann nan pa kè epi pran plas sa ki te nan mitan wonn nan.

Lè pifò nan timoun yo fin patisipe, retounen moutre yo papye brisòl la epi repete vèsè a ansanm.

POU FINI

Bay tan pou elèv ou yo bay demann de priyè yo, epi priye pou yo.

Sonje ke Bondye renmen lv nou youn priye pou lòt, espesyalman pou moun ki nan fanmi nou.

Ankouraje yo vini bonè nan pwochen klas la pou yo etidye plis sou istwa Abraram nan.

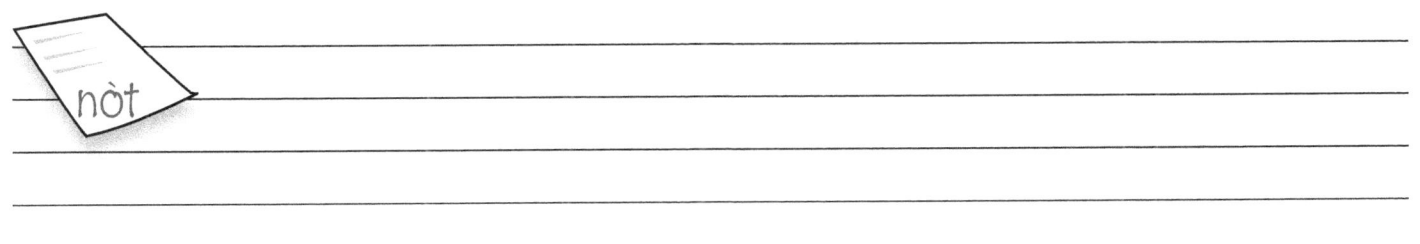

Leson 46
Abraram Kite Lot Chwazi Anpremye

Baz biblik: Jenèz 13.

Objektif leson an: Se pou timoun primè yo aprann konsidere lòt moun.

Tèks inite a: *"Se Seyè a, Bondye nou an, n'ap sèvi. N'ap koute tout sa li di nou fè."* (Jozye 24:24)

PREPARE W POU W ANSEYE!

Timoun primè yo entelijan anpil nan sinyale lè yon bagay sanble pa kòrèk, sitou si yo kwè ke gen yon moun k'ap eseye pran avantaj sou yo.

Nan laj sa a pifò nan timoun yo egoyis depi yo fèt; yo kwè ke se yo menm ki chèf la, epi yo toujou ap bat pou yo satisfè bezwen pa yo san y opa rann yo kont de lòt yo.

Leson jodi a, ki moutre jantiyès Abraram, pral ede elèv ou yo rekonèt ke pwovizyon Bondye se pou tout moun. Lè fini yo pral aprann ke li renmen lè y'ap pataje sa yo genyen ak lafwa.

Itilize ansèyman sa a pou w simen nan kè elèv ou yo anvi pou konsidere bezwen lòt yo, epi ankouraje yo pataje ak lajwa.

KÒMANTÈ BIBLIK

Jenèz 13:1-18. Abraram ak Sara t'al abite Kanaran, epi Lot t'al avèk yo. Apre yon tan, yon gwo tan grango te fè yo kouri ale nan peyi Lejip, kote yo te fè anpil pwogrè.

Lè yo te retounen Kanaran, abraram ak Lot te gen anpil richès ak bèt.

Animal yo te tèlman anpil nan men yo, pa t gen dlo ak manje ase pou yo tout, sa te lakòz yon gwo diskisyon ant gadyen Abraram yo ak pa Lot yo, ki te mete yon pwoblèm ant de fanmi yo.

Poutèt sa, yo te deside separe pou y'al viv nan rejyon ki diferan. Nan tan lontan, se te nonm ki pi gran ki te konn chwazi kote li vle al viv anpremye. Se pandan, Abraram te kite nive li chwazi anpremye.

Lot, t'ap pwofite opòtinite a, li te chwazi tè ki pi bon an tou pre jouden an, pandan Abraram limenm li te rete Kanaran, kote Bondye te voye l al viv la. La a Bondye te beni Abraram pou konpòtman janti sa, pandan l'ap fè l fè anpil pwogrè.

Lot menm bò kote pa li ak fanmi li te santi yo tante pa de vil kote koripsyon ap vale teren: Sodòm ak Gomò. Lè Bondye te detwi vil sa a yo, Lot te pvdi madanm li ak sa li te genyen yo, epi li te prèske pèdi lavi li.

Istwa sa a anseye nou ke rete fidèl ak Bondye gen rekonpans. Lè nou obeyi volonte li, nou fè pwogrè nan tout sa n'ap fè, nenpòt kote nou ye.

DEVLOPMAN LESON AN

Itilize kèk nan aktivite sa a yo pou w anrichi dinamik gwoup la epi prepare elèv ou yo pou y'aprann verite biblik jodi a.

Anpil bèt!

Prepare depi davans pat pou fè modèl (plastilin) ak koulè ki diferan. Kouvri kote travay la ye a ak fèy papye jounal oswa papye plastik epi distribye plastilin nan. Mande elèv ou yo pou yo fè plizyè figi animal. Yo kapab fè anpil si kantite materyèl la pvmèt li.

Pandan y'ap travay, di yo konsa: *Kisa ki tap pase si nou tout ta fè tout animal sa a yo epi sou tab la pa ta gen plas pou yo tout?* (Kèk nan yo t'ap deplase animal yo a pou ale lòt kote oswa nan lòt zòn). Esplike yo ke istwa jodi a pale sou yon pwoblèm ki te soulve ant Abraram ak nive li Lot, paske yo te gen anpil animal.

Ann pataje!

Pou aktivite sa a w'ap bezwen yon sakit bonbon oswa plizyè ti moso fwi (anana, zoranj, elatriye.), sèvyèt oswa plat anbwate.

Pandan timoun yo ap obsève, separe bonbon oswa fwi yon an sèvyèt oswa plat yo, pandan w'ap asire w ke gen kèk plat ki pi gwo pase lòt.

Apre sa, mande yo chwazi posyon yo vle manje yo. Lè yo tout fin fè sa, mande yo pou kisa yo te chwazi posyon sa a yo.

Asireman gen timoun k'ap chwazi sa ki pi gwo yo, epi kè ta vle posyon ke yon lòt te gentan pran.

Esplike yo ke anpil pwoblèm koumanse vini paske moun yo panse ak tèt yo anpremye. Sa rele egoyis. Yon moun ki egoyis pa konsidere bezwen pa lòt moun, li sèlman vle zafè pèsonèl li.

Nan istwa jodi a nou pral pale de yon nonm ki te janti epi kite nive li chwazi anpremye.

Distribye menm kantite bonbon, epi konpare yo ak elèv ou yo.

ISTWA BIBLIK

Lot chwazi kote pou l rete

Abraram ak Lot te genyen anpil animal, sitou anpil mouton ak bèf. Animal sa yo manje zèb epi, kòm yo de a te gen anpil bèt, pa t gen zèb ase pou yo tout animal yo.

Pou rezon sa a, gadyen ki t'ap travay pou Abraram ak Lot yo t'ap plede fè diskisyon. Yo te toujou ap goumen pou jwenn pi bon kote yo ak plis zèb.

Abraram te vin konnen sitiyasyon sa a, konsa li t'al pale ak nive li.

"Lot, oumenm avèk mwen nou se fanmi epi pa dwe gen goumen nan mitan nou, ni nan mitan gadyen nou yo. La gen tè pou tout moun epi mwen kwè ke li lè pou nou separe. Si w ale agoch, mwen menm mwen pral adwat; Si w'ale adwat, mwenmenm mwen pral agoch".

Lot te sezi anpil lè li te wè Abraram te ba li opòtinite pou l chwazi anpremye. Dapre koutim ansyen tan an, moun ki pi gran te dwe chwazi anpremye. Se pandan, abraram te janti anpil lè l te kite Lot chwazi anpremye tè kote pou li t'al viv.

Lot te gade topatou, li te wè nan plenn Jouden an pa t janm manke dlo. Zèb yo te toujou vèt, paske se te yon tè byen gra. Anplis, toupre a te gen de gwo vil.

Lot te di: "Mwen chwazi al viv nan plenn Jouden an!". Konsa li t'ale ak fanmi li, travayè li yo ak animal li yon an tè tounèf kote li te chwazi al rete a.

Abraram te konnen sa l te fè a te bon.

Menm si tè kote li te rete a pa t tèlman konn bay pwodwi, li te konnen ke Bondye t'ap pran swen li ak fanmi li.

Yon lòt fwa ankò Seyè a te pale, li di:

"Tout tè sa a yo w'ap gade la a, mwen pral ba ou yo pou ou ak tout branch fanmi ou yo pou tout tan. Epi mwen pral fè pitit pitit ou yo vin anpil tankou pousyè sou late; e si yon moun kapab konte pousyè sou late, se menm jan tou pitit pitit va kapab konte. Leve, ale pran tout tè sa yo nan longè ak lajè; paske se oumenm mwen pral bay li" (13 :15-17).

Abraram te kontinye kwè ke Bondye t'ap akonpli pwomès li yo, konsa li te viv nan tè sa pou anpil tan epi Bondye te fè l rich anpi.

AKTIVITE YO

Tan pou pataje

Distribye liv elèv yo ak kreyon koulè. Mande timoun yo pou yo ini avèk yon liy imaj ki gen rapò yo. Fè yo note ke youn nan figi yo reprezante yon pwoblèm, pandan lòt la reprezante yon solisyon.

Mande yo rakonte yon istwa tou kout sou sa yo kwè k'ap pase nan chak sitiyasyon. Fini pandan n'ap repase sa yo te etidye nan istwa biblik la.

Ann aprann konsidere lòt moun

Chita avèk elèv ou yo, epi fè yon lis fason ke yo kapab itilize pou yo sèvi ak moun parèy yo (Pa egzanp: pataje jwèt yo, prete lòt yo kreyon koulè yo, kite lòt yo chwazi anpremye, elatriye.).

Sonje ke Bondye te beni Abraram paske li te janti epi te panse ak byen Lot avan tèt pa li.

Ankouraje yo mete an pratik lide yo te di yo, epi fè egzèsis ak jantiyès yo pandan semèn nan.

MEMORIZASYON

Bay tan pou timoun primè yo konplete espas blan yo ki nan pati anba, nan dezyèm paj ki nan liv elèv yo, leson 46, avèk lèt ki nan sèk la.

Konsa y'ap fòme tèks biblik la: *Se Seyè a, Bondye nou an, n'ap sèvi. N'ap koute tout sa li di nou fè (Jozye 24 :24).*

Apre nou fin di tèks la plizyè fwa, bay kèk volontè chans pou yo resite li pa kè.

POU FINI

Mande youn nan elèv ou yo priye byen fò epi mande Bondye pou demann lapriyè yo. Fini pandan w'ap mande Bondye pou l ede elèv ou yo aprann konsidere lòt moun parèy yo.

Chante kèk chan avan nou lage, epi envite yon an pwochen klas la pou yo aprann plis sou istwa Abraram nan, zanmi Bondye a.

Leson 47
Abraram Kwè Nan Bondye

Baz biblik: Jenèz 15:1-5; 17:1-5, 15; 18:1-12; 21:1-7.

Objektif leson an: Se pou timoun primè yo aprann konfye yo plis nan Bondye.

Tèks inite a: *"Se Seyè a, Bondye nou an, n'ap sèvi. N'ap koute tout sa li di nou fè."* (Jozye 24:24)

PREPARE W POU W ANSEYE!

Nan mond konplèks jodi a, byen souvan li difisil pou timoun yo konnen nan kimoun yo konfye.

Elèv ou yo bezwen pou w reyafime yo ke Bondye akonpli pwomès li yo. Malerezman, pètèt gen kèk nan yo k'ap viv nan fwaye kote pwomès yo pa janm akonpli. Pètèt li kapab difisil pou yo konprann ke Bondye akonpli sa li pwomèt.

Timoun primè uo aprann konfye ak pèdi konfyans byen fasil. Si yon moun yo te mete konfyans yo ta trayi yo plizyè fwa li difisil pou yo retounen mete konfyans yo ankò san yo pa doute. Pou sa li enpòtan pou w anseye yo pa mwayen leson sa a ke, malgre sikonstans yo, Bondye fidèle pi li toujou akonpli pwomès li yo.

KÒMANTÈ BIBLIK

Jenèz 15:1-5; 17:1-5, 15; 18:1-12; 21:1-7.

Li pwobab pou l ta difisil pou Abraram konfye ke Bondye ta akonpli pwomès li, sitou apre tout lane sa yo. Relijyon yo nan tan sa a te konn adore fo dye ki pa t konn mande fanatik yo anyen. Yo pa t mande pou yo te gen pasyans, angaje, fidèl ni mache dwat.

Se pandan, Abraram te kontinye viv konfòm ak volonte Bondye epi rete tann pou pwomès li akonpli.

Ane yo te pase, epi Abraram ak Sara pot ko gen pitit. Dout te koumanse atake kè yo epi lafwa yo te bezwen pran fòs. Konsa, Abraram te rele nan pye Bondye, pou l te ka ba li yon sinyal ke sa li te di yo ta pral akonpli. Bondye te moutre li zetwal yo, epi li di l konsa ke pitit pitit li yo t'ap vin anpil menm jan ak zetwal yo ki nan syèl la. Bondye te sèvi ak yon eleman nan lavi chak jou pou raple Abraram kontra li.

Atravè tan an lafwa nonm sa te teste ak dife. Anpil ane te pase avan Izarak te fèt epi, pandan peryòd sa, Bondye te fè Abraram sonje ke limenm sèl gen kontwòl sitiyasyon epi tan pal la pa janm manke. San gade sou laj Sara oswa sikonstans difisil yo, Bondye te fidèl ak pwomès li epi li toujou akonpli yo jan li di l la.

Panse ak youn nan moman kote Bondye te akonpli youn nan pwomès li yo, epi di li mèsi pou sa. Pandan w'ap anseye leson sa a, sonje epi pale di kijan ou te santi w nan okazyon sa.

DEVLOPMAN LESON AN

Itilize kèk nan aktivite sa yo pou w ranfòse aprantisaj biblik elèv ou yo.

Zetwal yo

Pou aktivite sa w'ap bezwen yon figi zetwal pou chak elèv, kristalize (dyamantin oswa ti klere) dore ak lakòl.

Si w pa gen kristal, chèche kreyon koulè.

Chèche bandwòl oswa ilistrasyon yo ki moutre syèl la pandan lanwit. Mande elèv ou yo pou yo identifye lalin nan, zetwal yo, komèt yo, elatriye.

Apre sa, separe zetwal yo, tiklere ak lakòl la pou timoun primè yo dekore yo. Pandan y'ap trvay, di yo ke jodi a yo pral pale sou yon kontra Bondye te siyen ak Abraram, pandan l'ap itilize zatwal yo kòm egzanp.

Lè yo fin ranje yo, kole zetwal yo nan tout mi klas la ki pou reprezante syèl la.

Konbyen zetwal ki genyen nan syèl la?

Avan klas la, fè desen oswa kole anpil zetwal nan yon papye brisòl oubyen papye nwa.

Moutre elèv ou yo papye a, epi mande yo pou yo konte zetwal yo.

Di yo konsa: *Nan istwa biblik jodi a, Bondye te di Abraram pou l te konte zetwal nan syèl yo pou moutre li yon leson enpòtan.*

Devine!

Ranpli yon resipyan avèk ti grenn plant oswa bouton ke w te gentan konte. Mete li sou yon tab, yon fason pou tout timoun yo kapab wè li. Apre sa, mande yo: *Konbyen bouton (ti grenn plant) yo kwè resipyan sa genyen?*

Mande pou yo chak ekri repons yo nan yon papye. Bay timoun ki bay kantite ki pi pwòch la yon ti prim.

Apre sa, di yo konsa: *Bondye te di Abraram ke pitit pitit li yo t'ap pi plis pase zetwal nan syèl la. Èske nou kwè ke fanmi Abraram te plis pase bouton (ti grenn plant) ki nan resipyan sa a? Li difisil pou panse de yon fanmi ak tout moun sa a yo, men Bondye te pwomèt Abraram ke fanmi li t'ap vin fè yon gwo nasyon, epi Bondye toujou akonpli sa li pwomèt.*

ISTWA BIBLIK

Bondye akonpli pwomès li

Onz lane te déjà pase apre Bondye te fin pwomèt Abraram li t'ap fè l vin yon gwo nasyon. Èske Bondye te bliye pwomès li a?

Abraram te koumanse dekouraje. Men yon jou Bondye te di li:

---Ou pa bezwen pè. Mwen va pran swen w epi m'ap ba ou yon bèl kado.

Abraram te mande: ---Men, kisa ou kapab ban mwen Seyè?

Abraram---. Mwen pa gen pitit epi sèvant mwen yo pral eritye tout byen mwen yo.

Ebyen Bondye te mennen Abraram deyò a epi li di l:

---Gade zetwal yo nan syèl la, èske w kapab konte yo?

Abraram te reponn ---Non, Seyè, mwen pa kapab ---yo twòp!

Bondye te di li : ebyen bon, ---se konsa menm jenerasyon w va ye sou latè. Yo va tèlman anpil pèsonn pap kapab konte yo.

Abraram te kwè nan pawòl Bondye a, men anpil lòt lane te pase, limenm ak madanm li pa t gen pitit.

Yon jou te gen anpil chalè, Abraram te chita deyò tant li a. Toudenkou, li te wè twa mesye ap vin vizite li.

Li te di : "Mwen pral pote dlo pou nou lave pye noue pi nou kapab repoze". "M'ap pote yon bagay pou nou manje tou".

Abraram avèk Sara te fè plan pou yo pataje yon bèl bankèt manje ak vizitè yo, epi yo te chwazi pi bon manje yo te genyen yo.

Sara te itilize farin ki pi fen an pou l prepare pen an. Abraram te chwazi youn nan pi bon bèf li yo pou sèvitè l la te kwit. Apre sa, li te pote lèt avèk bè, epi li te akeyi vizitè yo, pandan l te ofri yo yon manje byen gou.

Youn nan vizitè yo te mande: Kote madanm ou Sara ?

---Abraram te reponn : ---Li la wi, nan tant lan.

Konsa nonm nan te di li:

---Nan yon lane ankò, nan dat sa, madanm ou pral gen yon pitit.

Abraram te konnen ke Bondye te voye vizitè sa yo pou reyafime pwomès li a.

Sara, te tande sa yo t'ap di pandan l te nan tant lan, li te ri.

---Li te panse : ---Mwen twò granmoun pou m ta gen yon bebe---. Abraram tou se yon granmoun. Kijan yon gwo bagay konsa ta fè fèt?

Men, apre yon lane, Bondye te akonpli pwomès li, epi Sara te gen yon bèl bebe yo te rele Izarak.

AKTIVITE YO

Kounye mwenmenm tou mwen kapab kwè nan Bondye !

Distribye liv elèv yo. Bay tan pou timoun primè yo koupe imaj tibebe Izarak la, nan seksyon ki pou koupe a, epi kole li nan bonyèt Abraram.

Apre sa, moutre yo double fèy la sou liy pwentiye yo epi li vèsè a ansanm: *Konnen ke Bondye w la se Bondye, Bondye ki kenbe pawòl li a* (Detewonòm 7 :9a).

Mande yo pou yo make pawòl ki make ak pwen yo epi pale sou enpòtans kwè nan Bondye a genyen limenm ki toujou akonpli pwomès li yo.

MEMORIZASYON

Distribye kreyon ak fèy bay elèv ou yo. Mande yo pou yo ekri vèsè pou aprann nan san gade ni kopye li. Revize travay yo epi ede sa yo ki nan bezwen. Bay tan pou yo chak pentire fèy la jan yo renmen l, epi kole yo nan mi klas la.

POU FINI

Chante kèk chan epi di Bondye mèsi paske li knbe pawòl li epi toujou akonpli pwomès li yo.

Ankouraje timoun primè yo egzèse konfyans yo nan Bondye pandan semèn nan epi rakonte lòt yo sa yo te aprann nan klas la.

Raple yo ke prezans yo nan semèn k'ap vini an enpòtan anpil, paske yo pral aprann sa ki te pase lè tibebe Izarak te vin grandi.

Leson 48
Yon Madanm Pou Izarak

Baz biblik: Jenèz 24.

Objektif leson an: Se pou timoun primèyo aprann mete konfyans yo nan Bondye lè yo bezwen èd.

Tèks inite a: *"Se Seyè a, Bondye nou an, n'ap sèvi. N'ap koute tout sa li di nou fè."* (Jozye 24:24)

PREPARE W POU W ANSEYE!

Elèv ou yo vin pi endepandan chak jou pi plis epi yo gen lide pou yo fè anpil bagay poukont yo. Nan nesesite yo pou mèt tèt yo, pètèt yo ka dewoute nan gade sou imaj pou yo pran otorite yo. Se pandan, menm nan etap sa ki se "mwen kapab poukont mwen", y'ap resevwa èd yon granmoun ak anpil kè kontan si yi te déjà eseye fè bagay yo poukont yo epi yo te echwe.

Yo dwe konprann ke yo kapab toujou al kote Bondye lè yo bezwen èd. Anplis de sa, yo dwe konnen ke oumenm, kòm granmoun, ou depann de èd Bondye tou. Li plis pase yon papa oswa yon mèt, epi li toujou touprèt pou l ede nou.

Pa mwayen istwa Elyezè a, moutre timoun primè yo chèche èd ak direksyon Bondye Bondye nan lavi yo chak jou.

KÒMANTÈ BIBLIK

Jenèz 24:1-67. Istwa rechèch yon madanm pou Izarak se chapit ki pi long nan liv Jenèz la. Istwa sa a sinyale yon tranzisyon ki enpòtan paske, depi la a pou ale pou pi devan, se Izarak ki te kontinye ak plan Bondye yo pou pèp li a.

Bondye te akonpli pwomès li ak nesans Izarak. Se pandan, pou pwomès sa te kontinye, Izarak te bezwen yon madanm ki te kwè nan Bondye. Abraram pa t vle pou pitit li a te marye ak yon fanm peyi Kanaran pou l'al swiv koutim payen yo. Se poutèt sa, li te bay sèvitè li Elyezè yon misyon, limenm ki te fè sèman ke li ta pral nan rejyon mèt li pou al chèche yon madnm pou Izarak. Abraram te konfye ke Bondye, fidèl ak pwomès li, li t'ap ba li pi bon madanm nan pou pitit li a.

Aranjman nòs se te yon tradisyon komen nan tan Ansyen Testaman yo. Se pandan, Elyezè te priye mande Bondye pou l ede nan rechèch la, epi Bondye te reponn ak mèvèy lè li te voye Rebeka nan pi a.

Abraram te kwè nan Bondye ak obeyi li, epi li te moutre Izarak fè menm bagay la. Avèk egzanp Abraram nan, sèvitè Elyezè tou te aprann adore Bondye ki gen tout pouvwa a epi mete konfyans li nan li.

DEVLOPMAN LESON AN

Itilize kèk nan aktivite sa a yo pou dirije atansyon elèv ou yo sou tèm etid la.

Izarak grandi

Pou aktivite sa a w'ap bezwen fotografi ki moutre kwasans lòm nan.

Kole yo nan yon papye brisòl, pandan w'ap moutre etap kote li t'ap grandi yo, koumanse ak yon tibebe epi fini ak yon granmoun.

Moutre elèv ou yo ilistrasyon yo, epi ke tout moun, nou pase nan etap pou nou grandi a. Menm bagay la te pase ak tibebe Izarak la, ke nou te etidye kèk bagay sou li semèn pase a. Di yo konsa: *Apre tibebe Izarak te fin fèt, li pa t rete tibebe a pou toutan. Li te grandi epi transfòme an granmoun. Bondye te akonpli pwomès li te fè Abraram nan avèk nesans bebe sa a. Kounye a li te gen pou l te kontinye pwomès la pou l kreye yon gwo nasyon pa mwayen de Abraram. Izarak tou te dwe gen pitit epi, nan istwa jodi a, nou pral wè sa ki te pase avèk li lè l te nan laj pou li marye.*

Yon nòs!

Moutre elèv ou yo imaj plizyè nòs diferan. Mande pou yo ekri pou di kijan yon nòs ye epi kisa yon fè ladan li. Esplike yo ke nan tan jounen jodi a pifò moun chwazi poukont yo moun yo vle marye a.

Se pandan, sou tan Abraram, paran yo te chwazi moun yo te vle pou pitit fi yo oswa pitit gason yo marye. Paran gason an te konn pale avèk paran tifi yo epi fè yon akò. Si tout bagay byen pase, paran tifi a te konn resevwa kado nan men paran gason yo.

Nan istwa jodi a nou pral wè sa ki te pase lè moman te rive pou yo chèche yon mennaj pou Izarak.

ISTWA BIBLIK

Yon mennaj pou Izarak

Abraram te chita anba tant li. Plizyè lane te déjà pase depi Izarak pitit li a te fèt, epi Abraram te vin vye granmoun, chak jou pi plis li te vin pi fatige.

Sèvitè li Elyezè t'ap pran swen li ak sa l te genyen kòm richès. Abraram te renmen li epi mete konfyns nan li menm jan si se te pitit li. Yon jou Abraram te di Elyezè konsa: "Elyezè, mwen vle pou w pwomèt mwen w'ap ede m jwenn yon madanm pou Izarak. Mwen pa vle pou se yon fi nan peyi sa a. Ale nan rejyon kote m te fèt la, epi jwenn yon madanm ki soti nan tè kote parnam yo rete a".

Elyezè te pwomèt Abraram ke li ta chèche li endike a pou pitit li a. Konsa byen vit li te koumanse fè ranje kado espeyasl yo ak kèk bagay pou manje. Apre li te fin mete tout bagay yo sou dis chamo, li te koumanse vwayaj la. Dezè a se yon kote ki fè cho anpil Elyezè te enkyete anpil, li pa t konnen ki kote li ta jwenn yon madanm pou Izarak.

Apre plizyè jou vwayaj, Elyezè te rive Nakò. Li te jwenn yon pi dlo epi li te priye :

"Bondye, m'ap priye w pou w edem jwenn yon madanm pou Izarak. M'ap mande w premye fi ki vini retire dlo nan pi a epi pataje li avèk mwen avèk chamo yo, se limenm ou chwazi pou sèvitè w Izarak".

Depi avan Elyezè te fin priye, yon bèl jèn fi te apwoche bò pi a avèk yon krich pou l pote dlo. Lè Elyezè te wè li plen krich la, li te mande l dlo, epi li di: "Ou mèt bwè wi, mèt mwen. M'ap retire dlo pou chamo w yo bwè tou".

Bondye te reponn lapriyè Elyezè a, lè l te voye fi li te vle pou Izarak la nan pi a! Elyezè t'ale lakay Rebeka, li te pale ak papa li avèk frè li Laban. Li te di yo ke Abraram te voye li al chèche yon madanm pou pitit li Izarak. Apre sa, li te remèt fanmi Rebeka yo kado yo. Yo tout te dakò ak maryaj la, epi yo te koumanse prepare pou vwayaj retou a. Rebeka te di orevwa ak papa li, frè li Laban ak lòt paran li yo epi, ansanm ak Elyezè, li te pran wout pou Kanaran.

Apre yon tan, Izarak ak Rebeka te marye. Elyezè te konnen ke Bondye te ede l jwenn fanm espesyal la pou pitit mèt li a.

Pwomès Bondye a kounye a ta kontinye pa mwayen pitit li yo.

AKTIVITE YO

Konfye ak obeyi

Remèt liv yo, epi mande yo ouvri li nan leson 48. Endike yo ini pwen dapre nimeotasyon an pou rankontre figi Elyezè a. Apre sa, ba yo tan pou yo pentire desen yo.

Pandan y'ap travay, fè yon revizyon brèf de sa yo te aprann nan istwa biblik la.

Sòm 32:8

Vire paj la, epi mande elèv ou yo pou yo konplete vèsè a, pandan y'ap ajoute mo ki manke yo nan liy blan yo. Apre sa, li Sòm 32:8. Si w vle, mande yo di non yo avan yo li tèks la. Di yo konsa: vèsè sa a se yon pwomès Bondye. Li vle pou nou toujou konfye ak obeyi li. Bondye vle estwi nou pou nou fè sa ki dwat, paske li konnen sa ki pi bon pou nou. Lè nou kite men Bondye dirije nou, nou aprann obeyi li epi lavi nou fè pwogrè.

MEMORIZASYON

Pou revize tèks pou memorize a, ekri pawòl ki nan Jozye 24:24 nan yon papye brisòl oswa nan tablo a. Li l plizyè fwa nou tout ansanm.

Apre sa, efase yon mo epi konsa tikras pa tikras, jouskaske tablo a vin vid, epi resite tèks la pa kè.

POU FINI

Bay tan pou elèv ou yo ranmase epi ranje materyèl yo te itilize yo, epi sere zafè yo. Apre sa, kondwi yo nan lapriyè, mande Seyè a pou l pran kontwòl lavi yo ak desizyon yo. Mande Bondye pou moun ki malad yo epi sonje sa yo ki pa t patisipe nan klas la.

Chante yon chan avan nou lage, epi envite yo nan pwochen klas pou etidye dènye leson inite sa a.

nòt

Leson 49
Izarak, Patizan Lapè

Baz biblik: Jenèz 26:1-33.

Objektif leson an: Se pou timoun primè yo aprann ke Bondye vle yo vin patizan lapè.

Tèks inite a: *"Se Seyè a, Bondye nou an, n'ap sèvi. N'ap koute tout sa li di nou fè."* (Jozye 24:24)

PREPARE W POU W ANSEYE!

Malerezman, li klè pou wè ke nan anviwonnman ke elèv ou yo ap devlope a vin pi konplike pou yo chak jou. Nou pa bezwen chita ap gade nouvèl pou nou konnen ke sosyete nou an vin pi mal chak jou, epi opòtinite pou ta gen yon lavi nan lapè vin plis limite chak fwa.

Touye moun, goumen ak vyolans tounen yon bagay ki nòmal pou timoun primè yo. Se pandan, sa se pa fòm lavi Bondye vle pou yo. Leson jodi a ban nou egzanp sou ki kalite konpòtman Bondye vle pou nou adopte.

Izarak te moutre ke gen yon lòt fason ki egziste pou moun rezoud pwoblèm diskisyon yo. Olye li te chèche fè diskisyon ak fè lènmi, li te pito panse yon lòt fason epi kite Bondye pran kontwòl sitiyasyon an. Bondye te beni Izarak, li menm ki te eseye konsève yon relasyon lapè avèk vwazen li yo.

Nan yon sosyete menm jan ak pan ou an, timoun yo bezwen egzanp moun ki se patizan lapè.

KÒMANTÈ BIBLIK

Jenèz 26:1-33. Akoz de gwo grangou ki te frape tè kote Izarak t'ap viv la, Seyè a te di li ale Jera pou yon moman, sou tè filisten yo. La a moun yo te koumanse ap pote jalouzi kont li pou plizyè rezon: paske madanm li Rebeka te bèl anpil ; paske Izrak t'ap fè anpil pwogrè ; paske lè Izarak te konn plante latè Bondye te konn fè jaden li yo donnen anpil, epi animal li yo te fè anpil pitit byen vit.

Chak jou filisten yo te santi plis jalouzi kont Izarak epi yo t'ap chèche pou yo fè diskisyon avèk li.

Nan ta pase yo, lè Izarak te deside itilize pi papa li Abraram te fouye yo, filisten yo te plen yo avèk tè. Konsa Izarak te ale kite Jera, men li te rete ap viv nan yon vale toupre a. La a li te jwenn lòt pi papa l te fouye epi filisten y opa t konn itilize yo, konsa li te ouvri yo. Men lè filisten yo te vin konn sa, yo t'al reklame pwopriyete pi yo byen vit. Olye pou goumen te fèt, Izarak te ale kite zòn nan epi kontinye chèche.

Sa te pase li nan anpil okazyon, men Izarak te kontinye ak menm dezi a pou l te rete fèm pou l pa t goumen pi kontinye chèche dlo lòt kote.

Apre yon tan, Izarak te tounen nan rejyon kote li te soti a.

Lè l te rive Bèseba, Bondye te fè li kwè ankò ke li ta pral beni li. Lè sèvitè li yo te ouvri yon pi, yo te ba li bon nouvèl la ke yo te jwenn dlo nan pi a. Kèk jou te pase, filisten ki t'ap pèsekite l yo t'ale chèche li. Yo te vle etabli lapè avèk li paske yo te konnen ke Bondye ki gen tout pouvwa a te avèk li.

DEVLOPMAN LESON AN

Chwazi kèk nan aktivite sa a yo pou w konplete devlopman klas jodi a.

Fanmi yo

Chèche fèy blan ak kreyon koulè pou elèv ou yo fè yon desen fanmi pa yo. Pandan tan sa a, prepare yon ti ilistrasyon sou fanmi Abraram ak Izarak. Pran pou egzanp desen ki nan liv elèv yo, epi prepare li sou fòm papye brisòl.

Lè travay yo fini, divize yon papye brisòl an de. Nan bò goch la mete kòm tit: "Fanmi Abraram", epi nan bò dwat la, "Fanmi yo nan tan jodi a".

Kole ilistrasyon fanmi Abraram ak Izarak kote ki koresponn nan. Apre sa, kite timoun primè yo kole desen yo a nan lòt bò a.

Mete miral la nan yon mi, epi pale sou diferans ki egziste nan mitan de kalite fanmi sa yo. Apre w fin koute repons yo, esplike yo ke, menm si tan yo diferan, Bondye pa janm chanje. Li deside beni fanmi nou yo, menm jan li te fè l ak pa Abraram nan.

Travay ak lapè

Pou aktivite sa a w'ap bezwen pat pou fè modèl (plastilin) ki gen plizyè koulè, ak sachè plastik oswa papye jounal pou kouvri plas travay la.

Dapre kantite elèv yo, divize klas la an gwoup de de oswa twa. Bay chak gwoup jelatin yon koulè. Apre sa, mande yo pou yo fè yon figi kote y'ap itilize tout koulè yo.

Sa vle di y'ap bezwen pataje koulè diferan yo youn avèk lòt.

Obsève konpòtman timoun ou yo pandan y'a travay, epi ankouraje yo pou yo janti pandan y'ap travay.

Lè yo fini, rasanble yo epi mande yo: *Kisa ki ta pase si youn nan gwoup yo pa ta vle pataje pat pou fè modèl koulè a? Èske w kwè nou t'ap fini travay la?* Rete tande repons yo epi di yo ke lè yo travay ansanm gen lapè ak linyon. Se pandan, lè yon moun deside goumen, anviwònman vin diferan. Nan istwa biblik jodi a nou pral etidye osijè de yon nonm ki te deside chèche lapè, malgre vwazen li yo te vle goumen avèk li.

ISTWA BIBLIK
Izarak deside pa goumen

Izarak t'ap pase yon moman difisil.

Te gen yon gwo lafen grangou nan rejyon kote limenm ak fanmi l t'ap viv la. Toudenkou yo te rete san manje. Por rezon sa, yo te deside al viv nan rejyon Jera, tè filisten yo.

Izarak te asire li ke l t'ap fè sa ki dwat, paske Bondye te di l li t'ap toujou la avèk li.

Depi nan koumansman, filisten yo te santi anpil jalouzi kont Izarak. Premyèman, paske mandanm li Rebeka te bèl anpil; epi dezyèmman, Bondye te fè l fè gwo pwogrè nan yon tikras tan. Lè li te plante latè, jaden l yo te donnen anpil, epi sa te fè l genyen anpil lajan. Anplis de sa, li te gen anpil mouton, bèf ak anpil lòt kalite animal.

Filisten yo te te tèlman ap fè jalouzi, yo te menm ap prepare yon plan pou y'al nwi Izarak. Yo te konnen ke animal Izarak yo te bezwen dlo epi li t'ap itilize pi papa li, Abraram te fouye yo. Konsa, lè pèsonn pa t rann yo kont, yo te bouche tout pi yo avèk tè.

Abimelèk, wa rejyon an, te mande Izarak pou l te ale kite Jera, paske li te gen plis pouvwa pase yo.

Konsa Izarak te ale nan yon vale ki te toupre a avèk fanmi li, sèvitè ak animal li yo. La a sèvitè Izarak te jwenn plizyè lòt pi dlo ansyen epi yo te ouvri yo. Se pandan, gadyen filisten yo te vini byen vit pou di yo konsa: "Dlo a se pou nou!"

Izarak pa t vle goumen nonplis nan okazyon sa a. Konsa li t'al nan yon lòt zòn epi fouye lòt pi, men filisten y opa t rete trankil. Yo t'al goumen pou dlo a toujou.

Yon lòt fwa ankò Izarak te deside ale san goumen ak yo epi retounen ouvri lòt pi, men fwa sa a filisten yo pa t kontinye nwi li ankò.

Apre yon tan, Izarak t'al viv Bèseba. Yon jou nan nwit, Bondye te pale avèk li konsa: "Mwen se Bondye papa w Abraram, epi akoz de limenm m'ap beni w epi m'ap ogmante branch fanmi ou. Pa pè paske mwen la avèk ou".

Konsa Izarak te bati yon lotèl pou adore Bondye epi la a toupre a li mete tant li. Apre sa, sèvitè l yo te fouye tè a epi yo te jwenn lòt pi ki te gen dlo fre ak kristalin. Lè wa Abimelèk te tande sa, li t'ale jous Bèseba pou l te pale avèk Izarak.

Izarak te mande li: "Pou kisa w vin kote mwen, si w te mal trete mwen epi mete m deyò nan peyi w la ?".

Abimelèk te di : "Nou wè Bondye avèk ou. Poutèt sa nou vle vin zanmi ak ou epi siyen yon kontra avèk ou pou w pa fè nou mal".

Izarak te yon nonm ki renmen lapè, konsa li te deside siyen yon kontra avèk filisten yo epi prepare yon gwo bankèt manje pou yo. Nan demen maten yo te leve byen bonè, wa avèk Izarak te pwomèt youn pa t'ap fè lòt okenn mal. Apre sa, vizitè yo t'ale ak lapè lakay yo epi Bondye te kontinye beni ak fè Izarak pwogrese, patizan lapè a.

AKTIVITE YO
Kimoun ki?

Nan inite sa elèv ou yo te aprann de plizyè pèsonaj diferan, epi aktivite sa a pral sèvi yo kòm revizyon.

Ouvri liv elèv yo nan leson 49. Mande timoun yo pou yo konekte figi ki anrapò ak non yo. Gen kèk figi k'ap konekte ak plis pase yon fraz. Mete aksan sou fidelite Bondye pou fanmi sa. Itilize inite sa pou repase chak leson inite a. sinyale yon pèsonaj, epi mande pou timoun yo di kisa li te fv epi kouman li te moutre obeyisans li devan Bondye.

Apre sa, vire paj la. Mande pou yo double paje la sou liy pwentiye yo epi remake mo ki di "Kontan". Pale sou kijan yo santi yo lè yo alèz ak lòt moun.

Rete tande kòmantè yo epi ankouraje yo mete an pratik aprantisaj biblik la. Li bon pou evite goumen epi yo dwe patizan lapè.

MEMORIZASYON

Mande pou kèk volontv pase devan epi di vèsè inite a pa kè. Prepare ti prim senp pou bay timoun ki fè efò yo.

Si w vle, prepare yon demostrasyon sou say o te etidye yo pandan senk leson yo, epi envite paran yo pou vin vizite klas la.

POU FINI

Fè yon revizyon tou kout sou istwa biblik yo te etidye yo. Apre sa, fè yon wonn epi mande Seyè a nan lapriyè pou l ede yo vin patizan lapè epi obeyi volonte li, menm jan Abraram ak Izarak te fè li.

Asire w ke yo tout pote travay yo te fè yo pandan senk semèn nan lakay yo pou koumanse etid sou "Bon nouvèl pak la".

Año 2 Introducción – Inite XII

BON NOUVÈL PAK LA

Baz biblik: Lik 1:5-25, 57-80; 1:23-38; Matye 1:18-25; Lik 2:1-20; 2:21-40.

Tèks inite a: *"Jodi a, nan lavil David la, nou gen yon Sovè ki fenk fèt, se Kris la, Seyè a."* (Lik 2:11).

OBJEKTIF INITE A

Inite sa a pral ede timoun primè yo:

- ❖ Fete fèt delivrans lan ak lajwa, epi di Bondye mèsi paske li te voye Pitit li Jezikris.
- ❖ Konprann kouman istwa pak la moutre nou ke Bondye akonpli pwomès li yo.
- ❖ Mete konfyans nan Bondye konnen ke li akonpli pawòl li.
- ❖ Aprann ke Jezi, Pitit Bondye a, te vini nan mond lan kòm yon kado Papa a.

LESON INITE A

Leson 50: Bon Nouvèl Pou Zakari Ak Elizabèt
Leson 51: Bon Nouvèl Pou Mari Ak Jozèf
Leson 52: Bon Nouvèl Pou Gadò Mouton Yo
Leson 53: Bon Nouvèl Pou Simeyon Ak Ann

POU KISA TIMOUN KI NAN PRIMÈ YO BEZWEN ANSÈYMAN INITE SA A

Pi fò nan timoun yo konnen istwa fvt delivrans lan. Kounye a yo prè pou yo aprann sa evennman sa a vle di ki te chanje istwa limanite. Yo pral konnen ke, pa mwayen evennman sa a, Bondye te moutre nou ke nou kapab konfye nan li paske li toujou akonpli pwomès li yo. Chak leson moutre akonplisman yon pwomès. Premyèman, Zakaria k Elizabèt te resevwa pwomès yon pitit, limenm ki ta pral responsab prepare chemen an pou Sovè a. Jozèf ak ari te resevwa pwomès ke se yo menm ki ta pral paran Jezi, Pitit Bondye a sou latè. Gadò yo tou te resevwa akonplisman yon pwomès, ke Kris la te déjà fèt nan lavil Betleyèm. Pou fini, Simeyon avèk Anna, yo menm ki te pase anpil tan ap tann Sovè yo te pwomèt la, yo te kapab wè li ak pwòp je yo.

Pa mwayen kat leson sa a yo, ede elèv ou yo konprann ke, menm si se nan yon mond plen ak koripsyon, nou kapab konfye ke Bondye nou an li fidèle pi toujou akonpli sa li pwomèt.

Leson 50
Bon Nouvèl Pou Zakari Ak Elizabèt

Baz biblik: Lik 1:5-25, 57-80.

Objektif leson an: Se pou timoun primè yo konnen ke Bondye akonpli sa li pwomèt.

Vèsè pou aprann: *"Jodi a, nan lavil David la, nou gen yon Sovè ki fenk fèt, se Kris la, Seyè a."* (Lik 2:11)

PREPARE W POU W ANSEYE!

Yon promès ki pa kenbe kapab blese kè yon timoun. Pou konfye, timoun primè yo bezwen konnen sa yo te di yo ap akonpli. Anmezi ke elèv ou yo ap fè eksperyans kouman Bondye akonpli pwomès li yo, konfyans yo nan li ap pran fòs. Konfye ke Bondye kenbe pawòl li epi li pap fè nou defo, sa ba yo plis asirans.

Dat nwèl la se youn nan peryòd ki fè timoun primè yo plis eksite. Kounye a men mwa Desanm nan koumanse, li pwobab pou yo moutre yo plis enkteye. Poutèt sa, eseye itilize enèji yo nan aktivite ki pote fwi epi genyen relasyon ak leson an. Pale avèk yo sou preparasyon ke fanmi yo reyalize avan fèt delivrans lan, men mete aksan pou w moutre k elide prensipal moman fèt sa a se pa kado yo ni manje a, se pito fete nesans Jezi, Pitit Bondye a.

KÒMANTÈ BIBLIK

Lik 1:5-25, 57-80. Zakari se te yon nonm ki t'ap mache dwat devan Bondye epi yon chèf prèt fidèl nan tanp Bondye a. Mandanm li Elizabèt, se te yon sèvant Bondye tou. Tou de te gen anpil laj epi yo pa t janm gen pitit.

Zakari se te yon moun Bondye te chwazi pou ofri lansan nan sanntyè Seyè a. Sa se te yon lonè byen gran pou prèt la paske se te yon okazyon sakre. Lafimen lansan te senbolize lapriyè pèp la.

Panda Zakari t'ap ofri lansan, zanj Gabriyèl te parèt devan li pou anonse l li ta pral gen yon pitit, limenm ki va rele Jan. Li gen pou l gran devan Bondye epi ranpli ak Sentespri a.

Akoz de laj avanse Zakari te genyen, Li te doute lè zanj lan te anonse l l'ap gen yon pitit, epi tou poutèt li pa t kwè, li te rete bèbè jouskaske timoun nan fèt.

Jan zanj lan te pwomèt la, apre yon tan timoun nan te fèt. Lè wit jou yo te fin pase, konfòn ak lalwa Moyiz la, yo te dwe mennen li nan tan plan pou yo te sikonsi li. Koutim nan se ke premye pitit la te dwe pote non papa a, men Bondye te deside pou timoun nan te rele Jan.

Pou fidelite l ak sèvis li, Bondye te itilize Zakaria k Elizabèt pou yo te vin paran nonm ki ta prepare chemen an pou Kris yo te pwomèt la.

DEVLOPMAN LESON AN

Chwazi kèk nan aktivite sa yo pou mete yon aprantisaj plis efikas nan elèv ou yo pou tèm etid la.

San pale

Mande elèv ou yo konbye tan yo ka fè san pale. Tande repons yo, epi mande yo kouman moun yo pale lè yo pèdi vwa yo (avèk siy oswa ekri).

Mande timoun primè yo pou yo eseye pa pale pandan y'ap reyalize aktivite sa a yo.

Di yo ke istwa biblik jodi a pale de yon nonm ke Bondye te pwomèt yon bagay espesyal epi li pa t kapab pale pandan prèske yon lane.

Dekorasyon nwèl

Pandan semèn nan fè desen zanj ak zetwal nan papye brisòl; apre, koupe figi yo. Kenbe tiklere nan men w (Dyamantin ak briyantin), lakòl ak kreyon koulè.

Remèt chak timoun yon figi, epi mande yo pou yo dekore li lè y'ap itilize materyèl yo te bay yo.

Raple yo ke yo dwe itilize aktivite sa san pale. Apre sa, se pou yo dekore salon an ak imaj ki fini yo.

Ann prepare chemen an!

Rasanble timoun yo epi di yo konsa: *Lè prezidan yon peyi ap vizite yon vil, gen anpil preparasyon ki fèt. Gen moun ki pase anpil jou ap fè aranjman pou vizit la kapab pote fwi. Chèf sekirite yo planifye wout la pi byen. Moun k'ap netwaye yo ranje lari yo epi pentire mi yo. Jadinye yo ranje pye bwa ak flè yo. Pou kisa nou kwè ke li enpòtan pou moun prepare yo pou vizit yon pèsonaj enpòtan?* Sonje ke nan moman sa timoun primè yo pa kapab pale, konsa yo dwe reponn pa mwayen siy oswa ekri repons yo.

Di yo konsa ke jodi a nou pral tande istwa nesans yon moun espesyal ki te prepare chemen an pou Jezi.

ISTWA BIBLIK

Repons yon lapriyè

Pandan Zakari t'ap antre nan tan plan, li te din an kè li : "Jodi a se mwen menm k'ap ofri lansan". Li te prepare l ak anpil swen pou jou espesyal sa a. Toudenkou li wè lafimen lansan t'ap moute anlè a toudousman, fè l sonje lapriyè pèp la.

Byen vit, yon zanj te parèt devan li, epi Zakari te pè anpil.

---Zanj lan te di li : Zakari, ou pa bezwen pè. Bondye tande lapriyè ou yo---. Madanm ou Elizabèt pral gen yon pitit. Li va rele Jan, epi anpil moun va kontan ak louwe Bondye pou nesans li. Li va gran devan Bondye. Pa mwayen limenm, anpil moun va vin jwenn Bondye. Pitit ou prale devan Bondye, avèk lespri ak pisans Eli a, Li pral ede moun yo tounen vin jwenn Bondye ak prepare yo pou resevwa Seyè a.

---Zakari te mande: ---Men, mwen se yon vye granmoun, epi madanm mwen Elizabèt pa nan laj pou l gen pitit. Kouman mwen kapab di sa w di a ?

---Zanj lan te di : ---Mwen se zanj Gabriyèl ---. Mwen nan prezans Bondye epi li voye m vin ba ou bon nouvèl sa a. Men, paske w pa t kwè, ou pap kapab pale jouskaske ti bebe a fèt. Ebyen ou va ke tout sa mwen di w yo se verite.

Pandan tan sa a, moun yo ki te deyò tanp lan t'ap mande: "Pou kisa Zakari mize konsa avan li soti?"

Finalman lè l te soti, li te eseye di sa zanj lan te di li nan mesaj Bondye te voye pou li a. Men li pa t kapab, paske li pa t kapab pale.

Moun yo t'ap di : "Nou gade, Zakari pa ka pale! Eske nou wè jan l'ap fè siy ak men l yo? Anverite lit e wè Seyè a nan yon vizyon!".

Zakari te pran wout pou lakay li, li te eseye esplike mandanm li Elizabèt sa k te pase a, men li pa t kapab.

Yon ti tan apre, Elizabèt te vin konnen li ansent. Apre kèk mwa li ta pral gen yon bebe. Li te tèlman kontan!

Elizabèt te priye, "Mèsi, Bondye". "Nou te bezwen yon pitit depi byen lontan, epi kounye a ou ban nou youn".

Zanmi ak vwazen yo te di: "Ala bèl sa bèl pou jan Bondye fè Zakaria k Elizabèt kado yon pitit!". "Yo te bezwen li sa fè byen lontan".

Yo t'ap di : "Kounye a Zakari pral gen yon moun ki pou pote non li".

Apre plizyè mwa, ti bebe a te fèt.

Vwazinay yo te kontan anpil pandan yo t'ap di: "Se yon tigason! Se yon tigason! Zakaria k Elizabèt genyen yon tigason! Dapre koutim jwif yo, lè yon tibebe fèt nan yon fanmi, yo te dwe ofri yon sakrifis espesyal bay Bondye, epi bay tibebe a non.

Zakari pa t ko pale toujou. Konsa, lè chèf prèt yo te prezante tibebe a devan Seyè a, yo ta pral ba li non papa a, men Elizabèt te di: ---Non! Se Jan l'ap rele!

---Yo te mande: ---Pou kisa? Pèsonn nan fanmi yo pa t rele Jan.

Sa byen etraj wi, annal mande papa a kijan li vle rele pitit li a?

---Yo te mande Zakari : ---Kijan w vle pou pitit ou a rele? Zakari te mande yon papye epi yo tout te sezi lè yo te wè Zakari te ekri: "Li rele Jan".

Nan menm moman sa a Zakari te kapab pale paske li te rejwenn vwa li ankò.

Li te koumanse ap rele di : "Seyè se pou non ou leve byen wo!", " e oumenm, pitit mwen, ou va rele pwofèt nonm ki pi wo a, paske ou prale devan Seyè a pou w prepare chemen li yo".

AKTIVITE YO

Fèy asistans lan

Ouvri liv elèv yo nan fèy asistans lan nan leson 49. Mande timoun yo koupe figi Zakari ak Elizabèt ki nan seksyon ki pou koupe a. Apre sa, kole yo nan espas ki koresponn nan.

Pandan y'ap travay, di yo konsa: *Pandan mwa sa, nou pral rekonèt anpil pèsonaj espesyal ke Bondye te chwazi pou fè pati plan li yo. Semèn sa nou te aprann ke Bondye te chwazi Zakari ak Elizabèt pou yo te kapab vin paran Jan Batis la. Jan se moun Bondye te chwazi a pou l te vin prepare chemen an pou Jezi, Sovè yo te pwomèt la.*

Si ou vle, dekole fèy asistans yo epi kole yo nan yon papye brisòl pou fòme yon miral.

Konsa w'a gen yon kontwòl ki klè de elèv ou yo ki va toujou la nan asistans yo.

Mesaje Betleyèm nan

Distribye liv elèv yo, epi chèche kreyon koulè oswa fet.

Mande timoun yo pou yo reflechi sou bagay ki pase nan chak pati istwa a, se pou yo ilistre istwa a sèn nan tit ki koresponn yo. Yo kapab ekri deskripsyon an oswa fè yon desen.

Itilize fèy sa pou fè yon revizyon jeneral de sa yo te aprann nan istwa biblik la.

Nan kimoun ou kapab konfye w?

Mande timoun yo ouvri liv yo nan leson 50, epi chèche kreyon koulè pou yo.

Mande yo pou yo pentire figi moun sa a yo ki sable bon pou yo ta mete konfyans paske yo akonpli sa yo pwomèt.

Lè yo fini, bay tan pou kèk volontè di pou kisa yo te pentire figi yo chwazi yo, men se pa lòt yo.

Fè yo sonje ke Bondye bon pou moun fè konfyans.

Nan istwa jodi a nou te aprann ke li akonpli pwomès li yo.

MEMORIZASYON

Divize klas la fè de gwoup. Mande pou youn nan yo di premye fraz vèsè a, epi dezyèm nan, di dezyèm pati a. Apre sa, de gwoup yo dwe di tout vèsè a ansanm.

Fè chanjman fraz tou de gwoup yo pou yo tout ka etidye tèks la konplèt. Repete egzèsis la plizyè fwa, epi apre sa chwazi kèk timoun pou yo di li poukont yo.

Distribye kat klèb vèsè mwa a pou yo pote li lakay yo epi repase tèks inite sa a.

POU FINI

Di elèv ou yo mèsi paske yo te asiste klas la epi priye pou yo. Di Bondye mèsi pou fidelite li, paske l te anseye yo pa mwayen klas sa ke li bon pou moun mete konfyan yo nan li.

Raple yo ke yo pral kontinye etidye osijè de pèsonaj espesyal yo ke Bondye te chwazi pou reyalize plan li yo, epi envite yo nan pwochen klas la.

nòt

Leson 51
Bon Nouvèl Pou Mari Ak Jozèf

Baz biblik: Lik 1:26-38; Matye 1:18-25.
Objektif leson an: Se pou timoun primè yo deside rete fidèl ak obeyisan avèk Bondye.
Vèsè pou aprann: *"Jodi a, nan lavil David la, nou gen yon Sovè ki fenk fèt, se Kris la, Seyè a."* (Lik 2:11)

PREPARE W POU W ANSEYE!

Obeyisans la se yon tèm enpòtan ki mansyone de tanzantan nan pawòl Bondye a. Nou jwenn anpil leson sou obeyisans nan pwogram edikasyon kretyen an pou timoun primè yo. Leson sa demoutre "Obeyisans volontè", ki gen ladan l yon atitid kè kontan ak disponiblite.

An jeneral timoun yo panse ke obeyisans la se yon bagay yo dwe fè menm si yo pa vle. Leson sa ape de yo rekonèt ke lè nou obeyi akoz de lanmou nous anti satisfaksyon ak kè kontan.

Bondye te antre moun ki prè pou obeyi li nan plan li te genyen pou l te voye Sovè li te pwomèt la.

Kèk nan yo, tankou Zakari, nan koumansman li te parèt enkredil oswa kou rèd. Gen plizyè lòt ankò, kòm Mari, yo te obeyi ak kè kontan.

Avèk istwa jodi a, elèv ou yo pral konprann ke Bondye vle itilize nan lèv li a moun ki disponib ak obeyisan.

Chak jou ki pase, vin rete pi piti tan pou nwèl la rive. Poutèt sa, pa enkyete w si elèv ou yo yon ti jan distrè, li pi fasil pou w santre atansyon yo sou aktivite aprantisaj la. Sèvi ak imajinasyon pou w fè klas la devlope nan yon anviwonnman kote yo kapab eksprime enèji yo, epi nan menm tan konprann mesaj pawòl Bondye a.

KÒMANTÈ BIBLIK

Lik 1:26-38. Kontrèman ak Zakari, Mari pa t ezite pou yon moman sa zanj lan te di l la, men okontrè, li te reponn avèk dousè e lajwa. Pliske li te yon jenn fi vyèj, sa te natirèl pou kèk kesyon te poze tankou: "Ki jan sa pral ye?" Se pandan, diferans lan se ke li pa t 'gen dout ke Bondye te gen pouvwa pou fè sa rive.

Lè li te reponn: "Men sèvant Seyè a wi", li te konfime obeyisans li soumisyon li anba volonte Bondye.

Matye 1:18-25. La reacción de José al saber que María estaba emReyaksyon Jozèf lè li te aprann ke Mari te ansent te trè lojik. Nan tan sa a yo, angajman ki te fèt nan renmen yo te serye menm jan ak maryaj menm. Poutèt sa Jozèf te konsidere abandone Mari ansekrè, paske li pa t vle fè l wont devan tout moun.

Se pandan, zanj lan te parèt devan Jozèf pou di li ke se Sentespri a ki mèt bebe a, epi Bondye t'ap sèvi avèk li pou l beni tout nasyon yo.

Jozèf te kwè nan pawòl la pi deside kontinye fè plan maryaj la. Limenm avèk Mari te obeyisan ak vwa Bondye a, menm si yo pa t fin byen konprann sa ki t'ap pase a. Sa se kalite obeyisans ke Bondye vle nan noumenm, san poze kesyon ni kondisyon.

Bondye te onore jèn sa a yo pou obeyisans yo, lè l te ba yo privilèj pou yo te vin fè paran tèrès Jezikris, Sovè mond lan.

DEVLOPMAN LESON AN

Chwazi kèk nan aktivite sa a yo pou aktive dinamik gwoup la epi enplante yon pi bon aprantisaj nan elèv ou yo.

Fèy asistans lan

Avan timoun yo rive, mete liv elèv yo sou tab la, sizo ak lakòl.

Di yo byenvini, epi mande yo pou yo chèche seksyon ki pou koupe nan liv yo. Mande yo koupe figi ki koresponn ak leson sa a (Mari ak Jozèf) epi se pou yo kole li nan espas ki endike yo.

Esplike yo ke semèn pase a yo te tande istwa Elizabèt ak Zakari, paran Jan Batis yo, moun ki ta prepare chemen Seyè a. Nan leson jodi a nou pral pale de moun espesyal ki te obeyisan ak volonte Bondye.

Zanj yo tout kote

Twa nan kat leson inite sa a pale de zanj yo ki te anonse plan Bondye pou moun ki te disponib epi obeyisan yo. Ankouraje timoun primè yo reyalize figi zanj yo pou pentire kay yo oswa sal klas la, ki pou raple yo bon nouvèl pak la.

Pandan semèn nan fè desen zanj yo nan yon papye brisòl, epi koupe yo. Prepare yon imaj kòm egzanp.

Distribye imaj yo, epi mande timoun yo pou yo dekore yo avèk tiklere (dyamantin oswa briyantin) oswa lòt materyèl vizyèl yo kapab jwenn. Yo kapab fè desen figi a, epi kole algodon oswa tibann papye yo sou fòm cheval.

Di yo ke zanj yo gen yon patisipasyon byen enpòtan lè Jezi te fèt, paske se yo menm ki te responsab pou pote bon nouvèl la bay anpil moun.

ISTWA BIBLIK

Jozèf ak Mari tande ak obeyi

Mari te panse konsa : "Mwen kontan anpil depi lè mwen aprann ke kouzin mwen Elizabèt pral gen yon tibebe".

Li menm ak Zakari te anvi genyen yon pitit sa fè byen lontan. Se mèveye paske finalman yo pral sa pral rive! Pètèt yon jou, Jozèf avèk mwen apre nou fin marye, n'ap gen youn tou".

Te manke twa mwa pou bebe Elizabèt la te fèt epi tout fanmi l yo te eksite.

Toudenkou, yon zanj te parèt devan Mari epi di l konsa:

---Seyè a la avèk ou. Li beni w yon fason espesyal pami tout fanm yo.

Mari t'ap tranble.

Li te mande : ---Kilès ou ye? Kisa w bezwen?

Zanj Gabriyèl te di: ---Mari, ou pa bezwen pè. Bondye te chwazi w pou w gen yon bebe. Ou varele l Jezi. Li va gran epi yo pral rele li Pitit Bondye.

---Zanj lan te reponn: ---Pa gen anyen ki enposib pou Bondye.

---Mari te reponn : ---Mwen se sèvant Seyè. Fè sa Bondye vle avèk mwen.

Mari te angaje pou li marye avèk Jozèf epi li pa t konnen kijan li ta pral bay Jozèf nouvèl la.

--Mari te di konsa : ---Jozèf, mwen gen yon bagay enpòtan poum di w.

---Jozèf te reponn : ---De kisa nou pral pale Mari ?.

---Mwen pral gen yon bebe.

Jozèf te rete sezi epi mande :

---Kouman sa fè posib ?

---Mari te reponn li : ---Yon zanj te di mwen, ou pa bezwen pè paske bebe sa a espesyal. Se pral pitit Bondye epi nou dwe rele li Jezi.

Jozèf te deplase kite lakay Mari byen twouble. "Mwen renmen Mari, men mwen pa konprann sa li di osijè de bebe sa. Pètèt nou pa ta dwe marye", li t'ap panse pandan l'ap mache pou l'al lakay li.

Jozèf te panse konsa : ---"Mwen bezwen dòmi", "mwen pral fè yon ti apiye tèt mwen pou yon ti tan".

Jozèf te dòmi byen vit. Pandan li t'ap dòmi, yon zanj Bondye te parèt devan li nan rèv la epi li di l: "Jozèf, ou pa bezwen pè pran Mari pou madanm ou. Tibebe l'ap tann nan se Pitit Bondye. Ou dwe rele l Jezi. Li pral sove lèzòm anba peche yo".

Jozèf te reveye epi koumanse vole anlè. Rèv li a te tèlman reyèl! Li te déjà konnen sa li te dwe fè. Li ta marye ak Mari epi ta yon papa pou Pitit Bondye ki te pwomèt la.

Jozèf te obeyi Bondye epi pran Mari kòm madanm li. Yo te paran tèrès Jezi. Tout te pase jan zanj lan te di l la.

AKTIVITE YO

Ki diferans ki genyen?

Ouvri liv elèv yo nan Leson 51. Mande timoun yo konplete espas blan yo epi jwenn pawòl ki kache yo (volontèman). Apre sa, di yo pou yo koupe nan liy nwa yo ki nan mitan fèy la pou fè de twou.

Mande yo koupe figi ki koresponn ak leson sa a, nan seksyon ki pou koupe a, epi esplike yo kijan pou yo koumanse mete li nan twou yo.

Pale sou sa k'ap pase nan ilistrasyon an, epi endike yo kijan pou yo deplase figi a pou wè sakap pase lv timoun nan chanje konpòtman. Raple yo ke istwa jodi a anseye nou vin obeyisan ak volonte Bondye.

Non li se pral Jezi

Di timoun yo pou yo obsève sèn kote zanj lan t'ap pale ak Mari a. Apre se pou yo glise figi a pou moutre ke zanj lan ap pale avèk Jozèf. Pale sou kijan de moun sa a yo te obeyi vwa Bondye, epi kijan nou kapab obeyi noumenm tou lè Seyè a ban nou lòd pou nou fè yon bagay.

MEMORIZASYON

Nan kat ki anpapye brisòl, kopye pawòl tèks ki pou memorize a, lè w'ap ekri chak mo nan yon kat. Repete vèsè a nasanm de fwa. Apre sa mele kat yo, epi bay opòtinite pou elèv ou yo vire pou mete mo yo nan lòd. Se pou nou repete vèsè a chak fwa yo ranje l byen.

Sere kat yo pou itilize yo nan pwochen klas la.

POU FINI

Di elèv ou mèsi pou asistans yo, epi di yo kèk bagay depi davans sou leson sa a pou reveye enterè yo.

Mete aksanpou w moutre ke li enpòtan pou nou obeyi vwa Bondye, menm jan Jozèf ak ari te fè a.

Fini ak yon lapriyè, epi chante plizyè chan nwèl.

Si tan ak resous yo pèmèt li, prepare yon tifèt pou w fè sonje nesan Jezi a nan pwochen klas la.

Leson 52
Bon Nouvèl Pou Gadò Mouton Yo

Baz biblik: Lik 2:1-20.

Objektif leson an: Se pou timoun primè yo eksprime lajwa yo santi lè yo vin konen ke Jezi te vini pou l sove tout moun.

Vèsè pou aprann: *"Jodi a, nan lavil David la, nou gen yon Sovè ki fenk fèt, se Kris la, Seyè a."* (Lik 2:11)

PREPARE W POU W ANSEYE!

Pandan peryòd pak la timoun yo ap resevwa mesaj k'ap kreye egoyis ak materyalis. Menm granmoun yo ki gen bon entansyon tonbe nan konsonmen tan sa a, pandan y'ap poze yo kesyon tankou : "Kisa w vle pou nwèl la ?" Elèv ou yo dwe konnen ke pou kretyen yo tan nwèl la se moman pou moun baya k pataje, se pa yon tan pou ap di sa w bezwen oswa genyen.

Timoun primè yo identifye yo byen fasil avèk pastè istwa sa a. Byen souvan yo menm tou santi yo izole epi pètèt yo pa gen lajan pou y'achte kado pou lòt moun. Se pandan, yo pral aprann pou gadò mouton yo, yo te sèlman aprann nou vèl la yo te leve y'al wè tibebe Jezi. Apre sa, avèk anpil lajwa yo t'al bay tout moun bon nouvèl gwo kado Bondye a. Ede elèv ou yo konprann ke, menm si yo pa gen gwo kado, sa ki pi enpòtan yo kapab bay lòt yo bon nouvèl nesans Jezikris la, Sovè mond lan.

KÒMANTÈ BIBLIK

Lik 2:1-20. Pitit moun ki piwo nan syèl la, Jezi wa a, li te koumanse lavi li sou tè a vlope nan yon kouchèt epi kouche nan yon ti panye. San gwo diferans avèk kalite nesans san gran valè sa a, syèl yo te ranpli ak zanj ki t'ap chante louwanj epi selebre rive Sovè a.

Zanj sa a yo te parèt devan plizyè gadò mouton byen dou ki t'ap pran swen bèt yo, yo te anonse yo bon nouvèl la nesans Kris la.

Nan anpi women an se te yon koutim pou powèt ak oratè yo te anonse lapè ak pwosperite lè pitit anperè a te fèt. Nan menm fason sa a, pa mwayen òkès syèl yo, Bondye te anonse ke Pitit li a, Sovè mond lan, li te fèt nan lavil Betleyèm pou kè kontan tout limanite.

Gadò mouton yo jwe yon wòl enpòtan nan istwa sa a, se pa sèlman paske pa mwayen yo menm nou relasyone Jezi avèk wa David, ki limenm tou te gadò (2 Samyèl 7 :8), se pito paske yo twouve yo pami pòv yo, san ponyèt yo, kokobe ak avèg yo ki se moun sa a yo ki se envite nan wayòm Bondye a (Lik 14 :13-21).

Bondye te chwazi nonm dosil sa a yo pou yo te kapab sèvi li temwen nesans Sovè a, epi apre sa rakonte lòt yo bon nouvèl sa yo. Bib la di nou ke "gadò mouton yo te retounen epi sou tout wout la yo t'ap rann glwa ak louwe Bondye pou tout bagay yo te tande ak wè, menm jan yo te di yo a" (Lik 2:20).

DEVLOPMAN LESON AN

Sèvi ak kèk nan aktivite sa a yo pou anrichi aprantisaj biblik la epi ankouraje patisipasyon elèv ou yo.

Zetwal yo

Pou aktivite sa a w'ap bezwen imaj zetwal ki fèt ak papye brisòl oswa katon, lakòl ak tiklere (dyamantin oswa briyantin).

Kouvri plas travay la avèk plastik oswa papye joural, epi bay chak timoun yon zetwal. Di yo pou yo ekri non yo nan mitan youn nan de bò yo. Apre sa esplike yo se pou yo mete lakòl, sèlman sou non yo pou yo pa mete li, apre sa simen poud tiklere a. Elimine ladan yo pandan n'ap souke imaj la toudousman. Fè menm bagay la pou lòt bò a, pandan n'ap kouvri tout zetwal la. Kite zetwal la sèch pandan 24 èd tan. Di elèv ou yo ke yo kapab pote travay yo a lakay yo semèn k'ap vini an. Lè zetwal yo fin sèch, fè yon ti twou ladan yo, mete yon ti fil oswa yon ti twal ladan yo pou yo kapab koke.

Fèy asistans

Bay tan pou elèv ou yo kapab koupe imaj gadò mouton yo (nan seksyon ki pou koupe a) epi kole li nan espas ki koresponn nan. Fè sa ki sou wout pou fin ranpli fèy asistans yo konpliman. Lè w'ap itilize figi yo, fè yon revizyon tou brèf sou de leson pase yo. Di yo ke istwa jodi a pale de yon bagay espesyal ki te pase yon gwoup gadò mouton.

ISTWA BIBLIK

Gadò mouton yo resevwa yon bon nouvèl

---Jozèf te rele byen fò li di: ---Moun paka kwè sa! Tèlman te gen moun ki te vini nan

Betleyèm pou akonpli lòd gouvènè a, sa fè pa t gen kote pou moun te pase nwit la.

Tout otèl yo te gentan plen moun! Mari te fè yon soupi. Li te fatige anpil akoz de vwayaj byen long li te sot fè a. Toudenkou, li di :

---Gade, mwen wè limyè nan fenèt sa. Pètèt la gen yon chanm ki rete pou nou.

---Jozèf te reponn ---mwen pa kwè non.

---Tanpri, Jozèf, eseye li non. Mwen fatige anpil epi nou bezwen yon kote pou nou kapab dòmi.

Jozèf t'al mande, men pa t gen okenn espas disponib nan otèl sa ki te rete.

Jozèf ak Mari te avanse byen dousman.

Mèt ti otèl la te panse : "Moun sa yo sanble tèlman fatige".

"Mwen santi m pa alèz akoz de yo menm. Pètèt mwen ta ka jwenn yon fason pou m ede yo".

---Mèt ti otèl la te rele byen fò: ---Fè yon ti tann pou yon moman!. Mwen jwenn gen yon ti pak bèt dèyè a. Pètèt nou ta kapab pase nwit lan la a, menm si se yon sèl krèch. Gen pay pwòp kote nou kapab repoze.

Jozèf te mansyone : ---Pandan m'ap anpaye ak seche, l'ap santi l pi alèz. Madanm mwen fatige anpil epi bezwen yon kote pou li dòmi.

Sware sa te espesyal anpil paske Jezi te fèt. Mari te vlope tibebe l la nan kouchèt yo epi karese li pou fè l dòmi. Nan krèch la pa t gen bèso pou Jezi, men Jozèf te mete pay pwòp nan krèch la, nan plas kote yo te konn mete manje pou animal yo.

Nan zòn andeyò Betleyèm, te gen yon gwoup gadò mouton nan savann yo, ap pran swen mouton yo.

---Youn nan gadò mouton yo te di: ---Syèl la diferan aswè a. Zetwal yo klere anpil wi!

---Yon lòt te rele di byen fò: Nou gade! Pandan li t'ap lonje men sou syèl la---. Èske nou wè limyè sa ki klere lòtbò a?

---Youn t'ap mande lòt byen sezi : ---Kisa sa ye?.

---Se yon zanj! ---gadò mouton yo te rele di: se yon zanj Bondye!

Zanj lan te di yo :

---Nou pa bezwen pè. Mwen pote yon bon nouvèl ki pral yon lajwa pou tout moun. Jodi a, nan lavil David la, nou gen yon Sovè ki fenk fèt, se Kris la, Seyè a. N'ap jwenn li kouche nan yon krèch, double nan plizyè kouchèt.

Toudenkou, syèl la te plen ak zanj ki t'ap chante : "Lwouwanj pou Bondye ki anwo nan syèl la, kè poze sou latè pou tout moun li renmen!"

---Yon pastè te mande: ---Èske nou te tande sa?

---Yon lòt te reponn: ---Men wi! ---Se pi gwo nouvèl mwen pa t janm ko tande! Sa pwofèt yo de anonse a te rive.

Ebyen, annale lavil Betleyèm pou nou ka wè sa Bondye te anonse nou an ---se sa youn nan yo te di pandan lòt yo t'ap asiste.

Gadò mouton yo t'al Betleyèm byen vit epi la a yo te jwenn bebe a nan krèch la, jan zanj lan te di a.

---Youn t'ap repete bay lòt: Se vre wi. Tout bagay te akonpli jan zanj lan te anonse l la. Li se Sovè a!.

Gadò mouton yo te ale ak anpil lajwa epi, yo te rakonte tout moun yo te rankontre sou wout yo bon nouvèl nesans Jezi a, Pitit Bondye a.

AKTIVITE YO

Kè poze sou latè!

Distribye liv elèv yo, sizo ak lakòl. Bay tan pou timoun yo koupe figi ki nan pati enferyè Leson 52 epi kole yo nan lòd, dapre sa yo te aprann nan istwa biblik la.

Mande kèk volontè pou yo di kèk pòsyon nan istwa a pandan y'ap itilize imaj yo. Ankouraje yo rakonte lòt yo bon nouvèl nesans Sovè a.

Jwenn bon nouvèl la

Mande timoun primè yo pou yo vire paj liv yo a. Di yo se pou yo ede pèsonaj biblik yo jwenn chemen k'ap mennen yo bòkote Jezi. Sèvi ak yon koulè diferan pou trase chemen chak pèsonaj.

Di yo konsa: *Lè gadò mouton yo te tande bon nouvèl nesans Jezi a, yo te kouri ale lavil Betleyèm pou yo te rekonèt tibebe ki fenk fèt la. Apre yo te fin wè Jezi, yo te rakonte tout moun istwa sou gwo evennman sa. Oumenm tou ou kapab ede lòt yo konnen bon nouvèl la, pandan w'ap di yo ke objektif pak la se fete nesans Jezikris, Pitit Bondye a, te vini sou latè pou sove nou.*

Chan nwèl yo

Kreye yon moman enteresan epi akonpanye avèk estriman senp. La a n'ap sigjere w kijan pou w prerare kèk.

W'ap bezwen: boutèy anvè oswa resipyan ki gen menm gwosè ak lajè, ti grenn plant, bouton ak boutèy plastic.

Mande timoun yo pou yo vide nenpòt kantite dlo nan boutèy yo oswa resipyan yo; konsa yo pral genyen son diferan lè yo frape yo avèk yon kreyon. Apre sa, mete tigrenn plant yo oswa bouton yo anndan boutèy plastik yo pou itilize yo kòm titanbou.

Si legliz ou a gen estriman pou mizik, itilize yo tou nan tan adorasyon pou nou selebre nesans Jezi a. Esplike elèv ou yo ke youn nan fason ke yon moun kapab adore Bondye, se pa mwayen chante, jan zanj yo te fè li nan nwit Jezi te fèt la.

MEMORIZASYON

Sere kat ou te itilize nan leson pase a epi mande timoun yo pou y'al chèche yo. Apre sa, òganize plizyè tigwoup pou ke gwoup ki rive ranje pal la nan pi piti tan an mete vèsè a nan lòd epi di li byen fò.

Repete egzèsis la jouskaske yo tout patisipe.

POU FINI

Di Bondye mèsi nan lapriyè paske li te akonpli pwomès li lè l te voye Jezi nan mond lan, epi chante yon kantik louwanj. Raple yo ke sa ki enpòtan nan nwèl la se selebre ke Jezi te vini sou latè pou sove limanite anba peche l yo.

nòt

Leson 53
Bon Nouvèl Pou Simeyon Ak Ann

Baz biblik: Lik 2:21-40.

Objektif leson an: Se pou timoun primè yo aprann ke, pa mwayen Jezikris, Bondye te akonpli pwomès pou l voye yon Sovè nan mond sa a.

Vèsè pou aprann: *"Jodi a, nan lavil David la, nou gen yon Sovè ki fenk fèt, se Kris la, Seyè a."* (Lik 2:11)

PREPARE W POU W ANSEYE!

Jodi a se yon jou espesyal pou elèv ou yo.

Pliske yo fenk sot fete nwèl, nou konseye w pou w pa twò egzijan nan klas la jodi a. Pètèt kèk nan timoun yo vle rakonte sa yo te fè avèk fanmi yo, oswa pètèt di ki kado yo te resevwa yo. Apre w fin koute yo avèk anpil atansyon, vire konvèsasyon an sou ansèyman inite sa a: Nesans Jezi a, Pitit Bondye a. Ankouraje yo reflechi sou emosyon ke Simeyon ak Anna te santi lè yo te wè Jezi premye fwa, Sovè a. Menm lè se te yon tibebe fenk fèt, sèvitè Bondye sa yo te konnen ke pwofesi yo te akonpli nan li epi se limenm ki ta sovè mond lan.

KÒMANTÈ BIBLIK

Lik 2:21-40. Jozèf avèk Mari te akonpli lalwa Bondye a avèk fidelite; se poutèt sa, lè Jezi te gen wit jou apre li te fin fèt, li te sikonsi dapre koutim jwif yo. Apre karant jou, se te moman pou yo te pote li nan tanp lan pou yo prezante li devan Seyè a. Lalwa Moyiz la te mande pou yo te konsakre premye tigason yo bay Bondye.

Jozèf avèk Mari te pote yon pè toutwèl oswa de pijon pou ye sakrifye nan seremoni an ki vle di pirifikasyon Mari apre akouchman.

Nan okazyon sa a, yo te jwenn de moun espesyal nan tanp lan, Simeyon avèk Anna, de sèvitè ke te fidèl ak Bondye. Jou sa a Sentespri a te dirije Simeyon ale nan tanp lan. Bondye te asire l ke li pa t'ap mouri avan li wè Sovè a.

Lè l te wè Jezi, menm kote a li te gentan konnen se te moun Bondye te chazi a epi Bondye ki te voye li pou libere pèp Izrayèl; epi li te pran l mete li sou ponyèt li pandan l t'ap beni non Bondye.

Anna, limenm ki te rete san mari depi 84 lane, li te pran devan paran Jezi yo. Limenm tou te rekonèt Sovè a epi li t'ap louwe non Bondye pou fidelite li.

Sentespri a te pale nan kè sèvitè sa a yo, pandan li t'ap ba yo temwayaj kimoun Kris la te ye.

Èske ou santi menm kè kontan Simeyon ak Ann te santi lè yo te wè Jezi? Èske w di Bondye mèsi paske li te moutre w Jezi sou yon fòm pèsonèl?

Kè kontan w avèk lespri adorasyon w pral ankouraje timoun yo moutre yo pa engra anvè Bondye.

DEVLOPMAN LESON AN

Chwazi kèk nan aktivite sa a yo pou fè tèm biblik la pi enteresan.

Simeyon avèk Ann

Ekri nan plizyè kat lèt ki fòme non Simeyon avèk Ann. Melanje yo epi mete yo sou tab la. Apre sa, mande pou plizyè timoun ranje yo pou fòme non yo. Bay tan pou yo tout eseye. Lè non yo fin prepare, kole yo yon kote ki vizib nan sal klas la.

Rasanble elèv yo epi di yo konsa: *Sa yo se non de pèsonaj biblik yo ki te renmen Bondye epi yo te kontan anpil pou nesans Jezi a. Nan istwa jodi a nou pral aprann plis de yo.*

Fèy asistans

Distribye fèy asistans yo epi mande timoun yo koupe imaj Simeyon avèk Ann, nan seksyon ki pou koupe a, epi kole l nan espas ki kòrèk la. Apre sa, mande yo fè yon desen pou pwòp tèt pa yo nan dènye espas ki sou bò dwat la.

Pandan y'ap travay, rapèle yo ke Bondye chwazi moun espesyal pou ede li reyalize plan li yo.

Revize tout istwa yo te aprann yo. Apre sa, di yo ke, menm jan Bondye te sèvi avèk pèsonaj biblik enpòtan sa a yo, li vle itilize yo tou.

ISTWA BIBLIK

Bon nouvèl pou Simeyon avèk Ann

Simeyon t'ap mande chak jou : "Jous kilè mwen va wè Sovè Bondye te pwomèt la ?", "Èske se pral jodi a ?".

Simeyon se te yon bon gason ki te renmen Bondye. Li te konta tande mesaj esperans la ki gen pou wè ak rive yon Sovè. Bondye te di l li t'ap wè Sovè a fas a fas avan li mouri. Men Simeyon, ki te gentan trè vye, li te toujou ap mande kijan ak kilè la va wè moun Bondye te chwazi a.

Yon jou Sentespri a te mennen Simeyon nan tanp lan, konsa li te koumanse mache jouskaske l te rive nan lakou prensipal. Kòm toujou, te gen gwo foul moun. Moun ki te soti tout kote te vini pou adore Bondye. Gen kèk ki te ofri sakrifis, pandan ke lòt moun t'ap fè lapriyè espesyal yo. Nouvo paran yo t'ap rive ak tibebe ki fenk fèt yo pou konsakre yo devan Bondye.

Nan mitan pil moun yo, Simeyon avèk Ann te wè yon nonm ak yon fanm ki t'ap pote tibebe yo a pou konsakre li. Nan kèk fason, li te konnen ke tibebe sa te espesyal, epi li te deside apwoche. Menm si koup la te sanble moun pòv, epi sakrifis yo ta pral ofri a se te dènye dimansyon ke lalwa te pèmèt, te gen yon bagay diferan nan yo.

Lè Simeyon te wè bebe a, li te gen konviksyon ke se te tibebe li t'ap tann pou l wè depi lontan. Li pran bebe a nan bra li epi li te rele byen fò: "Seyè, kounye a mwen kapab mouri anpè paske mwen wè avèk de je mwen delivrans ou te prepare devan tout pèp yo".

Mari ak Jozèf te di byen sezi: "Sa se tèt chaje!".

Nan menm moman sa a, yon granmoun ki rele Ann te apwoche tou pou l te kapab wè tibebe Jezi a. Li te ben bon konprann epi li te konsakre tout lavi li pou l sèvi Bondye. Lè l te gade tibebe a, li te rekonèt li byen vit.

Li t'ap di : "Mèsi Bondye !". "Ala yon gwo jou sa a! Nou wè Kris la Bondye te pwomèt voye nan mond sa pou sove li anba peche l yo".

AKTIVITE YO

Jezi se Sovè yo te pwomèt la

Mand timoun yo ouvri liv yo nan Leson 53. Moutre yo koupe nan liy nwa vètikal ki nan pati anba a. Apre sa, se pou yo double fèy la nan liy pwentiye yo pou kreye yon sèn ki gen twa dimansyon. Di yo pou yo chèche imaj ki koresponn nan leson sa nan seksyon ki pou koupe a epi fè yo koupe yo.

Ankouraje yo itilize figi yo avèk sèn nan pou rekreye istwa kote Simeyon avèk Ann te rekonèt tibebe Jezi a.

Bon nouvèl pou ou

Pataje kreyon pou timoun yo, pandan y'ap itilize mo kle yo, se pou yo konplete tablo ki nan paj aprè a.

Apre, mande yo pou ke avèk menm mo tablo yo konplete espas vid yo ki nan fraz sa a yo. Lè yo fini, se pou yo li fraz la ak vwa yo byen fò. Ankouraje yo obeyi Bondye epi konfye nan pwomès li yo.

MEMORIZASYON

Sa a se dènye leson inite a, epi li byen posib pou pifò nan elèv ou yo déjà konnen vèsè pou aprann nan. Si sa posib, mande direktè edikasyon kretyen an oswa pastè a si li kapab bay elèv ou chans pou yo rakonte nan legliz la tout sa yo te aprann.

POU FINI

Pliske sa se dènye leson nan liv la, prepare kèk prim pou w fè konpliman avèk timoun ki te pase tout lane a ap travay avèk fidelite. Fè yo sonje ke ansèyman ke y'aprann yo se verite ki soti nan Bib la ke Bondye vle pou yo aplike nan lavi yo chak jou.

Rasanble yo pou priye. Di Bondye mèsi paske li te akonpli pwomès li lè l te voye Jezi kòm Sovè mond lan. Di li mèsi tou pou lane travay nan klas la, epi mande Bondye pou demann timoun yo genyen yo.

Si w'ap gen tan avèk resous disponib, òganize yon ti fèt nwèl yon fason pou w fèmen klas la. Pa bliye priye pou elèv ou yo epi mande pou kwasans espirityèl yo, menm si yo pa ta nan klas la ankò.

www.ingramcontent.com/pod-product-compliance
Lightning Source LLC
Chambersburg PA
CBHW081346040426
42450CB00015B/3319